성장,
의미로
실현하라

성장,
'의미'로 실현하라!

초판 1쇄 발행 2017년 2월 1일

지 은 이 유재천
발 행 인 권선복
편집주간 김정웅
디 자 인 서보미
전 자 책 천훈민
인   쇄 천일문화사

발 행 처 도서출판 행복에너지
출판등록 제315-2011-000035호
주   소 (07679) 서울특별시 강서구 화곡로 232
전   화 0505-613-6133
팩   스 0303-0799-1560
홈페이지 www.happybook.or.kr
이 메 일 ksbdata@daum.net

값 15,000원
ISBN 979-11-5602-452-1 03190

Copyright ⓒ 유재천, 2017

도서출판 행복에너지는 독자 여러분의 아이디어와 원고 투고를 기다립니다. 책으로 만들기를 원하는 콘텐츠가 있으신 분은 이메일이나 홈페이지를 통해 간단한 기획서와 기획의도, 연락처 등을 보내주십시오. 행복에너지의 문은 언제나 활짝 열려 있습니다.

공돌이 출신의 **국내 1호 의미공학자가** 제안하는 **성장 실천법**

성장,
의미로
실현하라

유재천 코치 지음

도서
출판 행복에너지

내 마음을 위한 여정

내 인생은 계속 요동쳤다. 소심하고 예민한 성격으로 학교에 가면 친구들 반응에 감정이 요동쳤다. 집에 오면 매일 같이 다투시는 부모님의 모습은 내 마음을 더 심하게 흔들었다. 이 요동은 쉽게 잦아들지 않았다. 내 마음의 호수에 큰 돌과 작은 돌이 계속해서 던져졌다. '요동치다.'라는 말은 '심하게 흔들리거나 움직이다.'라는 뜻이다. 인생을 살아가면서 움직임이 필연적으로 따르고 시행착오도 겪게 마련이지만, 난 격하게 흔들리는 내 마음이 불편하고 싫었다. 무엇보다 그 요동으로 인해 내가 주인인 삶이 아닌 끌려가는 삶이 싫었다. 앞에 있는 현실에 집중하기 힘들었고 정리되지 않은 채 계속 흔들리기만 했다. 어른이 되기 위해 많이 흔들려야 한다고 하지만 지나치게, 그리고 지속적으로 흔들리는 내 마음을 잡고 싶었다. 근본적으로는 요동을 없애고 싶었다. 그러나 인생을 어찌 쉽게 통제할 수 있을까. 요동을 줄이기 위해 노력하기 시작했다. 큰 시행착오는 어느 정도 겪었다고 생각했다. 방법에 대해 고민하기 시작했다. 그리고 연구했다. 나에게 잘 맞는 방법을 찾아 나섰다. 그렇게 성장법 연구의 형태로 내 마음을 위한 여정을 시작했다.

먼저 나를 알아야 했다. 대학교 4학년 한 수업에서 교수님이 A4 용지를 나눠주시면서 말씀하셨다. 자신의 장단점을 적어보라고 하셨다. 나는 누군가의 자기소개서에 쓰여 있는 성실함, 열정을 적고 더 이상 적지 못했다. 20대 후반의 나이에도 나에 대해 아는 것이 별로 없었다. 우리는 자신에 대해 그리고 우리 마음에 대해 얼마나 알고 있을까. 그저 반복되는 희로애락의 마음을 지켜보고만 있는 것은 아닐까. 내 마음이 내는 소리를 잘 알아야 이해하고 위로도 할 수 있지 않을까. 그래야 진짜 내 마음을 위한 자신이 되지 않을까. 그래야 내 마음의 요동을 줄일 수 있지 않을까. 나를 알아가기 위한 과정은 꽤 험난했고 많은 시간과 경험이 필요했다. 그러나 매우 중요하고 의미 있는 여정이었다.

나를 알아가는 과정에서 다양한 일이 펼쳐졌다. 경험을 통해 새롭게 자각하게 된 나의 모습, 과거의 일을 재해석하며 알게 된 나의 모습, 타인을 통해 알게 된 나의 모습 등으로 나를 다시 알게 되었다. 과정은 분명히 필요하다. 그리고 분명히 의미가 있다. 하지만 계속 과정만 있었다. 내가 원하는 '방법'을 얻고 싶었다. 본격적으로 연구하기 시작했다. 자기계발서를 더 많이 읽었다. 조금씩 바뀌긴 했지만 그 변화가 시간과 경험에 의한 변화로만 느껴졌고 의미 있는 전환점이 되진 않았다.

'자기계발서 한 권 읽으면 용기가 나지만 열 권을 읽으면 신물이 난다.'는 말이 있다. 이렇듯 자기계발서는 지겹다. 모두 같은 내용 같아 싫증난다. 많이 읽어 봤지만 내 인생은 절대 바뀌지 않는다. 끊임없는 자기계발을 위해 자신을 채찍질하지만 지치기만 한다. 자기계발서의 트렌드도 바뀌고 콘텐츠 역시 다양해졌다. 그러나 내가 느끼는 상황은 크게 바뀌지 않았다.

누구를 위한 자기계발서인가? 이 책은 자기계발서다. 내가 직접 경험하고 연구한 새로운 자기계발과 성장 실천법을 제시한다. 진짜 내 마음을 위한 그리고 요동치지 않는 내 마음을 위해 연구한 과정과 결과물을 담았다. 결과물은 요동치지 않는 내 마음의 오케스트라를 구축하는 방법이다. 내가 직접 오케스트라를 구성하고 지휘하는 것이다. 내가 이 오케스트라의 제작자이자 지휘자가 되는 것이다. 스스로 이끄는 삶을 살아가는 방법이다. 일방적으로 일관된 방법을 제시하는 것이 아니다. 이미 알고 있는 자기계발 방법을 다시 전달하려는 것도 아니다. 혁명적인 방법을 제시하지만 그것은 각자에게 꼭 맞는 '맞춤형 실천 방법'이다. 남다른 성과를 낼수 있는 동기부여가 가능하고 누구나 쉽게 실천할 수 있는 독특한 방법을 제시하고자 한다. 나아가 기존에 읽었던 자기계발서의 내용도 활용 가능하다. 또한 내가 직접 새로운 방법으로 만들어 내 삶의 다양한 부분에 적용할 수 있다. 그리고 심플하다.

어떤 방법인지 궁금하지 않은가? 우선 생각해보고 넘어갈 것이 있다. 실행이 중요한 자기계발, 성장이 왜 안 된다고 생각하는가? 내가 생각하는 원인은 두 가지다. 첫 번째 원인은 동기부여가 되지 않는다는 것이다. 되더라도 잠깐뿐이고 지속되지 않는다. 여기에는 여러 가지 요소들이 작용할 것이다. 동기부여는 심리학에서 계속해서 연구하고 있듯 쉽지 않은 영역이다. 그러나 의문을 갖고 연구해야 한다. 과연 동기부여에 가장 효과적인 요소 또는 기제 Mechanism는 무엇일까. 실행이 안 되는 다른 한 가지 원인은 자기계발서에서 제시하는 방법은 나의 방법이 아니라는 것이다. 그래서 잠시 동기가 솟았다 사라진다. 내가 원하는 방법이 아니고 나에게 맞는 방법이 아니기 때문에 지속되지 않는다.

성장은 인생 안에 있다. 따라서 동기부여의 중요한 요소로 작용하는 것은 필연적으로 인생과 관련된 것이다. 인생에서 무엇보다 중요한 것은 의미 있게 살아가는 것이다. 그렇기 때문에 강력한 동기부여의 원석인 '의미'는 충분한 자격이 된다. 그러나 의미를 어떻게 활용할 것인가가 분명하지 않다면 의미는 원석 그대로만 남아 있게 될 것이다. 이 의미는 누군가의 것도 아닌 자신만의 의미다.

우리 모두의 인생은 소중하다. 특별하지 않은 삶은 없다. 그리고 자신의 인생에는 의미가 있다. 그래서 우리는 살아간다. 의미의 중요도 역시 자신이 정하는 것에 따라 달라진다. 이 점이 중요하다.

자신만의 의미가 분명하다면 그 어떤 것보다 강력한 원동력이 된다. 이러한 의미의 힘을 통해 강력한 동기부여를 할 수 있다. 자신만의 의미를 활용하되 쉽게 할 수 있는 누구나 실천할 수 있는 성장 방법이다.

여기까지는 다른 자기계발서의 내용을 읽을 때와 같이 동의할 것이다. 그게 문제다. 고개만 끄덕이고 동의할 것이 아니다. 자기 발전에 도움이 되는 내용을 내 삶에 적용시킬 생각을 해야 한다. 그러한 생각을 시작했다면 80퍼센트는 성공한 것이다. 그러나 20퍼센트의 범위 안에서 거부 반응이 발생한다. 일부 부정적인 생각이 습관화되지 않은 새로운 생각을 거부한다. 몸 역시 거부한다. 여기에서 필요한 것이 바로 '도구'이다. 제대로 된 실천을 독자가 주도적으로 행하기 위해서는 도구가 필요하다. 갖고 있는 동기를 더욱 활성화시키고 실천력을 높일 수 있는 마법과 같은 도구를 이 책에서 제시한다.

이 혁명적인 도구는 Engineering 기법 적용을 통해 탄생되었다. Engineering이라고 반드시 복잡하고 어려운 것이 아니다. 궁극적인 목표는 심플하게 지속 가능한 실천을 하도록 만드는 것이다. 나는 삶의 질을 높이기 위해 발전한 Engineering을 자기계발 분야에 적용하였다. Engineer로 근무하며 습득한 지식과 기술을 의미Meaning와 융합했다. 새롭고 독특한 접근법인 의미공학Meaning Engineering이다. 강력한 동기부여와 간단한 자기계발 설계 그리고 뛰어난 성과 창출이 가능하다. 당신을 의미공학자로 새롭게 탄생시킬 것이다. 100권의 자기계발서보다는 이 책 한 권을 읽고 적용해 보라. 이 방법을 통해 나는 나만의 자기계발법을 설계해서 삶에 적용하고 있다. 내 마음은 요동치지 않고 오케스트라와 같이 유연하게 그리고 웅장하게 연주되고 있다. 당신도 자신만의 요동치지 않는 오케스트라를 구축하고 싶지 않은가? 인생의 주인이 되어 자신만의 오케스트라를 지휘하고 싶지 않은가?

지금 이 책도 똑같은 내용의 자기계발서라고 불평하고, 실천하지 못하는 자신을 자책하고 있는가? 자기계발서를 읽기만 하는 바보로 변화하지 않는 삶을 살 것인가? 이 책은 당신을 위한 책이다. 가장 강력한 성장 지침서다. 당신이 한 번도 읽지 않았던 독특하고 새로운 형태이다. 아울러 당신의 인생의 의미와 가치가 향상될 것이다. 거저 살게 되는 것이 아니라 달라진다. 지금부터 진짜 내 마음을 위한 여행을 떠나보자. 여행을 마치면 인생의 새로운 변화를 시작할 수 있을 것이다.

국내 1호 의미공학자

유재천

목차

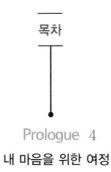

대책 ——————————— 71

PART 4 향후 계획

- 내가 직접 설계하는 맞춤형 동기부여 도구

- 나만의 의미로 지속 가능한 성장을 실현하라

  나만의 의미로 진짜 나의 꿈을 찾다 │ 비전, 그 의미를 발견하다 │ 제2의 인생: 내가 원하는 삶

- 유연한 의미공학자로 거듭나라: 의미공학의 활용

  모든 자기계발서를 활용할 수 있는 의미공학 프레임 │ 의미공학을 통한 경영 컨설팅 │ 중요한 일을 위한 준비 프레임 │ 삶의 의사결정 프로세스

- 의미를 통한 의식의 전환

  자기 강화의 욕심과 의식의 전환 구분하기 │ 의식 전환이 함께하는 진정한 성장 │ 의미를 통해 의식 전환하기 │ 더 나은 사람이 되는 것: 내 안에 있는 의미를 밖으로 나오게 하기

PART **1**

현상 및 문제점

나에게 의미 없는
그들만의 성장

지속되는 내 마음의 요동

헛구역질이 난다. 또 내 마음의 요동이 시작됐다. 지금 이 순간을 벗어나고 싶다. 앞이 보이지 않는다. 마음이 불안하고 긴장하면 내 몸은 이러한 반응을 내놓는다. 일종의 연쇄반응이다. 근본에는 마음의 요동이 있다. 이러한 증상이 나타나기 시작한 지 오래됐다. 불안한 상황에서는 여지없이 나타났다. 내 마음의 요동을 줄이고 싶었다. 사실 없애고 싶었다. 누구나 긴장한다는 생각을 하며 없애는 것은 불가능하다고 생각했다. 그래도 계속 노력했다. 내성을 만들고 싶었다. 내가 시도한 노력은 계속해서 불안과 긴장에 노출시키는 것이었다. 싸우자는 것이다. 싸우면서 내성을 만들겠다는 전략이었다.

전략은 어느 정도 효과가 있었다. 내가 가진 내성이 강해짐을 점차 느꼈다. 방법은 여러 가지였다. 이를테면, 학교 수업시간 중 조별과제 발표에서 앞에 서는 역할은 모두 자원했다. 긴장되고 떨리는 것은 마찬가지였지만 계속 노출시키고 훈련하다 보니 점점 좋아졌다. 이렇게 말하면 발표 불안에 대한 이야기로만 들릴 수도 있을 것이다. 내가 알고 있던 요동은 이렇게 작은 부분에서 시작했다. 그런데 살아갈수록, 많은 경험을 할수록 내 마음의 요동은 쉽게 잦아들지 않았다. 내 마음의 요동은 오히려 인생을 통째로 요동치게 하는 것만 같았다. 왜냐하면 시간이 지날수록 근본적인 문제가 해결되지 않은 채 더 크고 복잡한 일을 해야 했기 때문이다.

대학 졸업을 앞두고 취업을 위해 사회 또는 회사가 요구하는 스펙을 위해 공부했다. 회사에 들어가서는 더 어렵고 복잡한 일을 해내야 했다. 학생처럼 쉴 수도 없었다. 책임감과 자신에 대한 도전을 위해 버티며 마음의 요동에 오히려 또 다른 내성이 자리 잡고 있었다. 정리되지 않은 채 고장나기 직전의 시스템이 겨우 버텨내고 있는 형태였다. 요동은 심리불안의 반복이다. 이를 줄이기 위해 머릿속으로 판단하고 이해하고 합리화하는 과정이 무한히 반복됐다.

계속 고민했다. 나를 개선하고 싶었고 시스템이나 프로세스 형태와 같이 체계적으로 구성하고 싶었다. 우선 이러한 심리불안까지 자기 발전과 혼동되는 것이 복잡했다. 그래서 체계적이면서 심플한 시스템이 필요했다. 이러한 시스템이 구축되면 순조롭게 내 마음 가는 대로 살 수 있을 것 같았다. 마치 오케스트라를 지휘하듯 말이다. 내가 오케스트라를 직접 구성하고 내가 지휘자가 되어 아름다운 하모니를 이뤄내는 모습이다. 요동치지 않는 내 마음의 오케스트라, 생각만 해도 마음이 평화로워졌다.

　내가 이 책에서 말하는 요동치지 않는 내 마음은 강력한 동기부여를 말한다. 그리고 오케스트라는 나만의 성장 실천법을 말한다. 다시 말해 이 책은 강력한 동기부여가 가능한 자기계발서이자 성장 실천서이다. 새로운 형태의 자기계발서다. 과정이 순탄치만은 않았다. 나에게 마음의 요동은 지속적으로 찾아왔기 때문이다. 기존 자기계발서에서 쏟아내는 성공하는 사람들의 방법과 법칙을 나의 현실에 적용하기는 힘들었다. 너무나 큰 괴리감이 있었고, 무엇보다 나에게 맞지 않았다. 물론 독서량을 늘리면서 나에게 취할 것만 취하는 나름의 지혜를 쌓아가고는 있었다. 그러나 정리되지 않은 상태에서 내 것이 아닌 것을 계속 집어넣고 있는 사이에 내 앞에는 새롭게 해낼 눈사태와 같은 일들이 몰려오고 있었다. 내 마음의 요동은 계속 멈추지 않았다.

자기계발에 대한 익숙함 그리고 나태함

　이러한 내 마음의 요동이 나만의 문제일까. 아마 많은 독자가 공감하겠지만 분명히 모두 느끼는 요동일 것이다. 자기계발에 대해 직접적으로 이야기하고 있다. 내가 느끼고 개선하고 싶은 방법에 대해서 말이다. 자기계발서는 지겹다. 다 똑같은 내용이다. 자기계발서만으로는 절대 인생이 바뀌지 않는다. 나 역시 그랬다. 자기계발서를 열심히 읽으며 나름의 의지를 불태웠다. 그러나 또 나태해지고 나쁜 습관에 익숙해졌다. 나를 개선하기 위해 자기계발서를 다시 펼쳤지만 같은 생각이 들었다. 읽어봤자 실천이 되지 않는, 누구나 알고 있는 내용이라는 생각이었다. 이러한 나태한 생각에 나의 몸도 많이 익숙해졌다. 많은 독자들이 서점에 가서 가장 먼저 살펴보는 곳이 자기계발 분야다. 실제로 도서 판매량 1위는 늘 자기계발 분야이다. 서점에서부터 자기계발에 대한 익숙함이 나타난다. 그러나 이 익숙함은 나태함을 나타내는 일시적인 친근함이다. 제목을 보고 몇 권의 책을 펼쳐보지만 어차피 똑같은 이야기일 것이라 생각하고 돌아선다. 자기계발과의 거리는 점점 멀어져 간다. '자기계발서 한 권을 읽으면 용기가 나지만 열 권을 읽으면 신물이 난다.'는 누군가의 외침에 격하게 공감했다.

혹자는 자기계발서 형태가 모든 것을 개인에게 책임을 부과하는 꼴이라며 비판한다. 또는 자기계발서에서 '불행과 실패의 원인을 자신으로 설정해 두고, 인식과 습관을 바꿔 더 노력하고 더 생산적으로 변화하라.'라고 강요한다고 말한다. 물론 사회의 구조적인 문제, 정책적 문제는 분명히 개선되어야 한다. 또한 우리가 노력해서 개선해야 한다. 하지만 우리가 개선하기 위해서는 당장 바뀌지 않는 현실에서 노력하고 또 노력해야 한다. 그래야 바꿀 수 있는 힘과 능력을 가질 수 있을 것이다. 현실만 비판할 것이 아니라 비판하고 있는 현실에 당당히 부딪혀야 한다. 현실에 충실하지 않으면서 비판만 하는 것은 또 한편의 나태함이 아닐까.

나 역시 한때는 자기계발서에 불만이 있었다. 성공한 사람들의

[자기계발서 트렌드]

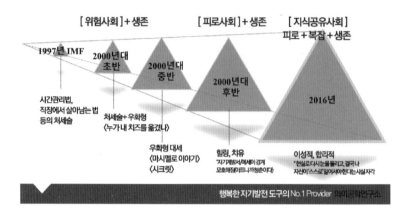

법칙 또는 이야기가 나오는 전혀 맞지 않는 이야기였다. '현실은 진흙탕'이라며 다시 책을 덮었다. 제대로 된 불평을 하거나 다른 대안을 생각해 보기 위해선 어떻게 해야 할까. 불만 그 자체로 들어가 봐야 한다. 자기계발서의 트렌드를 한번 살펴보자.

우리나라에서 자기계발서 열풍은 정주영 회장, 김우중 회장, 이병철 회장 등 국내 굴지의 기업 회장의 책 출간으로부터 시작되었다. 1997년 IMF 이후로는 위험사회라는 인식으로 시간 관리법이나 직장에서 살아남는 법과 같은 처세술이 인기를 끌기 시작했다.

위험사회에서 '생존'이라는 화두가 고개를 들었다. 2000년대 초반에도 처세술이 계속해서 인기를 끌었다. 우화형 처세술의 인기가 올라갔다. 대표적으로『누가 내 치즈를 옮겼을까』가 있다. 2000

년대 중반 역시 우화형 자기계발서가 대세를 이룬다. 『마시멜로 이야기』와 현재까지 누적 베스트셀러 1위인 『시크릿』이 있다. '간절히 바라면 이루어진다.'는 희망고문류의 책이라는 의견도 있다.

2008년 서브프라임 사태와 리먼브라더스 사태로 인한 세계경기침체는 자기계발 시장에도 영향을 주었다고 나는 생각한다. 물론 자기계발서에서 말하는 소재가 고갈된 측면도 있다. 그러나 직접 몸으로 겪게 되는 변화가 더 정확하다고 본다. 생존이 계속해서 화두가 되고 있고 피로사회로 진입하면서 '힐링'과 '치유'가 주목 받기 시작한다. 상처 받고 있기 때문에 치유가 필요하고, 너무 복잡한 사회를 살아가고 있기 때문에 심플한 사고가 필요하다고 한다. 너무 바쁜 삶을 살아가고 있기 때문에 멈춤이 필요하다고 표현했다. 이때부터 나타난 현상 중 하나는 자기계발서와 에세이의 경계가 모호해진 점이다. 대표적인 예로 『아프니까 청춘이다』이다. 많은 사람들이 자기계발서로 알고 있지만 사실 이 책은 에세이다. 서울대학교 소비자학과 김난도 교수가 학생들과의 애정 어린 소통 과정을 소개하며 아픈 청춘을 위로하는 책이다.

그렇다면 최근 트렌드는 어떨까. 우선 베스트셀러 트렌드부터 살펴보자. 2015년을 보면 베스트셀러 순위에서 세 권당 한 권이 자기계발서다(인터파크 책 관련 데이터베이스 사이트 '북DB(bookdb.co.kr)'). 자기계발서를 통해 찰나의 위로와 일시적 결심을 하지만 다시 현실에서 고통을 얻게 되면 자기계발서로 돌아온다. 트렌드와 비교해 볼 때 달라진 점은 과거 맹목적인 긍정이나 법칙 등의 희망고문보다는 삶의 태도를 바꿔 행복을 찾으려는 움직임을 보인다는 것이다.

치열한 현실에 지친 독자들이 너무 동떨어진 성공과 힐링보다는 삶의 균형과 행복에 관심을 더 보이고 있다. 멀게 느껴지는 이상보다는 현실에 집중하고자 한다. 결국 자신에게 집중한다. 하지만 과거 처세술, 우화형의 자기계발이 아니다. 이제는 이성적이고 합리적인 자기계발 형태를 선호하고 있다고 생각한다. 자기계발서에서 말하는 방법을 내가 이성적으로, 합리적으로 받아들일 수 있어야 한다는 것이다. 우화형이나 스토리텔링 방식의 성공담은 더 이상 마음에 와 닿지 않는다.

트렌드는 이렇다. 아마 많은 독자들이 고개를 끄덕이며 이해했을 것이다. 그만큼 자기계발에 계속해서 관심을 가져왔고 노력했다는 사실이다. 이 역시 자기계발과 성장에 대한 관심이다. 그러나 한편으로는 여전히 나태한 자신을 돌아보게 된다.

지식만으로는 실천하지 못하는 성장

자기계발과 성장을 위한 좋은 책과 좋은 말 그리고 좋은 사례도 많다. 설문조사를 보면 자기계발 의향에 대해서도 '의향 있음'이 85% 이상이다. 실행이 중요한데 안 된다. 왜 안 될까.

내가 생각하는 원인은 두 가지다.

첫째, 동기부여가 부족하다. 동기부여는 누가 해야 할까. 내가 해야 한다. 자기계발서를 읽으면 찰나의 동기부여가 되지만 근본적으로는 내가 한 것이 아니다. 책을 통해 잠시 동력을 받은 것이다. 그러나 지속적인 원동력이 되지 않는다. 내가 직접 하는 동기부여가 아니다. 다시 자신을 책망하며 시간을 보내다 위기감이 높아질 때 다시 자기계발서를 읽는다.

두 번째, 자기계발서에서 말하는 방법이나 형태 등은 나의 방법이 아니다. 이미 뛰어난 성과를 내고 성공한 '그 사람'의 것이다. 그 중 나와 맞는 것을 찾기도 하겠지만 쉽지 않다. 내 방법이 필요하다. 자기계발서를 읽고 바로 내 것으로 적용시키기 어렵다. 이렇게 자기계발서를 통해 또는 요즘과 같이 SNS를 통해 쉽게 접하는 자기계발법 지식만으로는 실천하지 못한다. 자기계발서의 훌륭한 지침을 자기 성찰과 잘 결합해서 성공한 사람들도 있다. 일부 사람들이다. 이 분들은 강력한 의지로 엄청난 노력을 쏟았을 것이다. 그래서 지식만으로는 실천하지 못하는 자기계발이다. 많은 독자들이 실천할 수 있는 새로운 성장법이 필요하다.

지식공유시대를 넘어 이제는 지식실천시대

산업사회의 발전 흐름으로 살펴본다면, 과거 노동 중심 사회에서 지식 사회로 발전했다. 경영학의 아버지로 불리는 피터 드러커는 그의 책 『프로페셔널의 조건』에서 지식의 적용에 대해 첫 번째부터 세 번째까지 세 개의 국면으로 구분했다.

첫 번째는 1780년부터 1880년까지로 지식이 작업도구, 제조 공정 그리고 제품에 적용되어 산업 혁명을 일으켰고, 두 번째 국면은 1880년 이후부터 제2차 세계대전까지로 지식이 작업에 적용되어 생산성 혁명을 일으킨 시기라고 했다. 세 번째는 1994년 미국의 제대군인원호법 통과 이후로서 지식이 지식 그 자체에 적용되어 경영 혁명을 일으키는 과정으로 구분했다. 제2차 세계대전 이후부터는 지식이 '지식 그 자체'에 적용되기 시작했다고 그는 말했다. 그리고 이것을 경영 혁명으로 보았다. 피터 드러커는 이러한 지식의 의미와 적용의 변화를 아울러 다음과 같이 표현했다.

> "서양과 동양 모두에서 지식이란 언제나 '존재Being'에 대해 적용되는 것으로 생각해 왔다. 그러던 것이 어느 순간부터 지식이 '행위Doing'에 적용되기 시작했다. 지식 그 자체가 자원이 되고 실용적인 것이 되었다. 과거에는 언제나 사유 재산이었던 지식이 어느 한순간에 공공 재산이 되었다."

그의 표현대로 지식공유사회가 열렸다. 그렇다면 지식공유시대 이후의 흐름은 어떤가? 나는 지금을 '지식실천시대'라고 표현하고 싶다. 자기계발분야에 있어선 특히 그렇다. 즉 쉽게 접할 수 있는 정보들이 넘쳐나지만 정말 중요한 것은 자신의 것으로 만들기 위해 실천하는 것이다. 많은 독자들은 여전히 '유익하지만 실천하지 못하는 자기계발'로 생각한다.

이 변화를 나타내는 대표적인 부분이 강연 문화다. 강연 문화가 널리 퍼졌다. 온라인으로 볼 수 있는 강연과 강의는 언제 어디서나 접할 수 있다. 그러나 강연 개최가 늘어나고 직접 참여하는 사람들이 많아졌다. 강연자는 세상의 변화를 위해 직접 소통하길 원한다. 그리고 청중은 변화를 몸소 체험하기 위해 참석한다. 다시 말해 온라인상으로 쉽게 접할 수 있는 정보이지만, 실제 변화하기 위해 그리고 실천하기 위해 강연회에 참석한다. 실천하기 위해 열심히 노력해 보았지만 잘 되지 않았다. 책을 읽고 TV를 통해 명사 강연도 시청해 보았지만 내 삶은 여전히 수동적인 수용만 한다. 그래서 더 절실하게 느끼고 변화하기 위해 직접 강연에 참석하는 것이다. 이제는 유명해진 사람이 아닌 일반 사람들의 변화가 오히려 마음에 잘 와 닿는다. 성공한 사람들의 스토리는 이미 책으로 많이 접했고, 인터넷으로도 쉽게 검색해 볼 수 있는 정보가 되었다.

요즘 SNS에는 베스트셀러 자기계발서의 핵심 내용이 요약되어 공유되기도 한다. 나 역시 그러한 정보를 보면 간단하게 고개를 끄덕이며 수동적으로 받아들이고 넘긴다. 지식공유는 아주 쉽게 이루어지지만 그 정보를 받아들이고 실천하는 일은 되지 않는다.

여기서 잠깐 '인간은 망각의 동물이다.'라고 표현하는 주장을 뒷받침하는 근거인 독일의 심리학자 에빙하우스의 망각곡선을 살펴보자.

이에 따르면 학습 10분 후부터 망각이 시작되고, 1시간 뒤에는

[에빙하우스의 망각곡선]

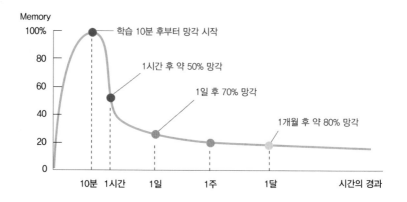

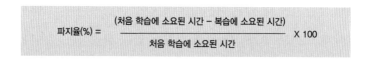

$$파지율(\%) = \frac{(처음\ 학습에\ 소요된\ 시간\ -\ 복습에\ 소요된\ 시간)}{처음\ 학습에\ 소요된\ 시간} \times 100$$

50%, 하루 뒤에는 70%, 한 달 뒤에는 80%를 망각하게 된다. 나
역시 에빙하우스가 발표한 이 연구 결과대로 망각곡선을 따르고
있다. 이는 부정할 수 없다. 실천력도 인간의 이러한 부분에 영향
을 받는다. 망각으로부터 기억을 지켜내기 위한 가장 효과적인 방
법은 복습이다. 에빙하우스는 복습에 있어 그 주기가 매우 중요하
다는 사실을 밝혀냈다. 10분 후에 복습하면 1일 동안 기억되고, 다
시 1일 후 복습하면 1주일 동안, 1주일 후 복습하면 1달 동안, 1
달 후 복습하면 6개월 이상의 장기기억이 된다는 연구 결과이다.
자, 복습이 중요하다는 사실은 알고 있다. 한 가지 확실하게 짚고 넘어갈 부분은 복습의 방법이다. 이는 오롯이 실행 주체인 '나'의 몫인데, 여기에서 에빙하우스의 망각곡선을 살펴본 이유는 실천력과의 상관성 때문이다. 내가 변화하기 위해 강연장을 찾았다. 강연회 참석을 통해 나름대로 마음의 변화 의지는 확인했다. 그러나 그 이후의 변화가 실천으로 연결되지 않는 것은 망각곡선과도 관련이 있다. 이것은 실험적으로 밝혀낸 위의 연구결과로 볼 때 당연한 결과다. 계속 그래왔다.

자기계발서를 읽는 것 역시 마찬가지다. 싫증난 자기계발서지만, 의지를 갖고 책을 읽다 보면 변화의 움직임이 시작된다. 그러나 책을 읽고 난 후의 상황은 쉽게 변하지 않는다. 에빙하우스의 망각곡선과 같이 우리의 기억과 의지가 감소하기 시작한다. 이 해석을 통해 자신을 다시 책망하라는 말이 아니다. 방법이 없을까? 중요한 점은 방법을 고민해야 한다는 것이다. 또한 '방법이 중요하다.'는 점이다.

'남의 책을 많이 읽어라. 남이 고생하여 얻은 지식을 아주 쉽게 내 것으로 만들 수 있고, 그것으로 자기 발전을 이룰 수 있다.'

고대 그리스 철학자 소크라테스의 이 말에는 내가 말하고 싶은 자기계발과 성장에 대한 생각이 들어있다. 지식공유시대를 넘어 지식실천시대에 있는 지금, 정말 필요한 것은 '나에게 맞는 실천법'이다. 소크라테스가 말한 남이 고생하여 얻은 지식을 아주 쉽게 내 것으로 만들 수 있는 도구를 나는 연구했다. 그래야 제대로 된 실천을 할 수 있고 그것이 제대로 된 자기계발 그리고 자기발전이라고 생각했다. 의미와 공학의 융합을 통해 탄생시킨 의미공학이라는 성장 실천법을 통해 우리는 지속 가능한 성장을 실현할 수 있다. 엔지니어 특유의 문제해결 방법론을 통해 성장법에 대해 연구했고 이 책 역시 그렇게 구성했다. 이제 이 책을 읽은 당신은 나와 같이 의미공학자로 거듭날 것이다.

사람들이 종종 나에게 '당신이 특별한 사람이기 때문에 자기계발을 지속할 수 있는 것이다.'라고 말한다. 그러나 내가 특별하기 때문에 지속 가능한 힘이 나오는 것이 아니다. 내가 의미를 향한 행동을 스스로 했기 때문에 특별한 사람이 된 것이다.

방법에 대한 방향 제시는 이 책의 후반부에서 다루어진다. 자신만의 방법을 설계할 것이다. 에빙하우스의 곡선과 같이 흥미로운 인간에 대한 해석적인 부분은 다른 방향으로 또 살펴보기로 하고 다시 강연장으로 돌아가 보자.

나아지지 않는 자신의 실천력을 채찍질하며 강연에 참석한 사람은 어떨까? 물론 수동적으로 정보를 받아들인 사람과는 다르다. 하지만 강연에 참석한 사람들 중에서도 실제 자신의 의미 있는 변화를 만드는 사람은 드물다.

강연장에서 느낀 강렬한 울림과 변화 그리고 의지는 쉽게 내 것이 되지 않는다. 아주 작은 마음가짐의 변화라도 있다면 절반은 성공한 것이다. 강연자의 역할 역시 중요하지만 우리가 변화하기 위해서는 우리 마음가짐의 변화가 중요하다. 그리고 이것은 지속적으로 이루어져야 한다. 그래야 몸이 함께 우리의 생각과 의식을 변화시키고 진정한 '내 것'으로 만들 수 있다.

지식실천시대에 제대로 된 성장은 무엇인가

나는 지식공유를 넘어 지식실천이 중요하다고 말했다. 그리고 실천을 위한 변화를 위해선 우리의 마음가짐이 중요하다고 강조했다. 나만의 의미를 통해서 나의 마음가짐을 요동치지 않게 그리고 나의 발전을 위해 굳건하게 만들 수 있다. 나만의 의미를 통해 내가 원하는 것으로 만들 수 있다는 말이다. 제대로 된 성장은 이런 것이다. 우선 내가 원하는 것이어야 한다. 내 것이 아닌 다른 자기계발서의 내용을 따라만 하다 지치는 자기계발은 제대로 된 성장이 아니다. 내 마음이 가야 한다. 그래야 내가 움직이고 변화하고 실천한다. 내 마음이 가도록 만드는 원천에 나만의 의미가 있다. 나에게 의미 없으면 내 마음이 가지 않고 움직이지 않는다. 변화하지 않는다. 내가 원하는 성장이 시작되면 과정이 즐겁고 성과도 기쁘다. 내가 지휘자가 되어 지휘하는 오케스트라가 멋진 연주를 해낸다. 과정과 결과의 만족에서 오는 기쁨을 누리는 것이다.

자, 이제 다음 질문은 '그럼 어떻게 내가 원하는 것으로 만들 것인가?'가 되어야 하지 않을까? 방법에 대해 말하자는 것이다. 그저 나만의 의미가 중요하다고만 외치면 안 된다. 누구나 의미 있게 살고 싶고, 자신이 중요하게 생각하는 의미가 있다. 그래서 그 의미를, 정보와 지식을 어떻게 활용할 것인지에 대한 구체적인 방법이 필요하다. 이 책에서 말하는 새로운 실천법은 방법에 관한 것이다. 나에게 맞는 방법 말이다. 정보와 지식은 팩트로써 넘쳐난다. 이를 나에게 맞는 방법으로 만들기 위해서는 '어떻게 정보와 지식을 정리하고 내 안에서 융합할 것인가.'가 핵심이다. 책에서 읽은 것들을 읽고 끝낼 것이 아니라 그것들을 활용하는 일에 집중해야 한다. 세계적인 석학 다니엘 핑크는 그의 책 『새로운 미래가 온다』에서 다음과 같이 말했다.

"팩트에 대한 접근이 누구에게나, 즉각적으로, 또한 광범위해졌다는 이러한 사실은 특히 팩트의 가치를 급속도로 떨어뜨렸다. 이제는 팩트의 가치가 급격하게 떨어졌기 때문에 무엇을 읽느냐가 중요한 것이 아니라 어떻게 읽고 또 어떻게 융합해서 활용하느냐에 따라 지식과 정보의 유용성이 판가름 난다."

활용을 잘해야 내 것이 되고 성장의 효과와 성과로 나타난다. 그리고 내 것으로 만든 그것을 표현할 수 있게 된다. 그게 능력이고 역량이 된다. 정보와 지식을 많이 저장해 두기만 해서는 성과를 내거나 창조적인 결과를 만들어내지 않는다.

나는 자기계발서를 읽기 시작한 어느 시점부터 내가 읽은 것들을 잊고 있는 것이 아깝다고 느꼈다. 내가 그저 읽기만 하는 바보로 느껴졌다. 그래서 처음 시작한 방법이 기록하는 습관이었다. 그 기록을 소중히 여기고 다시 보게 만들기 위해 가격이 좀 나가는 노트를 구입해서 기록했다.

재미있는 변화가 세 가지 일어났다. 첫 번째는 시간이 지나서 다시 읽게 된 노트의 기록이 정말 처음 보는 것처럼 느껴진 것이다. 그런데 분명 글씨체는 내 것이었다. 그리고 내가 구입하고 기록한 내 노트였다. 에빙하우스의 망각의 곡선이 나의 뇌 속에서도 그려지고 있었다. 이런 과정을 여러 번 거치니 두 번째 변화가 일어났다. 어디서 읽었던 것 같은 내용이라는 생각이 들어 노트의 다른 부분을 찾아보면 비슷한 내용이 있었다. 다른 책에도 말이다. 이 과정이 조금 더 발전하면 '통합'이라는 단계로 접어든다고 볼 수 있다. 그리고 그 이후에 세 번째 변화가 찾아왔다. 통합된 내용을 활용할 방법이 떠오르기 시작했다. 예전에는 그저 좋은 글이라고만 생각했는데, 이제는 내 삶에 어떻게 적용할 것인지 생각하게 되었다. 여기에서 중요한 시사점은 정보와 지식을 저장해두고 자주 보면, 통합의 과정이 일어나고 나아가서 활용할 방법을 떠올리게 된다는 점이다. 단, 자주 봐야 한다는 점이 중요하다.

자주 보게 하기 위해서 내가 시도한 첫 번째 방법은 좋은 노트를 구입하는 것이었다. 방법에도 진화가 필요함을 느꼈다. 이 방법에 대한 욕구는 구조화시키고 싶은 마음이었다. 엔지니어 직무 경험을 바탕으로 발전시킨 새로운 방법은 의미공학 탄생 과정의 소개를 통해 알 수 있을 것이다. 방법에 대한 부분은 후반부에서 알아보기로 하고 다시 '마음'의 줄기로 와 보자. 왜냐하면 성장에 대한 지속성이 마음과 관련 있기 때문이다. 성장의 실현과 지속 가능 역시 우리가 원하는 그리고 지향해야 하는 제대로 된 성장이다.

계속 요동치는 내 마음, 성장은 왜 지속되지 않는가

나는 예민하다. 과거에는 굉장히 예민했다. 남의 눈치를 많이 봤다. 다른 사람의 말과 행동에 표현은 안 했지만 민감하게 너무 많은 생각을 했다. 불편했다. 다른 사람들은 평범하게 살아가는 것 같았는데 나만 예민한 것 같았다. 작은 일에도 마음이 흔들렸다. 이런 내가 싫었지만 마땅한 방법이 없었다. 그냥 그게 싫다고만 생각했다. 요동치는 내 마음을 위한 무언가가 있었으면 좋겠다는 생각은 했지만 뾰족한 수가 없었다.

자기계발서를 많이 읽으면서 조금씩 나아지는 걸 느꼈다. 나만 그런 것이 아니라는 걸 알게 되면서 나름의 위안을 얻게 되었다. 나와 같이 예민한 사람들이 많다는 것을 느꼈다. 또 한편으로는 일부 사람들이 말을 함부로 한다는 점도 알게 되었다. 잠시의 위로가 되었다. 그러나 더 큰 자극이 오고 내가 온전치 못한 상황이었을 때는 마음에 태풍이 휘몰아쳤다. 시간이 갈수록 더 불편해졌다. 하지만 잘 참아낼 수 있다는 잘못된 자기 위안으로만 버텨냈다. 근본적인 문제를 바로 잡지 못한 채 계속 버텨내고만 있었다.

배려가 중요하다고 한다. 나 역시 배려를 굉장히 중요한 인성의 덕목이라고 생각한다. 배려의 대상은 누구인가? 보통 바로 떠오르는 것은 내가 아닌 상대방이다. 물론 상대는 중요하다. 나와 마주하거나 나의 옆에 지금 있는 사람이다. 현재를 살아가는 시점에서 가장 소중한 사람이다. 배려해야 한다.

자신에 대한 배려는 어떤가? 자신의 속은 곪아 터지기 직전인데 겨우겨우 참아내며 버티는 것이 자신에 대한 배려인가? 그렇게 참는 것이 또한 상대에 대한 배려일까? 자신과 상대 모두에게 참된 배려가 아니다. 또 눈치를 보고 있다. 자신에게 그리고 상대에게 말이다. 괜찮지 않으면서 괜찮다는 잘못된 주문을 외우고 있다. 전혀 괜찮지 않지만 괜찮다며 상황에 대해, 상대에 대해, 자신에 대해 잘못된 배려를 하고 있다. 솔직한 표현을 해야 한다. 참고 버티며 거짓된 표현을 하는 것은 참된 배려가 아니다. 자신에게도 상대에게도 상황에게도 말이다. 이는 마음의 요동에 지속적인 연료를 제공하고 축적시키며 잘못된 방향으로 요동의 진폭을 늘리는 셈이다.

잘못된 배려와 비슷하게 조심해야 할 것은 미리 단정 짓는 것이다. 어떻게 될지도 모르면서 그리고 시도해보지 않은 상태에서 미리 단정 짓거나 섣불리 판단하는 습관은 나쁘다. 잘못된 배려가 '그럴 것이다.'라는 잘못된 단정의 영향을 받는다고 볼 때, 미리 단정 짓는 습관은 고쳐야 한다. 상황을 제한적으로 만들 뿐 아니라 잘못된 배려의 상황으로 만든다.

이렇게 나는 자신에게 잘못하고 있다는 사실은 계속 인지하고 있었다. 그리고 나름의 노력을 했다. 그러나 그 노력은 본질을 개선하려는 노력이 아니었다. 상황을 조금 바꿔보기 위한 시도였다. 이는 오히려 상황을 악화시키는 노력으로 이어졌다. 자신에게 참된 배려를 하지 못한다는 명분으로 포기하는 일이 많아졌다. 그리고 그것을 나름의 노력으로 치부하기 시작했다. 일시적으로는 마음이 가라앉는 듯 했다. 하지만 더 큰 마음의 요동이 기다리고 있었다. 노력에도 불구하고 계속 마음이 요동쳤다. 사실 노력에도 불구하고가 아니라 잘못된 노력으로 마음이 계속 요동친 것이다. 이러한 내부 상황에 성장의 지속성은커녕 성장의 싹이 자라날 자리도 없었다.

이끌려 가는 삶

'어차피 한 판 붙기 위해 태어난 삶이 아닌가!'는 나의 좌우명이다. 1990년대 자기계발서 베스트셀러 중 하나인 『7막 7장』이라는 책에서 홍정욱 저자가 말했던 의지 중에 하나를 인용했다. 나는 이 말을 힘이 들 때마다 외쳤다. 나는 성실하게 열정적으로 부딪치며 살았다. 그런데 나름 잘해낸 시기도 이끌려 가는 삶이었다. 성실을 강요하며 나에게 좌우명을 강요하고 있었다. 나를 잘 모르는 상태에서 괜한 채찍질만 해대고 있었다. 표면적인 성장은 계속 이루어지는 듯 했다. 숫자로 이루어진 나이라는 것이 늘어갈 때 괜히 많이 성숙했다고 느꼈다. 내가 하는 의사결정은 모두 옳은 것 같은 착각이 들기도 했다. 그런데 그 과정을 관통해서 보면 계속 이끌려 가는 삶이었다. 마음의 요동들은 당연히 수반되는 작은 움직임일 뿐이라며 잘못된 위로를 했다. 어디에도 내가 주인인 요소가 없는데 보여주기만 하는 셈이었다. 그게 맞는 것 같은 생각이 들었다. 왜냐하면 그런 채찍질로 단기적인 결과는 계속 얻어냈기 때문이다. 물론 그 결과들은 내가 원한 것이긴 했지만 사회로부터 먼저 주어진 후 내가 원한 것이었다. 내가 먼저 진정으로 원한 것들이 아니었다. 누군가의 강점을 부러워하고 흉내 내며 뒤쫓아 가려는 삶이었다. 그래서 이끌려 갔던 것이다. 성실하긴 했다. 그러나 나는 내 삶의 주인이 아니었다. 성실한 하루하루의 일꾼일 뿐이었다.

일시적인 삶

이끌려가는 삶은 일시적인 삶이기도 하다. 얼마나 막막한 삶인가. 정말 현실을 버텨내고 살아내는 삶이다. 내가 주인이 아니다. 수동적이다. 우리가 수동적으로 변하게 되는 보통의 상황을 살펴보자. 나는 공정성에 의문을 갖게 되는 상황과 과정이 그럴 수 있다고 본다. 예를 들어 회사에서 희생적으로 열심히 일하고 승진할 것이라고 철썩 같이 믿고 있다가 승진에서 밀리는 경우가 있다. 또는 회사 업무와 관계없는 일로 부당하게 대우 받는 경우도 있다. 이렇게 공정성에 의문을 제기하게 되는 경우, 그 답례로 내가 손해보게 될 일은 하지 않겠다고 마음먹는다. 무언가 나에게도 이익이 되지 않는 한 추가적인 어떤 일도 하지 않겠다고 다짐한다. 이러한 상황의 본질은 사실 수동적이고 이끌리며 일시적인 삶이라고 생각한다. 자극에 대한 반응으로서 나의 행동을 선택했지만 그 선택이 일시적이라는 말이다. 나를 지키겠다는 부정적인 반응은 앞이 보이지 않는다. 그리고 일시적이다. 혹은 비슷한 상황이 반복된다. 결국 무엇을 얻게 될까? 자신에게 진정으로 중요한 것이 무엇인지 분별하지 못하게 될 위험이 크다. 왜냐하면 외부 상황에만 주의가 집중되어 있기 때문이다. 빅터 프랭클 박사는 책 『죽음의 수용소』에서 '일시적인 삶'에 대해 이렇게 말한다.

> "자신의 일시적인 삶이 언제 끝날지 알 수 없는 사람은 인생의 궁극적인 목표를 세울 수가 없다."

언제 끝날지 알 수 없으면 앞이 안 보인다. 당연히 목표를 세울 의지도 생기지 않는다. 자신의 일시적인 삶을 비현실적인 것으로 간주하고, 이것이 삶의 의지를 잃게 만드는 중요한 원인이라고 한다. 당연히 그 앞에 닥치는 모든 일들이 무의미한 일들로 여겨진다.

취업이 되지 않는 취업준비생, 준비하는 시험에 떨어지고 다시 공부를 하는 학생, 쉬는 날 없이 무한 반복되는 출퇴근과 야근에 지친 직장인 모두 앞이 안 보이는 경험을 했을 것이다. 앞이 안 보일 때 일시적인 삶을 살아내고 있지 않은지 자신에게 물었을 것이다. 의지가 사라지고 불안함 속에서의 삶은 계속 흔들리고 있다. 어떻게 해야 할까? 답은 쉽게 떠오르지 않고 현실을 박차고 떠날 용기는 더더욱 나지 않는다. 그 해답을 찾기 위해 '의미'라는 내 안의 원석을 찾는 여정으로 지금 함께 하고 있다. 이 책과 함께.

　내가 삶에서 '의미'라는 것에 관심을 갖게 된 계기를 주신 분이 있다. 여러 책에서 인용되고 있는 빅터 프랭클 박사다. 그는 1905년 오스트리아의 빈 출신 정신과 의사다. 유태인이라는 이유로 제2차 세계대전 당시 3년 동안 아우슈비츠와 다카우 수용소 등의 강제수용소에 끌려갔다 살아 돌아왔다. 강제수용소를 거치면서 아버지, 어머니, 아내, 형제를 모두 잃었다. 그러나 그는 '인간은 어떠한 순간에도 삶에는 의미가 존재한다.'라는 확신을 직접 체험하고 보여주었다. 내 인생에 큰 전환점을 맞이하게 해준 분이다. 그리고 내가 의미에 관심을 갖고 연구하며 책을 통해 계속해서 만나고 있다. 의미공학이라는 자기계발 방법론이자 성장법을 연구하며 계속해서 대화하고 있다. 이 책에는 의미와 관련된 빅터 프랭클 박사의 체험 그리고 그에 대한 나의 연구 내용이 자주 등장할 것이다.

　일시적인 삶에 대해 그는 또한 이렇게 말한다. 강제수용소에 있는 사람들은 일시적인 삶을 비현실적으로 간주하고, 무언가를 성취할 수 있는 인생의 진정한 기회는 다시 오지 않을 것이라고 믿었다고 한다. 그러나 실제로는 그렇지 않았다. 그곳에도 기회가 있었고, 도전이 있었다고 전한다. 결국 일시적인 삶에서도 선택은 내가 한다는 말이다. 부정적인 시각으로 일시적인 삶으로 느껴지는 지금을 어떻게 바라볼 것인가의 문제다. 비현실적으로 간주한다면 삶의 의지를 잃을 것이고, 그 안에서 '의미'를 발견하려고 하는 선택을 하면 삶의 의지를 발견할 것이다. 그래서 프랭클 박사는 주어진 상황에 반응하는 태도, 즉 우리 자신의 길을 선택하는 자유를 강조했다. 자신의 반응을 선택하는 인간의 힘이 존재한다고 했다. 일시적인 삶으로 느껴지는 현실에도 우리는 의미 있는 선택을 해야 한다. 그래야 내 인생이 의미 있다.

PART 2
원인

나도 모르는
내 마음

내 마음이 내는 소리

나는 내 마음을 얼마나 알고 있는가

마음이란 무엇일까? 여러 가지 표현이 있을 수 있겠지만 그 마음도 나 자신이다. 자신을 알아가는 과정에서 나는 내 마음을 얼마나 알고 있을까? 사실 마음을 아는 것의 정도 혹은 끝은 없다고 생각한다. 그러나 내 마음이 내는 소리를 외면하거나 알아주지 않으면 이상 신호가 오는 것은 확실하다. 마음은 나 자신이고 자신과 맞지 않는 상황에서는 어떤 형태로든지 신호를 보낼 것이기 때문이다. 그 신호를 잘 알아차려야 하지만 쉽지 않다. 외면하고 있다는 사실을 시인하면 오히려 자신의 상태를 알고 있다고 할 수 있다. 하지만 그 신호조차 알 수 없을 정도로 이끌려가고 일시적인 삶을 살아내고 있다면 문제가 있다.

마음이 편안하면 기분이 좋다. 안정감이 들고 만족스럽고 기쁜 감정도 올라온다. 누구나 마음이 편안하길 원하지만 우리가 하는 일, 경험, 관계, 상황에서 마음이 움직인다. 크게 움직이면 요동치는 것이고 작게 움직이면 작은 신호들과 함께 내가 마음을 유지하는 것이다. 요동치지 않는 마음을 위해 먼저 해야 할 일이 내 마음을 아는 것이다. 감정이 곧 마음이다. 그런데 그 감정을 알아채지 못하고 강요된 생각으로 알아주지 못한다. 그런 경우에는 혼란스러운 감정에 사로잡힐 가능성이 크다. 자신의 감정을 명확하게 포착하고 풀어야 한다. 내가 마음공부를 하기 위해 배운 『감수성 훈련』의 저자 유동수 씨는 이렇게 말한다.

"감정이 마음속에서 우러나온 것이든 외부의 자극을 받고 생겨난 것이든 즐거운 것이든 고통스러운 것이든 그 어느 것도 영원불변의 실체는 없으며 변화무쌍한 것이 감정의 실체이다. 일생 동안 다양하고 많은 감정들을 느끼게 되지만, 그 감정들은 지금 어디에 있는가?"

감정에 사로잡히지 않되 마음을 알아주기 위해선 이 감정을 있는 그대로 관찰하는 것이 먼저 필요하다. 여기에서 중요한 점은 판단하지 않는 것이다. 판단하면 있는 그대로 관찰하지 못하고 분석하고 단정 지을 가능성이 높아진다. 있는 그대로 관찰한 후 올라오는 느낌과 감정을 그대로 표현해보는 것이 중요하다. 사실 갑자기 한다고 쉽게 되지는 않는다. 연습 그리고 훈련이 필요하다. 이 과정이 중요한 이유는 이것이 내 마음을 알기 위한 노력이고, 이렇게 해야 내가 진정으로 원하는 것, 즉 나의 욕구를 제대로 알 수 있다는 점이다. 유동수 씨의 말대로 흘러가는 감정이다. 하지만 그때의 감정을 잘 이해할 줄 알아야 내 마음을 아는 것이다. 그렇지 않으면 마음의 요동이 커지고 자가 치유 능력은 감소한다.

나는 나를 얼마나 이해하고 있는가

나는 나이를 먹어가며 아울러 많은 경험을 하면서 나를 알아가는 과정을 겪었다고 생각했다. 그래서 내가 좋아하는 일, 내가 하고 싶은 일, 내가 가진 강점, 보완점 등을 발견했다. 이 정도면 괜찮은 성장 과정이라고 생각했다. 하지만 정작 중요한 '나의 마음'은 거의 모르고 있었다. 다시 말해 내가 가진 것을 파악하는 데까지는 왔지만 나를 이해하는 정도에는 많이 미치지 못했다. 그동안 나를 그냥 흘러가는 대로 두었다고 볼 수 있다. 내 마음을 알아차리고 이해하지 못하면서 그저 배려라는 허물로 상대방 마음을 조금이라도 헤아려 보려 흉내만 낸 듯하다. 그 과정에서 내가 좋은 사람으로 비춰지길 바라는 '착한아이 콤플렉스'만 반영되었다. 돌이켜 보면 그냥 좋은 쪽으로만 적당히 생각하며 방어적으로 살아왔음을 느낀다. 이도 저도 아니다. 우선 나를 이해하는 것이 필요하다.

나는 계속 방법을 생각한다. 그래서 '어떻게 할 것인가.'라는 질문을 좋아하고 방법과 방법론을 좋아한다. 모든 것을 거창한 방법론으로 만들려는 것은 아니다. '나를 어떻게 이해할 것인가.'라는 질문은 어찌 됐든 필요한 시작이다. 나의 답변은 '공감'이다. 공감이 필요하다. 공감이란 어떠한 개입이나 판단 없이 존중하는 마음으로 이해하는 것이다. 상대에게도 마찬가지이고 나에게도 동일하다. 우리는 흔히 공감하는 대신 나의 느낌을 전달하고, 상대방을 안심시키고, 조언하고 싶은 욕구를 먼저 느낀다. 마음으로 이해한다는 것은 그 안에 어떤 욕구가 있는지 조용히 듣는 자세이다. 나의 욕구를 강요받은 생각이나 사회가 원하는 스펙에 의해 듣지 않으려고 다른 구석으로 보낸 경험이 있다면 자신에 대한 공감을 피했다고 볼 수 있다.

나는 나를 얼마나 위로하고 격려하고 있는가

나를 존중하는 마음으로 이해하는 자기 공감은 자신의 솔직한 내면에 머물 수 있게 도와준다. 그러면 자연스럽게 자신을 위로하고 격려하는 단계로 이어질 수 있다. 사실 조금 손이 오그라드는 표현이라고 할지 모르지만, 나는 하루 일과를 마치고 나에게 이렇게 말한다. "오늘 하루, 수고 많았어." 동시에 나의 어깨를 내가 두드려 준다. 얼마나 좋은가. 아주 쉽게 내가 나를 위로하고 격려할 수 있는 방법이지 않은가. 내가 나를 위해 존재하지 않으면 누가 가장 먼저 나를 위해 존재할 것인가.

이러한 나만의 방법을 추천한다. 누구나 자신을 위로하고 격려하는 '나만의 방법'을 찾길 바란다. 여행을 좋아하는 어떤 사람은 자신의 방을 여행 사진으로 장식한다. 그리고 일이 힘들 때면 사진을 보며 그 여행지로 마음의 여행을 가본다. 상상여행을 통해 마음이 편안해질 때까지 그곳에서 머물다가 돌아온다.

취미에 관한 나만의 방법을 소개해 본다. 내가 사회초년생 시절을 보내고 3년 차가 된 시점이었다. 주위의 대리님과 과장님이 취미를 가져볼 것을 권유했다. 마음 한편에는 욕구가 있었다. 그러나 여전히 계속되는 많은 업무량에 엄두를 못 냈다. 매일 이어지는 야근에 꾸준하게 해야 하는 취미는 불가능하다고 판단해버렸다. 취미는 거창한 것이어야만 한다고 생각했다. 그러나 나의 스트레스는 해소되지 않고 계속 쌓여만 갔고 나를 위로할 수 있는 무언가가 필요함을 느꼈다. 매일 쌓이는 스트레스를 풀 수 있으려면 매일 할 수 있는 것이어야 했다. 그런데 취미가 반드시 거창할 필요는 없다고 생각을 바꾸었다. 그러자 나 자신에게 집중하게 되고 내가 원하는 것을 찾게 되었다.

나는 캐논변주곡을 좋아한다. 그래서 캐논변주곡을 들을 때면 마음이 편안해지고 스트레스도 해소되는 느낌을 받는다. 그래서 나는 Version별로 다양한 캐논변주곡을 듣는 것을 취미로 만들었다. 매일 할 수 있었다. 하루 일을 마치고 샤워 후에 15분간 가장 편안한 자세로 캐논변주곡을 들으면 정말 날아갈 듯이 몸과 마음이 가벼워지는 기분을 발견하게 되었다. 이렇게 내 안으로 공감함으로써 나를 위로하고 격려하는 방법을 찾았다.

힘을 빼고 내 마음이 내는 소리를 알아채고 이해하고 격려하려는 고민이 필요하다. 그것이 자기계발과 성장의 첫걸음이다. 그래야 성장의 싹이 들어올 수 있는 여유가 생긴다. 그리고 내가 주인이 될 수 있고 내 마음의 오케스트라를 구축할 수 있다. 오케스트라 구성에서 각각의 악기를 연주하는 사람을 알아야 하고, 그 악기를 알아야 지휘할 것이 아닌가. 한 번에 쉽게 오케스트라를 구축하고 지휘할 수는 없다. 다양한 부분을 살펴보고 준비해야 하는데, 그 중 가장 중요한 첫 단계가 바로 자기 자신이다. 소중한 존재, 나 자신이다.

해야만 하는 스펙과 일, 잘하는 일, 좋아하는 일

해야만 하는 스펙과 일

취업을 해야 한다. 먹고 살아야 하기 때문이다. 취업하기 위해서 해야만 하는 것은 무엇일까. 다시 말하지 않아도 당연한 스펙 쌓기다. 현실을 말하는 것이다. 구조적 문제점을 비롯해서 다른 문제점들을 열거해봤자 입만 아프다. 지금 내가 마주하고 있는 상황에서 최선을 다하고 있을 취업준비생의 마음은 얼마나 불안하고 두려울까. 지금 내가 하고 있는 일이 해야만 하는 일이고, 지금 할 수 있는 최선의 일이라고 믿을 것이다. 그게 내 마음이 내는 소리라고 위로하고 있다. 나는 잘하고 있다고 내 어깨를 두드리며 하루하루를 버티고 채워 나간다. 해야만 하는 스펙을 위해서다. 어쩌면 내 마음 속 요동을 아주 잘 다스리고 있는 듯하지만 겨우 참아내고 있다.

나는 대학수학능력시험을 보고 좌절했다. 가뜩이나 약한 마음에

몹시 두려웠다. 내신 성적은 매우 좋았지만 수능은 그에 비해 좋은 성적을 거두지 못했다. 공부하는 방법과 시험 보는 방법을 잘 몰랐다고 나는 변명하고 있었다. 나는 다시 한 번 도전해보고 싶었다. 그러나 아버지께서 재수는 어렵다고 하셨다. 당시 가정 경제 형편상 재수는 어려웠다. 나는 기운이 빠지고 시무룩해져 있었다. 아버지께서 그 말씀을 자식에게 얼마나 힘겹게 하셨을까. 시간이 조금 지나서 아버지의 마음을 조금이나마 헤아릴 수 있었다. 아버지 마음의 '의미'는 이후 내가 해야만 하는 스펙에 있어 의미 있는 원동력이 되었다. 그 원동력 덕분에 해야만 하는 스펙을 위해 열심히 준비할 수 있었다. 하지만 여전히 스펙은 하고 싶은 일 또는 잘하는 일은 아니다.

취업 후의 일도 마찬가지이다. 여전히 해야만 하는 일이다. 처음에 정립된 인과관계인 먹고 살기 위해 취업한 결과이다. 그래서 일을 해야만 한다. 스펙처럼 회사에서 하는 일도 해야만 하는 일로 느껴진다. 해야만 하는 일을 하고 싶은 일로, 잘하는 일로 만들기 위해서는 어떻게 해야 할까. 많은 자기계발서에서 나온 방법대로 하면 될까. 그 방법들을 온전하게 그리고 체계적으로 하면 가능하다. 그러나 마음이 우러나지는 않는다. 내가 생각하는 주요 원인은 책의 서두에서도 밝혔듯이 동기부여가 되지 않고 내 방법이 아니라는 점이다.

또한 우선순위도 매우 중요하다. 일의 경험을 통해서 우리는 성장한다. 일을 통해 다양한 경험을 할 수 있다. 비슷한 경험은 일을 능숙하게 해주고, 새로운 일은 비슷한 경험을 다시 하기 위한 초석이 된다. 값진 과정이다. 사실 이렇게 하다 보면 나름대로 내 안에서 체계적으로 경험을 정리할 수 있다. 그런데 그 과정에서 혹은 그 전에 그러한 체계화의 방법을 제대로 갖추어 놓으면 더 큰 성과를 얻을 수 있다. 다시 말해 내가 잘하는 일과 좋아하는 일을 발견하고 체계화시킬 수 있는 나만의 방법이 우리를 제대로 된 자기계발과 성장으로 이끈다는 말이다. 체계화가 잘 일어날수록 해야만 하는 일에 대한 저항이 줄어든다. 왜냐하면 해야만 하는 일로부터 무엇을 이끌어낼지 내가 알고 선택하기 때문이다.

잘하는 일

취업 후 다양한 경험을 해나갔다. 자연스럽게 많은 사람을 만나고, 매우 다채로운 상황들을 맞이하고 해결해 나갔다. 누가 해준 것이 아니라 내가 한 것이다. 그래서 그 안에서 가장 큰 발견은 나 자신이었다. 경험을 축적해가는 과정에서 나름의 체계로 나를 발견하고 정리하고 있었다. 정리를 통해 나는 내가 잘하는 일을 알게 되었다.

나는 정리를 잘한다. 그냥 정리가 아니라 의미 있는 정리를 잘한다. 정리와 함께 그 안에서 의미를 뽑아내는 일이다. 그냥 지나갈 수 있는 일에서도 긍정적이고 건설적인 의미를 뽑아내고 이를 지금하고 있는 일과 미래 일의 원동력으로 만든다. 이러한 강점은 업무 영역에서도 빛을 냈다. 사실 넘쳐나는 일에서 가장 중요한 것은 우선순위이다. 물론 순위가 뒤에 있다고 해서 대충 처리할 일은 아니다. 대신 그 안에서 핵심을 잡아 신속하고 정확하게 제대로 처리해야 한다. 이를 위해선 핵심을 뽑아내는 일, 즉 핵심적인 의미를 찾는 것이 중요하다. 이 과정이 잘 되니 상사도 좋아했다. 리더와 관리자는 바쁘다. 수많은 의사결정을 빠르게 또한 잘해야 한다. 그런 면에서 나의 강점을 마음에 들어 한 것은 어쩌면 당연할지도 모른다.

또 다른 내가 잘하는 일, 나의 강점은 전달력이다. 나는 사내 발표대회에서 세 차례나 상을 받았다. 사실 처음부터 잘하지는 못했다. 잘할 수 있게 노력했다. 훈련과정이 있었다. 입사 후 회의 시간에 첫 발표를 무척 떨면서 했던 기억이 있다. 이후로 전달하는 역량을 발전시키기 위해 남다른 노력을 했다. 야근 후에도 별도로 발표하는 연습을 하고 집에 돌아가는 길에는 혼잣말로 업무시간에 상사에게 보고했던 내용을 복습했다. 매일 연습하고 훈련했다. 그러자 어느 순간부터는 자연스러워졌고 전달력이 높아졌음을 느꼈다. 예전에는 설득이 잘 되지 않았던 일도 순조로워졌다. 그리고 기회도 주어졌다. 사내 발표대회에서 전달력을 시험할 수 있었다. 강점이란 한 가지 일을 완벽에 가까울 만큼 일관되게 처리하는 능력을 말한다. 나는 나의 전달력에 대해 한 번이 아니라 계속된 검증을 할 수 있었다. 나의 강점을 발견한 것이다.

꾸준한 연습과 훈련 덕분이기도 하지만 만약 내가 전혀 강점을 갖고 있지 않은 부분이라면 만족할 만한 수준에 오르지도 못했을 것이다. 그래서 이 과정 역시 또 다른 내가 잘하는 일을 발견한 중요한 경험이다. 경험을 통해 내가 잘하는 일을 발견하는 일은 대단히 중요하다. 그래야 더 큰 성장을 할 수 있다. 책『위대한 나의 발견, 강점 혁명』에서는 모든 사람은 자신만의 독특한 재능을 갖고 있으며 그것은 결코 변하지 않는다고 한다. 강점을 발휘하면서 사는 사람의 대표적인 예로 워렌 버핏을 들 수 있다. 그를 특별하게 만드는 것은 그의 독특한 행동 방식이라고 한다. 그는 자신에게 맞는 방식이 무엇인지 정확하게 찾아냈다. 그리고 자신의 타고난 재능을 알아내고 학습과 경험을 통해 더욱 단련시켰다.

좋아하는 일

자신의 강점을 발견하고, 훈련과 학습을 통해 발전시키면 그 다음에는 어떤 일이 벌어질까? 물론 워렌 버핏처럼 자신이 원하는 분야에서 큰 성과를 낼 수 있을 것이다. 지금보다 더 생산적이고 진취적으로 성과를 낼 수 있을 것이다. 자신의 원하는 분야에서 큰 성과를 낸다는 것은 대단한 일이다. 그리고 다른 한편으로는 내가 가진 강점을 바탕으로 새롭게 일할 수 있는 분야를 찾아낼 수도 있다. 혹은 새롭게 만들어 낼 수도 있다. 자신이 좋아하는 일을 찾으라고 하는데 여기에도 이러한 과정처럼 우선순위가 있는 것이다.

우리가 '좋아하는 일'이라고 하면 보통 취미를 생각한다. 취미나 일상에서 소소하게 즐길 수 있는 좋아하는 것들이 많으면 우리의 삶은 더 풍요로워진다. 그런데 좋아하는 '일'이다. 생산성이 있어야 하고, 성과를 내야 일이다. 여기에 나의 강점을 발휘할 수 있어야 생산성과 성과로 이어진다.

내가 좋아하는 일은 '사람의 성장을 돕는 일'이다. 경험을 통해 발견했다. 회사에서 인턴 사원이나 후배 사원이 들어오면 나는 진심을 다해서 그들의 성장을 도왔다. 그들의 성장을 위해 정말 필요한 것이 무엇인지 내가 경험하고 생각하는 바를 꾸밈없이 전달했다. 이를 통해 그들이 만족하고 성장하는 모습을 볼 때 나는 기쁘고 행복했다. 업무적인 관계에서 이렇게까지 돕는 경우가 드물었다. 그러나 나에게는 의미 있었다. 그 과정에서 내가 이 일을 좋아한다는 것을 발견했기 때문이다. 여기에서는 나의 강점에 대한 피드백이 작용되었다. 다시 말해 나는 나의 강점인 전달력을 통해 상대에게 남다른 기여를 했다. 상대는 이 과정에 대한 고마움과 실제 변화를 나에게 보여주었다. 그리고 나는 그들의 피드백에 기쁨을 느끼고 나의 전달력에 다시 만족하며 모든 것을 즐기고 있었다. 강점 발견과 좋아하는 일의 연결을 경험했다. 좋아하는 일에 대해 명확하게 인식하게 되면 그 안에서 나의 강점을 더 의미 있게 활용할 수 있다.

인생의 바닥을 치다: 나만의 바닥

'바닥을 치다'의 의미

　인생에서 누구나 자신만의 바닥을 경험한다. 소위 '바닥을 친다.'라고 표현한다. 그 바닥은 자신만의 바닥이다. 비교가 불가하다. 또한 자신만의 바닥은 인생을 살아가면서 바뀔 수도 있다. 더 깊은 바닥으로 말이다. 인생에서의 바닥을 경험하고 나면 많은 것을 느낀다. 특히 내적으로 관계적으로 많은 변화를 통해 성숙하고 성장하게 된다. 자신에 대해서, 나의 인생에 대해서, 관계에 대해서 등 많은 부분에서 변화가 찾아온다. 바닥을 치는 사람에게 변화까지 이어지는 기간이 그리 길지 않았으면 하는 바람이다. 기간이 길어진다는 것은 오랫동안 바닥에서 머물고 있다는 사실이기 때문이다.

　바닥은 치고 올라올 수 있는 디딤돌이다. 그저 '지금이 내 인생의 바닥이다.'라고 생각한다면, 지금 정말 힘든 시기를 보내고 있음에 틀림없다. '바닥을 쳤다.'라고 하면 이제 다시 올라갈 힘을 낸 것이다. 바닥의 상태에서 바닥을 치기 위해선 무엇이 필요할까? 물론 바닥이 아니어도, 아니면 바닥인데 바닥인 줄 모르는 청춘에게 위로라는 콘셉트는 충분히 효과적인 힐링이 되었다. 그러나 잠시일 뿐이다. 정말 힘든 시기에 위로는 반드시 필요하다. 하지만 결국 다시 일어서기 위해서 결국에는 '내가' 해내야 한다. 내가 나를 위로하고 나를 바로 세워야 한다. 그래야 반듯하게 설 수 있다. 제대로 된 힘을 내서 앞으로 나아갈 수 있는 것이다.

내 인생의 바닥은 사회 초년생 시절이었다. 그 전에 바닥이 있었을지 모르지만 돌이켜보면 '성숙하지 못한 시절의 어려움' 정도로 표현하고 싶다. 사회 초년생 때의 바닥은 사실 그 전부터 그 징조를 나타냈다. 그러나 긍정적인 마음가짐이 그나마 바닥으로 천천히 내려가도록 도와주었다. 대학교 3학년을 마치고 취업에 대한 두려움이 밀려왔다.

가장 큰 두려움은 영어에 대한 자신감 부족이었다. 남들 다 가는 어학연수를 가고 싶었다. 한편으로는 계속 달려온 공부 인생에 '쉼'을 주고 싶었다. 사회생활을 시작하면 내 마음대로 쉴 수 없을 것 같았다. 하지만 학생비자로 어학연수를 가기엔 가정 형편이 좋지 못했다. 성적 장학금과 종친회 장학금으로 나름대로의 효도를 하고 있었지만 부모님께 말을 꺼내기 어려웠다. 결국 내가 아르바이트를 해서 돈을 모았고 어학연수를 떠났다. 상대적으로 저렴한 필리핀 어학연수 3개월 후 호주로 가는 일정이었다. 호주에서는 일을 하며 영어 공부를 할 수 있었다. 랭귀지 스쿨의 학비는 상상을 초월할 정도로 비쌌다. 또한 커리큘럼 역시 비용에 비해 만족할 만한 수준은 아니었다. 그래서 나는 하우스키핑, 청소 등의 일을 하며 무료 영어 수업을 들었다. 그리고 약간의 돈이 모아지면 저렴한 1:1 튜터링Tutoring 수업을 들었다. 비싼 돈 들이지 않고 충분한 휴식과 다양한 경험을 했다. 한국에 돌아가면 재충전한 몸과 마음 그리고 영어실력으로 취업 전선의 최전방에 뛰어들 자신감으로 충만했다.

인천 국제공항에 도착했다. 어머니와 누나가 나와 있었다. 어머니와 누나를 끌어안고 그리웠던 마음을 표현했다. 아버지는 회식이라 못 오셨다고 했다. 어머니께서는 비쩍 마른 내 몰골을 보며 연신 내 볼을 쓰다듬으셨다. 나는 먹고 싶었던 회를 사달라며 동네 횟집으로 향했다. 실컷 회로 배를 채우고 나니 시간이 훌쩍 지났다. 아버지는 오시지 않았다. 누나는 "아버지가 늦으시네."라고 하며 집으로 가자고 재촉했다. 집에 도착하니 누나가 울면서 이야기했다. "아버지는 병원에 있어." 내가 외국에 나가서 공부하는 동안 방해가 될까 이야기하지 않았다고 했다. 나는 어머니와 누나 앞에서 찢어지는 가슴으로 눈물을 쏟아냈다.

다음 날 아침, 아버지가 계신 병원으로 향했다. 엘리베이터를 타고 병동에 도착해서 난 아버지를 차마 볼 수 없었다. 고개를 들 수 없었고 하염없이 눈물이 났다. 힘겹게 아버지 병실로 들어갔는데 아버지는 환한 얼굴로 나를 안아주었다. 희망이 있었다. 아버지는 골수이형성증후군이라는 병명으로 투병 중이었고 작은 아버지로부터 조혈모세포 이식을 받았다. 경과가 좋았다. 나는 아버지를 모시고 집과 병원을 오가며 취업 준비를 했다. 당시 내가 할 수 있는 최선은 반드시 취업하는 것이었다.

나는 대학교 4학년 1학기에 대기업 대졸공채에 합격했다. 전화를 통해 최종합격 소식을 아버지께 전해드렸다. 서로의 목소리가 분명 떨리고 있었다. 아직도 또렷하게 기억한다. 이때가 내 인생의 바닥이라고 생각할 수 있었겠지만 긍정적인 생각과 자세로 헤쳐

나가고 있었다. 다행히 아버지 병의 치유 과정도 나름대로 순조로 웠고, 다른 일들도 나쁘진 않았다. 그러나 다음 해인 나의 사회초 년에 아버지는 하늘나라로 가셨다. 합병증으로 중환자실에서 4개 월간 더 고생하시다 돌아가셨다. 지방 근무를 했지만 나는 매주 서울로 향했다. 면회 시간이 정해진 중환자실에 들어가면 그저 울다 나오는 게 전부였다. 나에게 도움을 줄 수 있는 분들 모두에게 도와달라고 외쳤다. 하지만 아버지의 임종을 지키지 못하고 지방에서 아버지의 마지막 소식을 듣고 서울로 달려왔다.

아마 이때부터 내 인생의 바닥이 시작된 것 같다. 긍정적인 생각과 자세는 찾을 수 없고 모든 것이 원망스러웠다. 나의 노력과 바람 모두가 물거품이 되었다고 생각했다. 한 번 부정적인 생각이 들자 꼬리에 꼬리를 물고 이어졌다. 병이 찾아오고 아버지께서 하신 말씀이 머리에 계속해서 머물렀다. "이제 좀 행복하게 살아 볼 만했는데……." 고생만 하신 아버지 생각에 몸을 추스르기 힘들었다. 부정적인 생각은 이내 끝없는 바닥으로 내려갔다. "어차피 회사에서 뼈 빠지게 일해 봤자 아버지처럼 고생만 하다 갈 것인데……." 내 삶의 의미가 사라진 것이다. 어떠한 동기도 부여되지 않았다. 작은 기운도 나지 않았다. 이렇게 나는 내 인생의 바닥을 쳤다.

결국 다시 일어서야 하는 것은 나 자신이다. 많은 깨달음과 변화를 경험하고 바닥을 디딤돌 삼아 다시 일어섰다. 나에게는 어머니가 있었다. 수십 년을 함께 살아온 남편이 갑자기 없어진 가여운 여인이 있었다. 나중에 아버지께 부끄럽지 않기 위해서 어머니를 살려야 했다. 다시 내 삶의 의미를 되새겼다. 회사와 서울 집은 5시간이 걸리는 거리였지만 매주 집에 갔다. 어머니와 함께 많은 시간을 보내며 다시 의미를 찾을 수 있도록 노력했다. 바닥으로부터 올라오는 느낌이 강하게 들었다.

내 인생의 바닥을 치고 올라오자 성장에 대해 더 절실하게 고민하게 되었다. 다시 일어설 생각을 하고 힘을 내는 것은 내 몫이다. 그리고 다시 일어서는 일도 내가 해야 할 일이다. 이것이 우선되어야 한다. 넘쳐나는 지식의 시대이다. 지식만으로 위로는 한계가 있다. 우선 나를 바로 세워야 한다. 제대로 세워야 한다. 나만의 의미로 나만의 방법으로 일어서야 한다. 그것이 나에게 맞는 것이다. 그리고 나를 잘 다듬어야 한다. 그래야 내가 알고 있는 지식과 새롭게 알게 되는 지식을 실천할 수 있다. 지식실천이 이루어져야 자기 발전이 있는 제대로 된 성장으로 이어질 수 있다. 실천하고 지속적으로 실행해서 제대로 된 내 것으로 만들어야 한다. 그래야 자기발전과 함께 의미 있는 성장으로 이어갈 수 있다. 지식실천시대에 끊임없이 고민해야 할 부분이다. '무엇'은 이미 많다. '무엇'보다는 '어떻게'를 구해야 한다.

나와 마주하기의 불편함

인생의 바닥이라고 느껴지는 곳에서 혹은 깊은 터널 안에서 나는 나와 마주하기 매우 불편하다. 어떻게 할지 도무지 모르겠다. 아무것도 하기 싫고 자신감은 더더욱 나지 않는다. 두려움도 따르고 귀찮음도 따른다. 나를 다시 들여다보려고 하니 상처의 딱지를 들추는 것 같은 아픔이 느껴질까 두렵다. 이러한 나와 마주하기의 불편함에 필요한 약은 무엇일까.

두려움과 귀찮음은 반복되는 회피와 부정적인 생각의 연속으로 이어진다. 회피 역시 계속되고 한번 부정적인 생각이 들면 꼬리에 꼬리를 물고 더 안 좋은 쪽으로 생각한다. 결국 혼자 판단하고 단정 지어버린다. 과거의 힘들었던 일에 대해 자의적으로 해석하고 의미를 부여하면 안 좋은 방향으로 생각이 진행된다. 잘못된 판단과 단정은 멀리해야 한다. 어떻게 해야 할까.

직면 그리고 다시 나와 마주하는 용기

우선 있는 그대로의 나 자신과 직면해야 한다. 어떤 사람은 많은 경험을 하고 나이가 들수록 자신에 대한 높은 기대를 한다. 자신이 모든 답을 알고 있어야 한다고 생각한다. 답을 모르는 경우는 기대 수준에 못 미친다고 생각하고 자괴감에 빠진다. 또 어떤 사람들은 실수한 사실에 대해서 인정하지 못하기도 한다. 자신을 인정하지 못하고 마음을 닫으며 계속 괴로워한다. 괴로움을 넘어서기 위해서는 내면을 직시해야 한다. 참거나 짓누르지 않고 드러내야 편안해질 수 있다.

용기를 내야 한다. 책 『미움 받을 용기』에서는 이것을 '용기 부여'라고 표현한다. 내가 할 수 있는 일이란 일단 '지금의 나'를 받아들이고, 결과가 어떻든지 간에 앞으로 나아갈 용기를 갖는 것이라고 한다. 이것이 용기부여이다. 힘들더라도 용기를 내야 한다. 그렇지 않으면 계속해서 내 안에서 갇혀 있게 된다. 내가 나를 마주하고 인정해주지 않으면 누가 먼저 나를 진정으로 인정해 줄 것인가. 그것이 요동치지 않는 내 마음을 위한 첫 용기이다. 요동치는 내 마음의 안정은커녕 인생의 바닥을 치고 있다. 자존감이 무너져 있다면, 가장 먼저 직면하고 용기내야 하는 것이다.

아들러 심리학에서는 목적론目的論의 측면에서 현재의 목적을 말하고 있다. 힘든 일이 있을 때 우리는 두려움을 갖고 있는데, 무언가를 새롭게 하려고 해도 힘들었던 경험을 떠올리며 저항한다. 흔히 '불안해서 밖으로 나오지 못하는 것'이라고 생각하고 말한다. 그러나 아들러 심리학에서는 '밖으로 나오지 못하니까 불안한 감정을 지어내는 것'이라고 한다. 즉 '바깥에 나갈 수 없다.'라는 목적이 먼저고, 그 목적을 달성하는 수단으로 불안과 공포와 같은 감정을 지어낸다는 말이다.

여기에서도 '용기'라는 것을 내포해서 말하고 있다. 바깥에 나갈 용기를 못 내고 있다는 의미이다. 또한 이 내용을 읽었을 때 나는 처음에는 갸우뚱했으나 곰곰이 생각해보며 동의하게 되었다. 그리고 '마음공부'라고 하는 훈련을 하면서 더 수긍하게 되었다. 느낌이라고 하는 것은 선행된 생각이 없어도 알 수 있다. 예를 들어 계절이 바뀌어 쌀쌀한 느낌이 드는 경우가 있다. 그러나 감정이라는 것은 감정을 불러일으키는 선행된 생각이 있다. 생각 끝에 감정이 매

달려 있다. 그렇기 때문에 '바깥에 나갈 수 없다.'라는 용기 없는 생각이 두려움과 불안한 감정을 불러일으킨다고 생각한다.

달리 말하면 힘들었던 경험, 바닥을 쳤을 때의 좌절과 두려움은 지나간 일이다. 그때의 생각과 감정은 지나갔다. 그런데 그때의 생각이 다시 떠올라 소모적인 새로운 감정을 지어내고 있는 것이다. 지금-여기를 살아가라고 한다. 지금-여기의 나는 누가 지키고 있는가? 나는 과거의 나의 생각과 감정에 머물며 지금의 나를 혹사시키고 있는데 말이다. 지금의 나와 마주하고 지금-여기를 살아야 한다. 그러기 위해선 용기를 내야 한다. 지금의 나를 있는 그대로 받아들이고 격려하고 힘내라고 말해야 한다. 그리고 밖으로 나가야 한다. 누가 하느냐? 바로 내가 해야 한다. 그게 내 마음이 내는 소리를 알아주는 소중한 일이다.

이렇게 내 마음을 제대로 알지 못하는 것이 지속되지 않는 성장의 첫 번째 원인이다. 즉 동기부여로 가는 길목을 막고 있는 것이다. 내 마음을 먼저 알고, 힘이 들 때는 위로하고 격려하고, 더 나아가 내 마음이 진정으로 원하는 것이 무엇인지 알아야 한다. 그래야 성장을 시작할 수 있다. 내가 내 마음도 제대로 몰라주는데 성장할 마음이 들어설 자리가 있겠는가. 나는 지금 미치도록 힘든데, 무슨 자기계발이고 성장인가 하는 마음이다. 내 마음을 제대로 알아야 잘 위로하고 격려하고 우리가 원하는 성장을 어떻게 해 나갈지 살필 수 있다. 또한 자신의 행동을 변화시키기 위해서는 먼저 나에게 물어야 한다. 왜 변화를 시도하려는 것인지 자신에게 묻고 솔직하게 답할 수 있어야 한다. 그게 먼저다. 남들이 하니까, 누군가가 압박하니까, 좋게 보이고 싶어서 등의 대답은 진정으로 내 마음을 위한 답이 아니다. 이것은 당연히 동기부여로 이어지지 않는다.

지속되지 않는 동기부여

나는 스스로 움직이는가

일시적인 동기부여를 일으키는 자기계발서를 읽고 나서도 작심삼일의 동기부여는 여러 번 경험했다. 그래서 나는 스스로 움직이지 못한다고 생각하는 것이다. 스스로 움직이는 힘이 지속되지 않는다. 나의 행동을 변화시키기 위해서는 동기에 관심을 가져야 한다.

스스로 움직이기 위해서 가장 중요한 요소는 무엇일까. 학문적으로도 다양한 동기부여 이론이 있다. 나는 오랫동안 자기계발에 대해 연구해오면서 동기부여 이론을 공부했다. 고개는 끄덕여지지만 결국 '그런데 왜 나는 스스로 움직이지 못하는가.'라는 질문에 답을 찾지 못했었다. 한번 생각해보자. 우리는 어떨 때 스스로 기꺼이 움직일까?

미래학자 다니엘 핑크는 동기부여에 관한 그의 책 『드라이브』에서 동기2.0의 문제점을 지적했다. 동기2.0은 보상을 추구하고 처벌을 피하려는 욕구에 기초하여 생성된 운영체계라고 그가 구분한 것이다. 그런데 인간은 외재 동기를 부여받아 수익 극대화를 추구할 뿐만 아니라 내재 동기를 부여받아 '목적 극대화'도 추구하기 때문에 동기2.0의 호환성에 문제가 있다는 것이다. 즉 우리가 단순한 정신의 경제학적 로봇이 아니라 완전히 성숙한 인간이라는 의미이다. 우리는 더 이상 보상과 처벌에 의해 스스로 움직이지 않는다. 의미 그리고 목적을 지향한다. 그가 말한 '목적 극대화'가 나는 '나만의 의미'라고 생각한다. 우리는 나에게 의미 있는 것을 하고 싶어 한다. 그것이 목적 극대화의 과정이다.

내가 가장 동의하는 동기부여의 요소 중 하나는 '자율성'이다. 책『마음의 작동법』에서 말하는 자율성에 대해서 살펴보자. 인간은 자율성을 꿈꾼다. 스스로 선택할 수 있는 사람들은 자기가 하는 일에 전념한다고 한다. 그렇다. 우리가 스스로 움직인다는 것은 자율적이라는 의미이다. 내가 움직일 마음이 스스로 들어야 한다. 나에게 선택권이 있어야 내가 인정받는 느낌이 들고, 움직이고 싶은 욕구가 생긴다. 심리이론가 리처드 드샴은 1968년 출간한 책에서 이렇게 말했다.

"내적의 동기부여에서 핵심은 외부의 힘으로 움직이는 '체스 말'이 아니라 자기 행동의 '원천'이 되고 싶은 욕망이다."

이러한 핵심적인 요소인 자율성 안에는 무엇이 있을까? 나는 이것이 궁금했다. 그리고 연구했다. 내가 말하고 싶은 진정한 동기부여의 원석이다. 나는 이것이 '의미'라고 생각한다. 일반적인 개념의 의미가 아니라 '나만의 의미'이다. 우리는 의미 있게 살고 싶어 한다. 그러나 그 의미는 누가 준다고 해서 생기는 것이 아니다. 누군가가 나에게 "지금 당신 앞에 있는 그것은 굉장히 의미 있어요."라고 한다고 해보자. 내 앞에 있는 것이 나에게는 의미 없을 수도 있다. 나만의 의미는 내가 찾아야 한다. 그래야 나에게 의미 있다. 우리는 우리에게 의미 있는 이유를 찾아야 결심을 할 수 있다. 그래야 스스로 변화하겠다는 결심이 된다. 의미에 관한 이야기는 이 책을 읽는 내내 계속해서 알아볼 것이다. 우선 간단하게 살펴본 바와 같이 지속되지 않는 성장의 큰 원인 중 하나인 동기부여에 대해 생각해 보았다. 스스로 움직이지 않는 우리를 돌아보고 무엇이 문제인지 함께 살펴보는 과정에 있다.

열정이라는 이름의 일시적인 동기부여

우리가 스스로 일시적인 동기부여를 가장 강력하게 할 때가 있다. 내가 스스로 열정을 발휘하는 경우다. 어떤 경우가 있을까. 예를 들면 어떤 자극을 받고 괜찮은 반응을 일으킨 경우나 무언가를 새롭게 시작하는 경우이다. 이러한 상황과 경험들의 공통점은 바로 오래가지 않는다는 점이다. 왜냐하면 외부에 의한 자극을 내 안의 반응과 직접적으로 연결시키지 못했기 때문이다. 내 안의 반응을 내가 해야 할 일로써 잠시 연결한 것이다. 열정이라는 이름으로 일시적인 동기부여가 된 것이다. 그래서 조직생활에서 보면, 꾸준한 열정을 찾아보기 쉽지 않다. 신입사원이 그렇고, 프로젝트가 그렇고, 조금 복잡한 업무도 그렇다. 처음에는 그럴 듯하게 시작하지만 처음만큼의 열정이 오래가기가 쉽지 않다.

동기부여의 지속 가능성에 의문을 품긴 하지만 그 의문과 의심은 대부분 외부 상황 탓 혹은 조금 더 성숙하게는 자책으로 이어진다. 그리고 자기합리화로 마무리되며 우리가 늘 원하는 동기부여는 힘을 다하고 만다.

나의 열정, 높은 기대 그리고 번-아웃Burn-out

나의 열정은 얼마나 지속 가능할까

'열정 페이'라는 말이 한때 논란이 되었다. '하고 싶은 일을 하게 해 줬다는 구실로 청년 구직자에게 보수를 제대로 지급하지 않는다.'(위키백과)는 것을 의미한다. 즉 좋아하는 일을 하는 사람에게는 돈을 적게 줘도 된다는 관념이다. 안타깝다. 하고 싶은 일을 찾은 것만으로도 축복할 일이다. 그런데 그 축복에 이상한 돈의 개념을 이기적으로 사용했다. 열정은 얼마나 지속될까. 그리고 무엇에 영향을 받아 그 지속성이 변할까. 처음의 큰 열정과 포부는 예상치 못한 개념에 오염되어 그 지속성을 잃어가지 않을까.

어떤 일이든 처음 시작 단계에서는 열정을 갖고 있다. 열정이란

'열렬한 애정'의 의미로 어떤 일에 대한 열정은 그 일에 열렬한 애정을 갖고 열중하는 마음을 말한다. 사실 자기계발서 한 권을 읽었을 때도 마찬가지일 것이다. 정말 자극을 받은 책을 뿌듯하게 읽은 후에 자기계발에 대한 열정은 뛰어나다. 그러나 그 지속성은 오래가지 못한다. 그 열정에 대한 원동력이 없기 때문이다. 단지 시작이라는 단계에서 나오는 열정의 '기본 에너지' 정도이지 않을까.

보통 첫 직장에서 사회초년생으로서 지금까지 살아온 인생의 여정 중 가장 큰 열정이 나타난다. 나는 입사 후 신입사원 교육을 받으며 다음과 같은 다짐을 했다. "취업에 성공했으니, 여기에서 나는 큰 열정과 포부로 임원으로 성장할 거야." 그리고 그 열정은 상당히 오래 지속되었다. 여기에 작용하는 요소는 비전, 목표, 책임감, 발전과 성장, 나에 대한 기대 등 다양하다. 여러 가지 요소가 나의 열정의 연료가 되기도 하지만 원동력이 없는 상태에서 연료는 그저 경험의 일부로 소진된다. 이후의 열정은 지속되기 어렵다. 다만 지금까지 버텨온 과정이 아깝고, 나에 대한 주위의 기대를 위해, 생활을 위해, 가족을 위해 버티고 있을 뿐이다.

높은 기대와 번-아웃, 나는 없다

사회초년생부터 발휘한 나의 열정은 꽤 괜찮았다. 어떤 역량을 차치하고서라도 가장 중요한 역량이 '태도'라고 하는 말이 있듯이 나는 우선 기본은 인정받았다. 기본기를 바탕으로 작은 성공경험을 해 나갔다. 보통의 관리자는 신입사원이 들어오면 작은 일거리부터 차근차근 준다. 작은 시도를 통해서 그를 파악하려는 의도일 것이다. 물론 사수-부사수의 개념이 있지만, 리더가 지시한 일을 어떤 방식으로 처리해 내는지 보는 과정이다. 그리고 이 작은 일들을 순조롭게 해내면 조금 더 큰일을 주며 역량을 파악한다. 때로는 조언을 해주며 교육한다.

나는 나에게 주어진 작은 일들을 작은 성공 경험으로 바꿔나가며 천천히 인정받기 시작했다. 그리고 점차 어려운 일이 주어졌는데, 그중에서도 그동안 해결하지 못한 고질 결함의 개선 과제 등을 맡았다. 어려운 일도 꾸준하고 성실하게 하며 성과를 내는 모습에 나는 계속 인정받았다. 계속된 인정은 높은 기대로 이어졌다. 높은 기대에 부응해 조금 더 큰 성과를 지속적으로 냈다. 그러나 내 안에서는 이미 번-아웃_{Burn-out}이 진행되고 있었다.

소진증후군이라고 하는 번-아웃_{Burn-out Syndrome: 자신의 에너지를 다 소진해버리고 탈진상태에 빠져버린 것}의 개념을 접한 후 내가 그 상태라는 것을 알았다. 나는 내 마음을 잘 돌보지 못하며 스스로 선택한 삶을 살고 있다고 착각하고 있었다. 그 착각이 나름대로 나의 열정의 연료가 되어주었다. 내가 선택했다고 착각했기 때문에 어디에도 나는 없었다. 대부분의 사회초년생이 비슷한 경로로 비슷한 느낌을 갖는 것처럼 내 삶에도 나는 없었다. 나로서 살아가는 것이 아닌 나의 '역할'로서 살아가고 있었다. 이것은 거짓 자아로 살아간다는 의미이다. 자신들의 진짜 속마음을 표현하지 못하고 산다. "속 편한 소리하고 있네."라며 현실을 보라는 말을 하고 있다면 이것 역시 거짓이 아닐까. 자신의 진짜 속마음을 표현했다가는 스스로 이기적이라는 생각이 들거나 죄책감을 갖게 될 것 같은가. 혹은 남들이 자기를 좋아해주지 않을 것 같다고 느끼며 두려움이나 수치심까지 드는가. 주변의 기대를 강요로 느끼고, 진정한 나의 모습은 포기하기도 한다. 어느 날 나는 나의 모습을 낯선 정체성으로 받아들이며 혼란스럽다는 말을 하고 있었다.

자아 관여라는 심리학 용어가 있다. 자신의 존재 가치를 특정한 결과와 결부시키는 현상을 말한다. 예를 들어, 업무에 자아 관여 된 남자는 일에서 성공하고 돈을 벌어야 한다고 생각한다. 이를 통해 스스로 가치 있는 사람이라고 느낀다. 운동에 자아 관여된 여자는 헬스클럽에서 벌어지는 경쟁에서 승리해야 자신이 가치 있는 사람이라고 느낀다. 특정한 모습으로 자신을 드러내야 기분이 좋아지는 압박감에 시달린다고 한다. 우리가 경험하는 초기의 열정이 지속되지 못하는 이유 중 하나가 자아 관여 아닐까. 더 나아가 거짓 자아로 발달하기도 할 것이다. 그래서 나로서 살아가는 것이 아니라 남들에게 내가 어떻게 보일지에 더 관심을 보인다. 남들과 자신을 비교하며 자신의 가치를 평가하는 우물에 빠지기도 한다.

나에게
맞지 않는 방법

성공한 사람들의 법칙이 나의 방법이 될 수 있는가

　자기계발서에서는 성공한 사람들의 법칙을 많이 제시한다. 그래서 때로는 명령조로 들리는 그러한 법칙에 저항감이 생긴다. 그들은 그 방법으로 성공했지만 내가 그 방법을 써서 성공할 것이라는 보장이 없기 때문이다. 또한 그들의 방법에서 저항감이 드는 이유는 지켜야 하고 해야 할 일이 너무 많기도 하다는 것이다. 사실 그 많은 것들 중 몇 개만 실천해도 얻는 것이 있을 것이다. 그러나 내 마음이 쉽사리 움직이지 않는다. 내 마음에 시동을 걸기 위해서는 나의 행동과 그 행동으로 나타날 결과 사이의 관계를 볼 수 있어야 한다. 그러나 보장되지 않는, 보이지 않는 앞으로의 결과에 수동적이 되고 만다. 원하는 결과가 나타날 것을 확신해야 동기를 부여할 수 있다.

　또한 자기계발서에서 실천하라고 하는 많은 것들을 모두 실행하기에는 현실에 너무 여유가 없다. 오히려 먹고살기 위해 힘들게 일하는 나의 모습을 다큐멘터리 프로그램으로 찍고 싶은 심정일 것이다. 그러나 사실 이렇게 생각하며 연결해 가면 부정적으로 이어질 수 있다. 따라서 긍정적으로 '그럼에도 불구하고'를 외치며 노력해야 한다. 결국 나도 다른 자기계발서와 같은 말을 하는 것인가? 그렇지 않다. 중요한 것은 무엇을 발견하느냐의 문제인데, 즉 내가 어떻게 해 나갈 것인가가 핵심이다. 현실을 부정만 할 것인가? 그들의 성공법칙도 부정만 할 것인가? 그렇다면 그 생각의 끝은 결국 부정이다.

다시 용기를 내고 마음을 잡고, 시행착오를 겪으며 새로운 성공법칙을 책을 통해 접하고 내 삶에 적용해 본다. 그러나 오래가지 않아 습관화하지 못하고 만다. 다시 자신을 비난하며 성공한 사람들과 자신과의 거리는 더 멀게 느낀다. 심지어 자존감마저 떨어지게 자신을 비난하는 경우도 있다. 예를 들면, "이거 봐, 나는 안 돼.", "또 삼 일을 못 넘기네.", "내가 제대로 실천했으면 이미 성공했다."와 같은 식이 있다. 그래서 자기계발서라는 책과는 멀어지지만 마음속에는 자기계발에 대한 책임감으로 자신을 채찍질한다.

큰 그림으로 보자. 얼마나 소모적인가. '무엇을 발견하기 위해 내가 어떻게 해야 하는가?' 이것이 핵심이라고 했다. 이것을 공학적 관점에서 풀어보면 나는 이렇게 말하고 싶다. '무엇을 발견하기 위해 내가 어떻게 하기 위해서는 어떤 프로세스와 시스템이 필요한가?' 그래서 다음 사고의 연결은 '어떤 프로세스와 시스템인가?'이다.

다시 처음의 생각과 비교해보자. 성공한 사람들의 성공법칙은 나에게 맞지 않는다. 그들만의 성공법칙이다. '어떤 프로세스와 시스템'을 이와 비교해서 결론을 도출하면, 나에게 필요한 것은 바로 '나만의 방법'이다. 나에게 맞는 나만의 방법이 있어야 무엇이라도 발견할 것이며, 내가 할 일을 가장 효율적으로 할 수 있다. 이것이 나에게 맞는 나의 프로세스이고 시스템이다. 나만의 방법이 필요한 또 하나의 이유는 나만의 방법이면 자신이 스스로 행동을 결정하고 실행하는 주인이 될 수 있기 때문이다.

나에게는 의미 없는 그들만의 방법

그들만의 방법은 나에게 의미 없다. 나만의 방법이 나에게 의미 있다. 내 인생의 주인은 나 자신이기 때문이다. 스스로 결정하고, 내가 그 일을 충분히 해낼 능력이 있음을 스스로 느껴야 한다. 그래야 스스로 움직일 수 있고, 지속 가능한 성장을 할 수 있다.

사람은 자극에 반응한다. 자극에 대해 사람들이 모두 같은 반응을 하지는 않는다. 빅터 프랭클 박사는 이를 인간만의 고유한 능력이라고 했다. 자극과 반응 사이에서 우리는 태도를 선택할 수 있다. 이는 자극이 모두에게 같은 의미를 갖는 것이 아니라는 뜻이다.

사람들은 자기만의 의미를 부여한다. 이는 자극이 그 사람의 욕구, 바람, 기대와 어떻게 관련되는지에 따라 결정된다. 자기계발서에 나오는 방법이 나에게 의미 없는 자극으로 다가오기 때문에 나만의 방법이 아닌 그들만의 방법이라고 생각하게 된다. 그렇다면 내가 말하는 나만의 방법은 무엇일까?

우선 첫 번째로 나에게 의미 있는 방법이다. 이는 내가 말하는 자기계발 방법론, 성장 실천법의 큰 그림을 말하는 것이다. 책의 후반부에 설명하겠지만 나만의 방법을 통해 성공한 사람들의 방법 중에 내가 의미 있게 생각하는 것을 나의 것으로 만들 수도 있다. 중요한 것은 큰 그림이다. 즉 어떻게 내 것으로 만드는 방법이냐는 것이다. 계속 의아하고 궁금할 것이다. 이 방법은 굉장히 심플하다. 사실 나는 큰 그림만 제공하는 것이고 받아들일 능력은 이미 당신이 갖고 있다.

지속되지 않는 자기계발의 원인으로 내 마음에 대해 생각해보았다. 그리고 스스로 움직이기 위해 필요한 것들, 열정에 대해 살펴보았다. 열정을 지나 번-아웃까지의 아쉬운 연결도 생각했다. 또한 지속 가능한 자기계발, 제대로 된 자기 발전과 성장을 위해서 무엇보다 중요한 부분이 동기부여이고, 방법적인 측면에서 나만의 방법이 필요함을 말했다. 이제 구체적으로 어떤 대책이 필요할지 다음 단계로 가보자. 책의 서두에서 밝혔듯이 이 책은 엔지니어의 문제 해결 방식으로 구성되어 있다. 현상 및 문제점을 통해 원인을 분석하고, 원인에 대한 대책을 마련한다. 성장을 지속적으로 실현하기 위한 다음 단계인 대책의 여정으로 함께 가보자.

PART **3**

대책

내 마음을
위한 준비

절대 0순위, 자존감

살아가며 내가 겪는 내적 성장, 그리고 외부의 많은 교육 중에
절대 0순위는 자존감이라고 생각한다. 사실 책에서도 그렇고 외부
강의와 강연에서도 가장 많이 강조되는 것이 자존감이다. 내적 충
만이 우선되어야 상대도 볼 수 있는 힘이 생긴다. 이기적이라는 말
이 아니라 자신을 제대로 지킬 줄 알아야 한다는 의미이다.

자존감이란 무엇일까. 자기 자신을 있는 그대로 인정해주는 것
이다. 어떠한 판단을 하지 않고 있는 그대로 내가 지켜주어야 한
다. 그러나 내가 나를 지킨다고 상대를 함부로 판단해서도 안 된
다. 상대 역시 있는 그대로 인정해주어야 한다. 보통 내적 충만이
되지 않은 상태에서의 자존감이라면 상대를 먼저 보기도 어렵다.
나 자신을 있는 그대로 보기도 어려운 상태일 것이다.

자신의 있는 그대로의 모습을 자아라고 한다. 진정한 자아존중

감을 위해서는 먼저 있는 그대로의 진정한 자아가 자리 잡고 있어야 한다. 진정한 자아가 자리 잡기 위해선 스스로 선택하고 주도해야 한다. 이를 통해 책임감이 조금씩 커질 때마다 잘 다듬어지며 성숙한다. 그러나 외부의 통제가 수반된다면 거짓 자아가 나타난다. 이는 경직된 명령과 평가 등으로 벌을 받아 몰아붙이는 느낌을 받아 생기는 자아이다.

사춘기 시절이나 성인이 되기 전에 누군가의 매력이 부러워 그들처럼 되고 싶은 경험이 있을 수 있다. 우리는 누군가가 되어야 하는가? 절대 그렇지 않다. 우리는 본인 스스로가 되어야 한다. 나 자신이면 된다. 자기다움으로 성장해야 한다. 거짓자아로 인해 일시적인 동기부여처럼 보이는 행동을 하지만 두려움과 불안감을 동반한다. 특정한 모습으로 자신을 드러내야 기분이 좋아지는 압박감에 시달리기도 한다. 남들에게 어떻게 보일지에만 관심을 두고 끝없이 남들과 비교하며 자신의 가치를 평가한다. 책 『마음의 작동법』에서는 이것이 내면의 동기를 훼손하는 행동이라고 말한다. 당연히 지속 가능하지도 않다. 또한 내면에서는 진정한 자아와 계속해서 갈등을 빚고 있다.

또한 진정한 자아존중감을 위해서 있는 그대로의 모습인 진정한 자아를 안정적으로 지켜야 한다. 어떤 행동이 옳고 그른지 알고, 자신의 가치를 외부의 기준이 아닌 건강한 자신의 기준으로 이해할 줄 알아야 한다. 또한 Part 1에서 살펴보았듯이 내 마음을 있는 그대로 보기 위해 내 감정을 제대로 이해해야 한다. 감정에 사로잡히지 않되 마음을 알아주기 위해선 이 감정을 있는 그대로 관찰하는 것이 선행되어야 한다. 여기에서 중요한 점은 판단하지 않는 것이다. 판단하면 있는 그대로 관찰하는 것이 아니라 분석하고 단정지을 가능성이 높아진다. 있는 그대로 관찰한 후 올라오는 느낌과 감정을 그대로 표현해보는 것이 중요하다. 사실 갑자기 한다고 쉽게 되지는 않는다. 연습 그리고 훈련이 필요하다. 이 과정이 중요한 이유는 이것이 내 마음을 알기 위한 노력이고, 이렇게 해야 내가 진정으로 원하는 것, 즉 나의 욕구를 제대로 알 수 있다는 점 때문이다. 나의 욕구에 따라 생긴 감정을 이해해서 분노하지 않고 자신을 잘 지켜야 한다.

건강한 자기애를 위하여

자기애와 성장에 대해 내가 좋아하는 동, 서양의 구절이 있어 소개해 본다.

[법구경]
나야말로 나 의지할 곳
나 말고 누구를 의지하랴
잘 다듬어진 나야말로
참으로 얻기 힘든 나 의지할 곳

[조 쿠더트 – 미국의 극작가]의 말과 이에 대한 한성희 작가의 말

건강한 자기애, 건강한 나르시시즘을 가진 사람은 자신이 완벽할 필요가 없다는 사실을 잘 알고 있다. 실패하고 실수할 수도 있지만 그럼에도 자신은 충분히 사랑받을 만한 가치가 있는 사람이라는 확신을 가지고 있다.

"당신은 남의 사랑을 꼭 받아야 할 필요도 없고, 또 그것을 위해 자신을 희생시켜서도 안 됩니다. 정말로 삶의 중심이 되며 가장 중요한 일은 자신을 사랑하는 것입니다. 당신이 평생 알게 될 모든 사람들 중에서 당신이 결코 떠나지도 잃어버리지도 않을 유일한 사람은 당신뿐입니다."

– 『딸에게 보내는 심리학 편지』 중에서 (저자 한성희) –

동양의 표현 방식을 보면, 함축적으로 강렬한 표현이 느껴진다. 서양의 구절은 이성적으로 받아들일 수 있으면서도 아름다운 표현으로 풀어냈다. 두 구절 모두 핵심은 자신이 바로 서야 한다는 점이다. 처음부터 성장에 대한 표현을 위해 쓰진 않았지만 분명 제대로 된 자신을 향한 값진 글이다.

내 마음을 위한 준비 과정에서, 진정한 자아존중감과 건강한 자기애에 대해 이야기하고 있다. 이는 자기계발을 위한 내적 충만의 첫 단계이다. 또한 자기계발의 목적은 성장에 있다. 따라서 성장을 위한 중요한 밑거름이 바로 자존감과 건강한 자기애이다. 이러한 내적 충만이 자리 잡히면 성숙한 사람으로서 성장을 즐길 수 있는

기본을 갖출 수 있다. 책『감수성 훈련』에서는 강조한다. 성숙한 사람은 자기 내면의 세계에 깊은 관심을 두고 외부 세계에 대해서도 거리낌 없이 받아들여, 이 두 세계가 마음속에서 조화를 이루고 있는 사람이라고. 우리는 이러한 내적 충만을 위해서 노력해야 한다.

매일 격려해줄 수 있는 자아

내적으로 충만한 자아는 매일 자신을 격려해줄 수 있다. 그리고 건강한 자기애를 유지할 수 있다. 우리는 내적 충만을 위해서 구체적으로 어떤 노력을 할 수 있을까? 인생은 승리하기보다는 실패하기 쉽다. 실패에도 불구하고 자신을 격려하고 아껴줘야 한다. 사실 누구나 실패한다. 시간이 흐르면 잊히지만 그 당시에는 아프고 힘들다. 그러나 가장 중요한 것은 그럼에도 불구하고 앞으로 나아가려는 의지이다.

불행과 위기, 어려움도 마찬가지다. 잘 받아들이고 넘기면 더 성숙하고 성장하게 된다. 매일 할 일을 마치고 자신의 어깨를 두드리며 '오늘도 수고했어.'라고 말해주는 것이 작지만 지속적인 힘이 된다. 실패에도 '괜찮아.'라고 말해주며 격려해 줘야 한다. 내가 결코 떠나지도 잃어버리지도 않을 유일한 사람은 바로 나 자신이다.

중국 최대 오디션 프로그램 '차이니스 갓 탤런트'의 2010년 우승자 류웨이가 한 말이 '그럼에도 불구하고'라는 의지를 더욱 빛나게 해준다. 그는 10세 때 친구들과 숨바꼭질을 하다 고압전선에 감전되어 두 팔을 잃었다. 그 후 일상생활을 하는 것조차 힘들었지만 새롭게 배운다는 마음으로 다시 시작했다. 우연히 접한 수영에 재능이 있다는 것을 알고 열심히 훈련해서 전국수영대회에서 우승하기도 한다. 그러나 악성 홍반이 발병해서 더 이상 수영을 할 수 없게 되었다. 그럼에도 불구하고 그는 다시 꿈을 꾼다. 발가락으로 피아노를 연주하기 시작했고 피나는 연습을 통해 오디션 프로그램에서 우승까지 한다. 그는 '만약 사고가 나지 않았고 몸이 온전했다면 현재 당신의 삶은 어떻게 되었을까요?'라는 질문에 다음과 같이 자신의 생각을 말했다.

> 나는 왜 이렇게 태어났을까, 왜 불행할까 같은 생각은 쓸데없다.
> 현실에는 '이미'와 '비록'만 존재할 뿐이다.
> '이미' 일어난 일이니 어쩔 수 없다고 생각하면
> 운명이 마련해준 길을 따라 어둠으로 갈 것이다.
> '비록' 일어나기 했지만 극복해야겠다는 사람은
> 앞의 빛을 바라보며 가다가 원하는 대로 삶의 방향을 전환할 수 있다.

하는 일이 뜻대로 안 풀리고, 사람에게 상처받거나, 소외된 느낌이 들 때, 또는 좌절을 경험하면 우리는 절망감에 빠진다. 이 세상에 자신을 이해해주는 사람이 한 명도 없다고 생각한다. 그럴 때 상황을 직면할 용기를 내고 그 안에서 의미를 찾아야 한다. 그리고 자신만큼은 항상 자기편이라고 생각해야 한다. 그 선택은 내가 하는 것이다.

파울료 코엘료의 소설 『이라크문서』에서 이런 말이 나온다. "패배자는 패배한 사람이 아니라 실패를 선택한 사람이다." 우리는 실패를 겪을 수 있지만 실패를 선택하지 않아야 한다. 그래야 패배자가 되지 않는다. 다시 말해 실패를 어떤 의미로 받아들이느냐에 따라 패배자가 될 수도 있고 그 의미를 찾는 사람이 될 수도 있다는 뜻일 것이다. 빅터 프랭클 박사도 '시련의 의미'에 대해 직접 경험하고 다음과 같이 말했다.

"사람이 자기 운명과 그에 따르는 시련을 받아들이는 과정, 다시 말해 십자가를 짊어지고 나가는 과정은 그 사람으로 하여금 자기 삶에 보다 깊은 의미를 부여할 수 있는 폭넓은 기회를 제공한다. 그삶이 용감하고, 품위 있고, 헌신적인 것이 될 수 있다. 아니면 이와는 반대로 자기보존을 위한 치열한 싸움에서 인간으로서의 존엄성을 잃고 동물과 같은 존재가 될 수도 있다. 여기에 힘든 상황이 주는 도덕적 가치를 획득할 기회를 잡을 것인가 아니면 말 것인가를 결정하는 선택권이 인간에게 주어져 있다. 그리고 이 결정은 그가 자신의 시련을 가치 있는 것으로 만드느냐 아니냐를 판가름하는 결정이기도 하다."

내가 어떤 선택을 해서 어떤 의미를 발견하느냐에 따라 우리는 시련을 가치 있는 것으로 만들 수 있다. 프랭클 박사는 도스토옙스

키가 한 말 '내가 세상에서 한 가지 두려워하는 것이 있다면 그것은 내 고통이 가치 없게 되는 것이다.'를 인용하며 시련의 의미를 강조했다. 강제수용소에서 시련은 가치 있는 것이었고, 그들이 고통을 참고 견뎌낸 것은 순수한 내적 성취의 결과라고 했다. 이 내적 성취는 결국 삶을 의미 있고 목적 있는 것으로 만드는 것이며, 이것이 바로 빼앗기지 않는 영혼의 자유라고 프랭클 박사는 말했다. 어떤 선택을 하느냐는 우리에게 달려 있다. 다시 일어서기 위해 시련을 가치 있는 것으로 만들고 자기편에 서서 나에게 말해야 한다. '왜 이런 일이 일어난 걸까?'가 아니라 '이제부터 무엇을 할 수 있을까?'라고 말해야 한다. 그것이 다시 일어서는 지금, 여기에서 할 수 있는 최선이라고 나는 믿는다. 지금 할 수 있는 작은 일부터 다시 찾아서 시작해야 한다. 그러면 조금씩 자신감을 회복하고 다시 일어설 수 있다. 우리에게는 하지 못한 일보다 앞으로 할 수 있는 일이 훨씬 더 많다.

"최악의 상황에 처해 있음에도 불구하고 그것을 자신과 분리시켜서 볼 수 있는 능력은 오로지 인간만이 가지고 있는 능력이다. 인간이 마주쳐야 하는 상황에서 자신을 분리시킬 수 있는 고유한 능력이다."
"인간은 자신에게 어떤 태도를 취할 것인가를 선택할 수 있는 능력이 있다."
— 빅터 프랭클의 책『삶의 의미를 찾아서』—

빅터 프랭클의 철학과 사상을 바탕으로 『의미 있게 산다는 것』이라는 책을 펴낸 알렉스 파타코스는 크리스토퍼 리브의 시련의 의미를 사례로 든다. 영화 〈슈퍼맨〉으로 세계적인 스타가 되었던 리브는 배우로서도 성공했고 승마, 스키, 스케이트, 테니스 실력도 뛰어났다고 한다. 그러나 1995년에 한 승마대회에 참가했다가 낙마사고로 목이 부러졌다. 전신마비가 된 리브는 얼굴을 제외하고는 모든 신체가 마비되었다. 그러나 그는 이러한 시련에도 불구하고 긍정을 선택했다. 그는 9년간의 재활운동으로 신체의 70퍼센트 이상의 감각을 되찾을 수 있었다. 그리고 그 후 척추마비 환자들을 위한 자선재단을 설립한다. 그는 전 세계 척수 장애자들을 위해 열심히 일했다. 2004년에 급성심근경색으로 그는 우리 곁을 떠났지만 그는 진정한 슈퍼맨이었다. 알렉스 파타코스는 이러한 슈퍼맨의 시련을 진정한 의미로 보았고 이렇게 말했다.

"가혹한 시련이 닥치면 대처 능력과 개인적인 탄성이 요구된다. 이때 우리에게 삶의 자세를 선택하는 자유가 중요한 역할을 할 수 있다. 하지만 이 자유를 효과적으로 행사하기 위해서는 주어진 상황을 여러 관점에서 볼 수 있어야 한다. 우리 자신에 대해 알고, 우리가 기대하는 것이나 '정상'이라고 생각하는 것에서 벗어날지라도 필요할 때 변화할 수 있는 융통성과 용기가 필요하다."

빅터 프랭클은 시련의 의미에 대해 다음과 같이 다시 강조했다.

"우리는 배우기 위해 고통을 겪어야 할 필요는 없다. 하지만 만일 어쩔 수 없이 겪어야 하는 고통에서 교훈을 배우지 않는다면 우리의 삶은 정말 무의미해진다. (…) 우리가 운명을 받아들이는 방식은 삶에 의미를 더해줄 수 있다. 우리가 반응하는 방식은 스스로 통제할 수 있다."

"나는 그 불행한 상황 너머에 있는 의미를 발견하고 무의미한 고통으로 보이는 것을 진정한 인간적 성취로 변화시킬 수 있다는 것을 알고 있다. 결국 모든 상황은 그 안에 의미의 씨앗을 품고 있다."

류웨이와 크리스토퍼 리브 그리고 빅터 프랭클은 스스로를 위해 매일 자신을 격려했을 것이다. 그리고 시련 속에서도 스스로 긍정을 선택했을 것이다. 나를 격려해준다는 것은 나에 대한 공감을 포함한다. 우리는 보통 공감이라고 하면 상대에 대해 존중하는 마음으로 이해하는 것으로 알고 있다. 내적으로 충만한 자아는 상대에 대한 공감을 잘 한다. 그러나 그렇지 않으면 상대에 대한 공감뿐만 아니라 자신에 대한 공감조차 하지 못한다. 진정한 공감을 하는 대신 자신이나 상황을 판단하려 한다. 혹은 그에 대한 자신의 견해나 느낌을 말한다. 그 자체에 귀를 기울이기보다는 다른 욕구를 먼저 느낀다. 나에 대한 공감을 진정으로 원한다면 내 마음속에서 실제로 일어나는 것에 함께 있어줄 수 있는 노력이 필요하다. 내 마음을 위한 공감 그리고 자신을 격려해주는 건강한 자아를 통해 건강한 자기애를 유지해야 한다.

나만의 의미를 찾는 것: 의미를 찾으려는 의지

이 책에서 계속해서 강조하는 것이 '의미'이다. 일반적인 의미가 아니라 '나만의 의미'이다. 이를 통해 '나만의 방법'을 구축하고 이를 지속 가능한 자기계발과 성장으로 연결하려 한다. 나만의 의미를 찾는다는 것은 무엇일까? 주변에 보면 새로운 분야를 개척해서 도전하는 사람이 있을 것이다. 회사를 그만두고 원하는 사업을 시작한 사람이 있을 것이고, 비영리 단체에 들어가서 의미 있는 일을 하는 사람이 있을 것이다. 혹은 회사에서 자신의 강점과 역량을 충분히 발휘하며 지속적인 성장을 열정적으로 이어가는 사람도 많다. 이들의 용기는 어디에서 나왔을까? 나는 그 원천이 '나만의 의미'이라고 생각한다.

빅터 프랭클 박사는 이를 '의미를 찾으려는 의지'라고 해서 다음과 같이 말했다.

"인간이 의미를 찾고자 하는 마음은 그 사람의 삶에서 근본적으로 우러나오는 것이지 본능적인 욕구를 2차적으로 합리화시키기 위해 생기는 것은 아니다. 이 의미는 유일하고 개별적인 것으로 반드시 그 사람이 실현시켜야 하고, 또 그 사람만이 실현시킬 수 있다. 그렇게 해야만 의미를 찾고자 하는 그 자신의 의지를 충족시킨다는 의의를 갖게 된다."

여기에서 나만의 의미를 찾는다는 것의 의미를 알 수 있다. 나만의 의미는 유일하고 개별적인 것이다. 나에게 의미 없으면 남들이 나에게 뭐라고 하는 것은 별 소용이 없다. 타인에게 어떤 의미를 가져야 한다고 대신 결정해줄 수는 없다. 삶의 의미는 사람마다 다를 수 있고 각자에게는 나만의 것이기 때문에 내가 실현시켜야 하고 나만이 할 수 있다. 우리는 누구나 삶에서 우러나오는 자신만의 의미를 추구한다. 이것이 의미의 힘이다. 빅터 프랭클 박사는 아우슈비츠 수용소와 다카우 수용소에서 이를 직접 체험했다. 그래서 그의 이 말이 의미 있는 것이다.

자기계발과 성장은 인생 안에 있다. 따라서 동기부여의 중요한 요소로 작용하는 것은 필연적으로 인생과 관련된 것이다. 인생에서 무엇보다 중요한 것은 의미 있게 살아가는 것이다. 그렇기 때문에 강력한 동기부여의 원석인 '의미'는 충분한 자격이 된다. 그러나 의미를 어떻게 활용할 것인가가 분명하지 않다면 의미는 원석 그대로만 남아 있게 될 것이다. 이 의미는 누군가의 것도 아니고 자신만의 의미다. 우리 모두의 인생은 소중하다. 그리고 자신만의 인생의 의미가 있다. 그래서 우리는 살아간다.

빅터 프랭클 박사는 삶의 의미를 어떻게 바라보았을까? 그의 책 『죽음의 수용소』에서 그의 묘사를 통해 생각할 것들이 많다. 그는 인간이 '우스꽝스럽게 헐벗은 자신의 생명 외에 잃을 것이 아무것도 없다.'는 사실을 깨달았을 때 어떤 일이 벌어지는지를 보았다. 이때 사람들의 마음속에서 일어나는 감정과 무감각의 복잡한 흐름을 다음과 같이 생생하게 묘사한다.

1. 그들은 자신의 운명에 대해 냉정하고 초연한 궁금증을 갖는 것에서 구원을 찾는다.

2. 곧 살아남을 가능성이 희박한데도 불구하고 자기에게 남아 있는 삶을 지키기 위한 작전에 들어간다.

3. 가까이에서 자기를 지켜보는 사랑하는 사람의 모습을 떠올리는 것으로, 나무나 황혼 같이 마음을 치유해 주는 아름다운 자연을 단지 한 번 바라보는 것으로, 그들은 굶주림과 수모, 공포, 그리고 불의에 대한 깊은 분노의 감정을 삭인다.

4. 하지만 명백하게 몰상식한 이런 시련에서 더 큰 의미를 찾도록 도와주지 않는 한, 이러한 순간적인 위안들은 그들에게 살고자 하는 의지를 북돋아줄 수 없다. 바로 여기서 우리는 실존주의의 중심적인 주제와 만나게 된다. 즉 산다는 것은 곧 시련을 감내하는 것이며, 살아남기 위해서는 그 시련 속에서 어떤 의미를 찾아야 한다는 것이다.

그가 말하는 삶의 의미는 '의미를 찾으려는 의지'라고 생각한다. 그 의미는 나만의 의미이고 그 의지를 통해 우리는 삶의 의미를 되새기지 않을까? 그는 삶의 목적, 시련의 목적 역시 누구도 말해 줄 수 없고, 각자가 스스로 알아서 찾아야 한다고 말한다. 그 해답이 요구하는 책임도 받아들여야 한다고 한다.

빅터 프랭클의 책『삶의 의미를 찾아서』에서 그가 생각하는 '의미'를 다음과 같이 말하고 있다.

"의미란 나에게 질문을 던졌던 어떤 사람에 의해서, 그런 질문을 수반하고 대답을 요구하는 상황에 의해서 그렇게 되도록 운명지어져 있는 바로 그것이다. (…) 나는 내가 받은 질문의 진정한 의미를 찾기 위해 열심히 노력해야만 한다."

"삶이 자기에게 걸어오는 질문에 어떤 종류의 해답을 내릴 것인가 하는 것은 전적으로 인간의 자유 의지에 달려 있는 것은 분명한 사실이다. 하지만 이런 자유가 근거 없는 제멋대로의 자유와 혼동되어서는 안 된다. 그것은 책임감의 견지에서 해석되어야 한다. 인간은 어떤 상황에서 올바른 해답을 내려야 할 책임이 있으며, 그 상황의 진정한 의미를 찾아야 할 책임이 있다. 그리고 의미는 주어지는 것이 아니라 찾아지는 것이다. 만들어지는 것이 아니라 발견된다는 말이다."

그렇게 해서 만약 그것을 찾아낸다면 그 사람은 어떤 상황에서도 계속 성숙해나갈 수 있을 것이라고 말한다. 여기서 빅터 프랭클 박사는 니체의 말을 인용하기도 한다.

"왜 살아야 하는지 아는 사람은 그 어떤 상황도 견뎌낼 수 있다."

이것이 바로 의미의 강력한 힘이 아닐까? 나만의 의미는 내 삶의 강력한 동기부여의 원동력이다. 프랭클 박사는 인간의 의미 추구는 삶의 첫 번째 동기이지 본능적 욕망의 이차적 합리화가 아니라고 말했다. 즉 의미 추구가 가장 강력한 동기부여의 원천이라는 뜻이다. 우리는 자신만의 의미를 찾아야 한다.

삶의 의미에 대해 많은 사람들이 이제는 생존을 넘어서 삶의 질의 측면에서 중요하게 생각하고 있다. 그렇다고 해서 삶의 의미가 무엇인지 어려운 철학적 고민을 하자는 것이 아니다. 우리는 자신에게 의미 있는 삶을 살기 위해 노력해야 한다는 것이다. 이러한 측면에서 나는 책 『뇌와 삶의 의미』에서 과학철학과 심리철학의 저명한 교수인 폴 새가드가 말하는 '의미 있는 삶'에 대한 내용으로 의미에 에너지를 더 불어 넣고 싶다.

"의미 있는 삶이란 단지 모든 목표가 만족되는 삶이 아니라, 어떤 것들을 하기 위한 이유를 제공하는 삶이다. 아직 만족되지 않은 목표를 추구할 것을 요구하기 때문에, 삶의 의미는 행복감이나 안녕감으로 측정하는 목표의 만족과 간단히 동일시할 수 없다. 의미 있는 삶이란 설사 그것을 해서 그 날, 그 주, 또는 그 해에 당장 행복해지지 않더라도, 당신에게 아직 해야 할 어떤 것이 있는 삶이다."

나는 빅터 프랭클 박사가 직접 경험하고 느낀 삶의 의미 그리고 폴 새가드 교수가 연구하고 주장하는 의미 있는 삶에 대해 생각을 같이 한다. 의미의 힘을 믿고, 그 의미는 누군가의 의미가 아니라 나만의 의미이다. 또한 의미 있는 삶이란 내가 소중하게 여기는 나만의 의미를 추구하는 삶이라는 것이다.

+ 행복의 의미

나만의 의미를 찾는 것 그리고 의미를 찾으려는 의지에 대해 생각할 때 우리는 '행복'이라는 것을 떠올리기도 한다. 사람들은 행복을 원한다. 행복의 의미는 무엇일까. 행복의 어원 중 하나는 'happiness'는 고대 스칸디나비아어 'hap'에서 유래가 있다. '운이나 기회처럼 아주 드물게 일어나는 일'이라는 의미가 있다고 한다. 마치 행운과 같이 행복은 매우 귀한 것이다. 그런데 이렇게 귀한 행복 자체에 의미를 두는 것은 쾌락을 얻고 싶은 욕망이다. 빅터 프랭클과 동시대에 함께 활동했던 정신과 의사 샬롯 뷜러(Charlotte Bühler)는 쾌락 이론은 결국에 가서 자멸할 수밖에 없다고 한다. 나는 행복 추구에 대한 그녀의 주장에 동의한다.

"인간이 쾌락을 목표로 할수록 더욱 그 목표로부터 빗나가게 된다. 다른 말로 하자면 '행복의 추구' 그 자체가 그것을 좌절시키는 것이다. 쾌락을 추구하는 행위에 도사리고 있는 이런 자멸적인 특성이 결국 각종 성적인 신경증을 일으키는 원인이 된다. 이러한 현상은 과도한 의도가 과도한 집중과 결합되었을 때 오히려 더 많이 발생한다. 과잉 의도와 과잉 반응은 신경증적인 행동패턴을 발생시키기 쉽다.

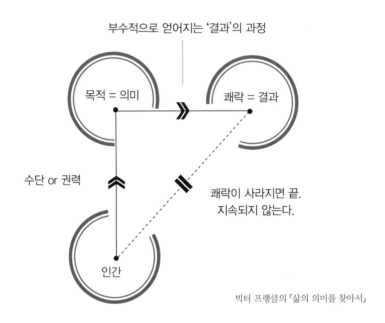

빅터 프랭클의 『삶의 의미를 찾아서』

순리적으로 쾌락은 인간이 추구하고자 하는 것의 목표가 아니라 하나의 결과로서 얻어지는 것이며, 또 그래야만 한다. 보다 구체적으로 말하자면 목표의 달성을 통해 부수적으로 얻어지는 결과라는 것이다. 목표의 성취가 행복을 느끼는 이유를 만들어 낸다. 다시 말하면 만약 행복할 이유가 있다면 자동적으로 자연스럽게 그렇게 된다는 것이다. 바로 이것이 어째서 사람이 행복을 추구할 필요가 없는가를 말해준다. 그럴 이유가 있다면 행복 자체에는 신경 쓸 필요가 없다는 말이다."

행복 자체를 추구하고 그것을 동기로 삼으면 우리는 행복할 이유를 보지 못할 것이다. 그렇게 되면 행복을 마약과 같이 순간의 쾌락으로 느끼고 말 것이다. 또 다른 행복의 어원에 '생각해보면'이라는 의미가 있다. 생각해보면 우리 주위에는 이미 존재하는 행복이 많다. 그것은 행복할 이유들이 존재하기 때문이다.

행복할 이유들을 생각해 보아야 한다. 행복의 의미란 이미 존재하는 행복할 이유를 생각해 보는 것으로 충분히 설명할 수 있지 않을까? 나만의 의미가 이미 우리에게 주는 행복도 존재한다. 프랑스의 정신과 의사이자 심리학자인 프랑수아 를로르가 쓴 소설『꾸뻬 씨의 행복 여행』에서 주인공 꾸뻬 씨는 행복의 비밀을 찾아 여행을 떠난다. 소설 속 주인공 꾸뻬 씨 역시 정신과 의사이다. 행복의 비밀을 찾아 떠난 여행에서 그의 첫 번째 배움은 행복의 비밀은 자신을 다른 사람과 비교하지 않는 것이다. 가장 중요한 첫 번째 깨달음이다. 그리고 두 번째는 '행복은 때때로 뜻밖에 찾아온다.'이다. 꾸뻬 씨가 발견한 첫 번째와 두 번째 행복의 비밀이 바로 나만의 의미이지 않을까? 나만의 의미로 남과 비교하지 않고 이미 존재하는 나만의 의미를 발견하는 것만으로 우리는 충분히 행복할 수 있다고 나는 믿는다.

의미의 신비한 근원과 위대한 힘

나는 빅터 프랭클 박사의 삶과 그가 창안한 로고테라피(인간 존재의 의미는 물론 그 의미를 찾아가는 인간의 의지에 초점을 맞춘 이론)를 연구하며 의미의 신비한 근원을 의미의 유일성에서 찾았다. 그가 말하는 의미의 유일성은 어떤 상황이 지닌 특성일 뿐만 아니라 인생 전체의 특성이다. 다시 말해 유일무이한 상황들의 연속이 바로 인생이고 인간은 그 인생 안에서 그 어느 것으로도 대체될 수 없는 존재이기 때문에 의미는 유일무이한 면을 갖는다고 했다. 즉 우리는 각자 존재로서 유일성이 있기 때문에 각자가 원하는 의미를 추구하는 존재라는 점이 의미의 힘이라고 그는 믿는다. 나는 이것이 의미의 신비한 근원이자 위대한 힘이라고 생각한다.

빅터 프랭클 박사는 그의 책 『삶의 의미를 찾아서』에서 샬롯 뷜러의 행복에 대한 주장을 인용해 의미를 찾으려는 의지와 쾌락에 대해 설명한다. 그는 제대로 된, 올바른 '의미'가 있다면 쾌락으로 이어지고 이에 필요한 권력 역시 수단으로서 알맞은 기능을 한다고 말한다. 권력이 수단이 아니라 목적이 된다면 의미도 없고, 쾌락도 없다고 한다. 즉 샬롯 뷜러의 주장에 다시 대입해서 해석하면, 아래 그림과 같이 우리의 목적은 의미를 찾으려는 의지이다. 그리고 이를 통해 의미를 발견하면 바로 지속적인 쾌락 또는 행복으로 이어진다는 의미이다. 쾌락이나 행복 자체를 쫓으면 마약과 같이 금방 사라지고 만다는 뜻이다. 그래서 프랭클 박사는 의미를 찾으려는 의지를 '의미와 목적을 찾고 이를 성취하려는 인간의 기본적인 욕구'라고 설명했다.

의미를 발견하면 지속적인 행복으로 이어진다.

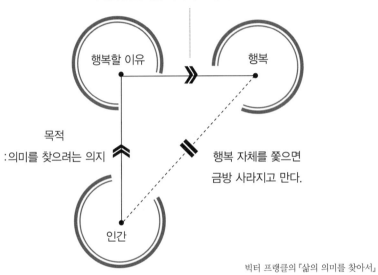

행복할 이유

행복

목적
:의미를 찾으려는 의지

행복 자체를 쫓으면
금방 사라지고 만다.

인간

빅터 프랭클의 『삶의 의미를 찾아서』

나는 이것이 의미의 위대한 힘이라고 생각한다. 그는 또한 책에서 인간이 의미를 지향하고 있을 때 내면에서 무슨 일이 일어나고 있는가를 편견 없이 관찰하는 것은, 한편으로 어떤 것에 강제로 몰리는 것과 어떤 것을 위해 전력투구하는 것 사이의 근본적인 차이가 무엇인지 드러나게 한다고 말한다. 이는 인간이 의미를 달성하기를 원하느냐 그렇지 않느냐를 결정하는 권한이 항상 그 자신에게 있다는 뜻이며, 이것은 충동이 아닌 의지라고 설명한다.

강력한 동기부여의 원석, 의미

　실천하는 것, 실행력에 동기부여를 빼고 이야기할 수 없다. 실행력이 부족한 이유로 바빠서, 게을러서, 귀찮아서 등을 말하는데 결국 동기부여가 되지 않는 것이다. 동기부여란 무엇일까? 우리가 자발적으로 즐겁게 하고 싶은 욕구가 생길 때를 예로 들어보자. 사랑하는 여자가 있다. 그녀의 마음을 얻기 위해서 부지런하고 반듯한 모습을 보여주고 싶다. 오늘은 그녀와 놀이공원에 가기로 한 날이다. 어느 때보다 일찍 일어나서 김밥을 싸고 과일을 깎았다. 모든 것이 즐겁다. 자발적인 행동이고 모든 과정이 순조롭다. 준비한 도시락을 그녀와 함께 먹을 생각에 입가에 미소가 번진다. 이 정도의 동기부여는 거의 최상위급일 것이다. 상상만 해도 동기가 부여되지 않는가? 물론 사랑이라는 위대한 힘에 비유하면 무리가 따른다고 볼 수도 있다. 성장을 위한 자기계발에도 이러한 동기부여가 지속되면 얼마나 좋을까? 동기부여에 대해 좀 더 살펴보자.

　동기부여에서 동기는 내적 동기와 외적 동기가 있다. 외적 동기 부여의 한계는 여러 연구를 통해서 알려졌고, 실제 경험하는 바와 같이 지속 가능하지 않다. 즉 동기부여가 내면에서 시작되지 않고 외부에 의해 통제되면 행동의 유발, 문제 해결 능력이 떨어진다. 또한 결과만을 강조하는 외적 동기 부여는 과정의 즐거움을 느끼기보다는 수단을 생각하게 한다. 오히려 이를 다시 보상하기 위해 투입되는 자원이 생기기도 한다. 내적 동기 부여가 되어야 스스로 움직이고 문제를 효과적으로 해결하며 최상의 성과를 낼 수 있다. 그리고 가장 중요한 것은 지속 가능한 자기계발과 성장으로 이어질 수 있다는 점이다. 그렇다면 무엇이 내적 동기 부여를 가능하게 하고 이를 지속 가능하게 하는가? 많은 사람들이 끊임없이 관심을 갖는 부분이다.

Part 2에서도 지속되지 않는 자기계발의 원인으로 지속되지 않는 동기부여에 대해 살펴보았다. 자기계발서를 읽고 작심삼일의 동기부여의 원인을 다시 자신에게로 되돌리는 악순환을 반복해왔다. 스스로 움직이는 힘은 어디에서 나오는지와 어떻게 지속시킬 것인가에 대해 생각해보았다. 내적 동기 부여의 핵심을 말하는 것이다. 먼저 언급했던 '자율성' 안에 내가 말하고자 하는 '의미'가 있다. 어떤 의미를 말하는 것인지 궁금할 것이다. 사실 답은 당신이 갖고 있다. 일반적인 개념의 의미가 아니라 '나만의 의미'이다. 지금 이 책을 읽고 있는 소중한 당신이 자신의 인생에서 의미 있게 생각하는 나만의 의미가 바로 그것이다. 누군가의 것도 아니고 이미 당신 것이다. 스스로 움직일 힘은 이미 갖고 있다. 단지 어떻게 드러내고 활용할지 도구가 없을 뿐이었다. 자율성 안에 의미가 있다고 말했는데 우선 자율성에 대해 좀 더 깊게 알아보자.
자율성에 대해 강조한 책 중 정신과 전문의 문요한 씨가 쓴 『스스로 살아가는 힘』이라는 책이 있다. 저자는 자율성에 대해 강조하는

데 먼저 자기계발과 자율성의 관계에서 다음과 같이 일침을 놓는다.

"겉으로 보기에는 사람들은 스스로 자기계발을 하고 열심히 살아가는 매우 '자율적인' 모습으로 비춰지지만 사실은 스스로를 착취해 소진시켜버리는 것이다. 이는 통제의 주체가 바뀌었을 뿐 여전히 자신을 통제의 대상으로만 바라본다는 점에서 전혀 자율적이지 않다."

마음이 뜨끔하다. 자기계발을 원하는 바로 우리의 모습이기 때문이다. 외부 자극이나 통제 혹은 역할에 의해 자율적이지 않은 자기계발을 일시적으로 시작하고 중단하길 반복하는 우리의 모습이 스쳐지나간다. 또한 그는 한병철 교수가 쓴 『피로사회』의 내용을 인용하며 말한다. 과거 강압이나 통제 아래 수동적으로 일하는 규율사회는 벗어나 성과사회로 진입했지만, 여기에서의 문제점이 있다고 한다. 스스로가 자신을 통제하면서 성과를 내기 위해 살아가고, 성과만이 자신의 가치를 증명해주는 수단이라고 믿는다는 것이다. 이는 과도한 자기 통제로 이어지고 결국 자기 착취로 이어진다고 한다.

문요한 씨가 말하는 스스로 살아가기 위한 자율성에 있어 가짜 자율성으로 착각하고 자기 착취를 하는 사람들이 많다는 의미이다. 이러한 가짜 자율성을 유사자율이라고 하는데, 이는 자율의 외피를 쓰고 있지만 사실 내적으로는 다른 사람에 의해 통제 당하거나 이끌리는 상태로 스스로는 자율적으로 행동한다고 생각하는 상태라고 한다. 쉽게 말해 열심히 산다고 해서 그 사람이 자율적으로 산다고 말할 수 없다는 것이다.

그는 자율성은 기본적으로 능동적인 것이라고 한다. 자신이 사고와 행동의 주체가 되지 못하는 한 우리는 아무리 바쁘게 살아간다고 해도 타율적이고 수동적이라고 말한다. 달리 말하면 삶의 능동성과 자율성은 자기 내부로부터 비롯되는 것이다. 또한 이것은 외부에 의해 끌려가는 듯한 조바심이나 분주함과는 다르다고 한다. 나는 그가 말하는 스스로 살아가기 위한 자율성의 필요에 동의한다. 그것이 내적 동기를 일으키는 큰 그림이기 때문이다. 그리고 자율 안에는 내가 반복해서 말하는 '나만의 의미'가 있다.

자신만의 의미가 분명하다면 그 어떤 것보다 강력한 원동력이 된다. 이러한 의미의 힘을 통해 강력한 동기부여를 할 수 있다.

자신만의 의미를 활용하되 쉽게 할 수 있는 누구나 실천할 수 있는 방법이 바로 내가 말하는 지속 가능한 동기부여의 핵심이다. 당신은 이미 강력한 원동력을 갖고 있다. 이제 어떻게 활용하는지 알아보고 훈련하면 된다. 나와 함께 내 마음의 여정을 계속 이어가 보자.

나만의 의미를 설계하라

왜 나만의 의미를 구축해야 하나

나는 의미 있게 살고 싶다

나는 의미 있게 살고 싶다. 내가 소중하게 여기는 가치에 따라 나에게 의미 있는 인생을 살고 싶다. 내가 중요하게 생각하는 나만의 의미가 나를 움직인다. 내 안에서 나온 의미이기 때문이다. 의미 있게 산다는 것이 반드시 거창한 것이 아니어도 괜찮다. 나에게 의미 있으면 된다. 달리 말하면 의미 있게 산다는 것은 나답게 사는 것이다. 인생 선배님들께서 말씀하시고, 많은 책에서도 진짜 나의 모습으로 살아가라고 애정의 충고를 아끼지 않는다. 다른 사람에게 잘 보이기 위해서 나를 희생하고 감추는 삶의 방식은 오래 가지 않아 지치고 만다. 오히려 더 큰 상처를 받기도 한다.

사실 누구나 상처를 받을 수 있다. 그런데 그 상처를 내가 더 아프게 할 수 있고, 치유를 더 어렵게 만들 수 있다. 내가 진정한 나의 모습으로 살아가지 않아 두려움과 공포심을 미리 조성했기 때문이다. "내가 이 정도까지 했는데, 나한테 어떻게 그럴 수 있어?", "이렇게 좋은 모습을 많이 보여 주었는데 도대체 왜 그럴까?"라며 남을 탓한다. 또는 내 기준에 부합되지 않는, 내 마음에 들지 않는 모습에 대해 자신을 비난하며 산다. 나를 격려하는 것이 아니라 '내가 왜 이러지'라며 자신을 더 힘들고 관계를 소모적으로 만든다. 인생 선배가 말하고 책에서 이야기하는 그런 이야기는 머리로는 안다. 변화는 내 마음 안에서 자각하는 순간이다. 그때부터 하나씩 풀어가려고 노력한다면 삶의 전환점이 된다. 내가 가지고 있는 가치관과 욕구가 진정한 나의 욕구인지 다시 나에게 물어야 한다. 그것들이 어디에서 왔는지 다시 짚어보아야 한다. 만약 이제껏 살아오며 고수해온 자신의 삶의 방식에 만족하고 앞으로도 그렇게 살고 싶다면 이미 훌륭한 인생을 살아온 것이다. 그러나 좀 더 의미 있는 인생을 살고 싶다면 자신을 더 살펴보고 내 안에서 의미를 찾아야 한다.

내 안에서 나만의 의미를 찾는 누군가는 바로 나 자신이다. 인생에서 매우 중요한 부분이다. 무엇을 하고, 무엇을 이루고, 무엇이 되는 주체는 자신이다. 이를 '자기 결정권'을 행사한다고 한다. 누구의 인생도 아니고 나의 인생이기 때문에 자기 결정권이 중요하다. 철학자 존 스튜어트 밀은 다음과 같이 말했다.

"사람은 누구든지 자신의 삶을 자기 방식대로 살아가는 것이 바람

직하다. 그 방식이 최선이어서가 아니라, 자기 방식대로 사는 길이
기 때문에 바람직한 것이다."

스스로 선택한, 즉 자기 결정권을 행사하며 살아가는 것이 바람
직하다. 그래야 내 인생의 주인이 될 수 있다고 생각한다. 물론 다
른 사람에게 피해를 주는 것이 아니라 보탬이 되고 베푸는 삶을 살
면 더 값진 인생일 것이다. 또한 그 과정에서 자신의 성장이 만족
스럽다면 더할 나위 없을 것이다. '철학'이라는 단어가 '지혜에 대
한 사랑'을 가리키는 그리스어라고 한다. 지혜에 대한 사랑에 대해
많은 고민을 한 철학자들의 생각과 말을 통해서 이렇게 삶을 바라
보는 것도 참 행복한 일이다. 다시 삶의 방식과 자기 결정권 이야
기로 돌아가면, 이렇게 내 인생에서 내가 찾는 것이 바로 나만의
의미이다. 반복해서 말하지만 그래야 내가 움직이고, 내 삶의 전환
점을 맞이할 수 있다. 그게 나에게 의미 있는 삶이라고 믿는다.

나에게 중요한 의미는 무엇일까

그렇다면 나에게 중요한 의미란 과연 무엇일까? 우리는 자아를
형성하면서 그리고 성장하며 가치관을 형성한다. 가치관價値觀이란
가치에 대한 관점을 말한다. 사회과학에서는 가치관이란 인간이
자기를 포함한 세계나 그 속의 어떤 대상에 대하여 갖는 평가의 근
본적 태도나 관점이라고 말한다. 내가 세상을 어떻게 바라볼 것인
가, 즉 세상과 나 사이의 접점을 찾는 것이다. 따라서 우리는 가장

먼저 가치관을 통해서 나에게 중요한 의미가 무엇인지 인지한다. 우리의 마음이 울리고 몸이 움직일 때를 보면, 나의 가치관에 의해 중요한 의미가 있기 때문에 그렇다. 성장과정에서 가치관의 형성이 중요하고 또 한편으로 더 중요한 부분이 '가치적 자율성'이다. 정신과 전문의 문요한 씨는 그의 책『스스로 살아가는 힘』에서 가치적 자율성의 중요성을 강조했다. 내가 가지고 있는 가치관이나 사고, 나의 판단이 나의 것인가를 비판적 사고를 통해 재정립하라고 한다. 자기 가치관, 신념들에 대해서 꼭 사실이 아닐 수도 있다고 생각하는 것이 필요함을 중시한다. 혹시 과거의 경험이 일반화된 생각으로 되지 않았는지 돌아보라는 것이다.

내가 직장생활을 할 때의 일이다. 연차를 더해가며 스트레스 역시 함께 늘어갔다. 그중 가장 큰 부분은 당연히 관계적 문제이다. 선배와의 업무 마찰이 있었다. 내 생각으로는 선배 자신의 업무를 다른 사람에게 넘기려는 것 그리고 그 방식이 마음에 들지 않았다. 나는 다양성을 인정하려고 애썼다. 그래서 그 과정과 방식을 지켜보았다. 그런데 조금 지나고 나니 내가 참는 방식으로 시간을 보내고 있었다. 한 차례 전환점이 있긴 해지만 그 전환점은 분출의 시작이었다. "나도 참을 만큼 참았어.", "이 정도는 보여줘야 나도 나를 지키는 거야."라며 나를 위로했다. 그러나 나는 그 시점에서의 경험을 일반화된 생각으로 만들고 있었다. 가치적 자율성을 지키지 못했다. 그래서 나는 잘못된 일반화로 나의 가치관을 새롭게 굳

히며 잘못된 의미를 찾고 있었다.

이 사례에서 내가 말하고 싶은 것이 바로 나에게 중요한 의미가 제대로 된 것인가라는 점이다. 다시 말해 나에게 중요한 의미를 발견하기 위해 나의 가치관에 의해 선별하는데, 그 과정에서 가치적 자율성을 훼손하면 오류를 범한다. 이것이 위험한 이유는 그렇게 선별한 의미는 자신에게 이기적으로 중요한 의미이고, 관계를 소모적으로 만들기 때문이다. 또한 나를 부정적인 방향으로 움직이게 만들기도 한다. 이렇게 나에게 중요한 의미는 어떤 방향으로든 나를 강력하게 움직인다. 그래서 제대로 된 의미를 선별하는 것이 중요하다. 그렇지 않으면 잘못된 방향으로 나를 움직이게 한다.

나는 선배와의 업무적인 마찰에서 '나를 지키는 방식'의 의미를 잘못 적용했고, 관계를 소모적으로 만들었다. 다시 제대로 된 의미를 찾았다. 내가 먼저 선택했던 의미는 나를 지키는 방식이 아니라 나의 욕구를 제대로 표현하지 않는 것이라는 점을 깨달았다. 중요한 의미는 업무적인 관계일지라도 선배와 서로 연결되고 싶다는 점이었다. 시시비비를 가리자는 것이 아니라 서로 연결되는 것이 중요한 의미였다. 제대로 된 의미를 찾자 나를 움직이는 힘은 긍정적인 방향으로 전환되었다. 그 후 소모적인 관계도 비생산적인 생각과 자책도 없어졌고, 함께 즐겁게 일할 수 있게 되었다.

우리는 가치적 자율성을 존중하는 자세로 나의 가치관을 통해 나에게 중요한 의미를 발견하고 선택해야 한다. 그래야 나의 성장에 도움이 되고, 내가 원하는 자기계발과 성장에 영양분이 된다.

긍정적이고 건설적인 방향의 의미가 된다. 이러한 의미를 발견하는 과정을 체계적으로 생각해볼 기회를 가져보지 않았을 뿐, 우리는 모두 그 능력을 갖고 있다. 단지 나는 이 책을 통해 그 길을 안내하고 있을 뿐이다. 나는 의미의 강력한 힘을 믿고 그 방법을 공학적으로 도구화하고 있다. 왜냐하면 나만 잘해선 안 되기 때문이다. 다른 사람들도 잘하게 하고 싶다. 그러기 위해서 필요한 것이 '도구'이고 지금 내가 연구하는 과정이다. 이를 통해 많은 사람들이 원하는 지속 가능한 성장을 실현하게 할 것이라 믿는다.

의미만으로 지속 가능한가

의미의 친구들: 흥미와 재미

성공보다는 성장을 원하는 사람들이 많아졌다. 그만큼 막연한 성공 혹은 부와 명성만 쫓는 성공보다는 진정한 자기 성장을 원하는 사람들이 많아졌다는 말이다. 건강한 자존감을 바탕으로 성장을 위해 노력하는 사람들은 속도보다는 방향을 보며 천천히 가더라도 제대로 가고자 한다. 제대로 된 방향이 있다면 그 다음은 지속 가능성이 중요한 주제이다. 이미 잘 해나가고 있는 사람에게도, 다시 새롭게 시작하고자 하는 사람에게도 지속 가능한 성장은 중요하다. 나는 의미를 통한 성장의 실현을 말하고 있다. 그렇다면 의미만으로 지속 가능한가라는 질문이 따라온다. 여러 번 강조했듯이 의미는 무엇보다 강력한 동기부여의 원동력이다. 이를 바탕으로 성장을 지속 가능하게 하려면 의미의 친구들이 필요하다. 이 친구들은 이미 우리가 알고 있는 것들이다. 바로 흥미와 재미이다. 무언가를 시작하기 위해서는 흥미가 필요하고 이를 지속하기 위해서는 재미가 필요하다. 흥미롭지 않으면 시작하지 않고, 재미있지 않으면 지속하지 않을 가능성이 높다.

먼저 흥미에 대해 살펴보자. 흥미는 우리가 어떤 대상 혹은 활동 및 경험에 대해서 호기심과 매력을 느끼는 감정이다. 교육 심리학자 G. S 홀은 1891년 보스턴 시의 초등학교에서 입학할 당시 아동의 심리에 대해 연구했다. 질문사항을 준비하고 피험자가 대답한 내용으로 조사한 바에 따르면 유아기에는 물질적, 신체적, 이기적 요구에서 출발한 경제적, 활동적, 권력적인 흥미가 왕성하다고 한다. 이에 반하여 청년기에는 이타적 요구에서 나오는 종교적, 사회적, 이론적 흥미가 늘어나는데, 특히 심미적審美的 흥미가 청년기에 가장 강하게 나타난다고 한다. 성장기에 따른 흥미의 변화 내용을 살펴보며 드는 생각은 '변화'이다. 흥미라는 요소는 변화한다. 그리고 성장과정에서 개인적인 경험의 누적에 의해서 또는 이미 갖고 있는 어떤 요소에 의해 촉발되어 새로운 흥미를 보이기도 한다.

이렇듯 흥미는 고정되어 있는 요소라기보다는 변화할 수 있는 것이다. 이를 의미와의 관계로 보면 개인의 새로운 경험 또는 경험의 누적에 의해서 익숙했던 것에서 새롭게 의미를 발견하고 그것에 의미를 부여하면서 흥미로워질 수 있다는 점이다. 순서는 바뀔 수도 있다 새롭게 의미를 발견해서 흥미가 생길 수도 있고 새로운 것에 흥미가 생겼는데 이에 대한 의미를 발견할 수도 있다. 흥미와 의미의 관계에서 중요한 점은 새로운 지속 가능함이 둘의 관계를 통해 발현된다는 것이다.

재미에 대해 알아보자. 일상생활에서 우리가 굉장히 잦은 빈도로 사용하고 있는 재미라는 말은 '재미있다', '재미없다'로 가장 많이 사용한다. 즐겁고 행복한 삶을 살기 위한 요소로 빠질 수 없는 재미는 현대인들의 삶에서 빠질 수 없다. 누구나 재미를 원하고 이를 찾아다닌다. 재미의 어원은 자미滋味에서 왔다는 자료가 있다. 붙을 자, 맛 미의 뜻을 가진 이 어원의 의미는 맛, 기분, 취향의 많아진다는 내용이다. 어원의 의미대로 기분과 취향이 점점 많아지는 형태의 분위기가 '재미있다'의 뜻일 것이다. 재미가 있으면 또 하고 싶어진다. 흥미와 함께 재미는 지속하고 싶게 만드는 요소이다. 흥미가 초기 관심을 나타낸다고 하면 재미는 흥미의 연속성을 유지시키는 역할로 볼 수 있다. 변화하는 흥미를 통해 어떤 대상, 활동, 경험을 시작했다면 이를 지속하기 위해선 재미가 있어야 한다. 그리고 의미는 이 전체를 아우른다.

흥미에서 의미를 발견할 수도 있고 재미에서 의미를 발견할 수도 있다. 내가 재미있어 하는 어떤 활동에 대해 내가 계속 그러한 반응을 보인다는 점을 관찰하면 의미를 발견할 수 있다. 내가 재미있어하고 지속하는 데에는 분명 의미가 있기 때문이다. 이것이 자기 성장에 도움이 되는 긍정적 의미라면 한번 생각해보고 갈 만하다. 잠깐의 재미로 지나가는 것에 대해 심각하게 의미를 찾자는 말이 아니다. 반복되는 재미가 있고 내가 그렇게 느끼고 있다면 곰곰이 살펴볼 필요가 있다는 말이다. 그것이 자기 성장과 관련된 요소라면 분명 의미로 자기 성장을 실현하는 데 도움이 된다. 또한 이렇게 흥미와 재미로부터 나온 의미는 지속 가능의 큰 그림으로서 역할과 동기부여의 원동력으로써의 역할을 동시에 해낸다.

흥미와 재미는 어떻게 발견할까

흥미와 재미를 발견하기 위해 심각하게 어떤 노력을 할 필요는 없다. 단지 내가 흥미를 느끼고 재미있어 하는지를 바라볼 수 있으면 된다. 바라본 이후에 의미로 발전시킬 수 있다. 이것은 많은 수고가 필요한 노력이 아니다. 바라보는 연습을 하면 누구나 가능하다. 또한 이러한 과정 역시 성장을 지속 가능하게 하는 요소이다. 즉 어떤 대상, 활동, 경험에 대해 반복적으로 흥미와 재미가 나타난다면 그 안에서 자기 성장과 관계된 의미를 찾는 연습을 해보면 된다. 예를 들어, '내가 이런 것에 계속 흥미를 느끼는구나.', '이건 계속해도 재미있네.'라는 생각과 말이 나에게서 나오면 그러한 것들을 어떻게 활용해볼지 생각해보는 것이다.

흥미를 뇌 과학 측면에서 살펴보면 측좌핵의 작업흥분 과정으로 설명할 수 있다. 뇌 과학자이자 정신과 전문의로 유명한 이시형 박사의 책『공부하는 독종이 살아남는다』에서 작업흥분 과정을 소개한다. 뇌에는 좌우로 측좌핵이라는 신경군이 있고 이곳에는 의욕을 북돋워 주는 신경 세포가 있는데, 이 신경 세포가 활발히 움직일수록 의욕이 생긴다고 한다. 이곳은 평소에 활발하지 않고 스스로는 좀처럼 움직이지 않는다. 다시 말해 흥미와 재미가 생긴다는 것이 측좌핵이 스스로 흥분해서 세포를 활발하게 움직이게 만든다는 것이다. 우주와도 같은 뇌의 기능에서 측좌핵과 뇌의 활동과의 연결은 더욱 복잡한 과정이다. 다만 여기에서 중요한 점은 측좌핵이 스스로 흥분하는 과정을 내가 인지하는 연습을 하라는 것이 나의 주장이다. 그것이 흥미와 재미를 발견하는 연습이고 과정이다. 연습이 반복되면 그 안에서 의미를 발견하는 것도 수월해진다.

반면에 측좌핵을 자극시키는 방법도 있다고 이시형 박사는 말한다. 일단 무엇이든 시작해서 자극을 시킬 수 있다고 한다. 우리는 이런 경험을 했다. 흥미와 재미가 없어 동기부여가 되지 않는 어떤 일을 일단 시작했는데 막상 시작하니 흥미와 재미가 생기는 경우이다. 기력이 없어서 아무 일도 할 수 없다고 하지만, 실제로는 아무 일도 하지 않기 때문에 점점 더 무기력해지는 것과 마찬가지이다. 일단 시작해서 그 안에서 내가 어떤 반응을 하는지 살펴보는 것 역시 좋은 방법이다.

자기 성장과 관련해서 대표적인 사례가 자신이 점점 나아지는 모습을 보는 경우이다. 내가 해야 할 어떤 일이 있는데 부족한 부분이 많다고 해보자. 그래서 더 잘하고 싶은 마음에 반복적으로 연습도 하고 개선을 위해 생각도 많이 한다. 이를 통해 조금씩 나아지는 나의 모습은 분명 나에게 흥미와 재미를 동시에 안겨준다. 이 과정에서 흥미와 재미가 계속해서 나타난다면, 그리고 이 안에서 흥미와 재미를 이끌고 가는 의미까지 발견한다면, 더 큰 자기 성장으로 이어갈 수 있다.

나의 경우는 회사에서 논리적으로 말하고 싶었고 프레젠테이션을 잘하고 싶었다. 그래서 말하기 상황을 반복해서 떠올리며 말하는 연습을 했고, 프레젠테이션을 잘하기 위해 퇴근 후에도 연습을 했다. 조금씩 실력이 늘며 이런 생각이 들었다. '나는 말하기나 프레젠테이션에는 전혀 재주가 없는 줄 알았는데 연습하니 실력이 향상되네!' 나의 성장하는 모습을 체감하며 흥미와 재미가 생기고 그 활동을 지속할 힘을 얻었다. 이것이 나중에 나만의 의미로 발전되었는데 말하기와 프레젠테이션 실력이 향상된 과정과 방법을 다른 사람에게 전하고 싶었다. 성장을 원하는 사람들에게 상세하게 구체적인 방법과 경험을 전달하는 과정이 나에게는 흥미와 재미가 있었고 의미까지 있었다. 그리고 그 전체의 과정은 나와 상대 모두에게 성장의 과정이 되었다.

이렇듯 내가 나를 느끼고 바라보는 것은 흥미, 재미, 의미를 발견하게 하는 과정이다. 그저 지나가는 경험으로 흘려보내지 말고 내가 노력한 경험들을 천천히 바라보며 흘려보내는 연습은 자기 성장에 도움이 된다. 많은 직장인들이 느끼지 않는가. '벌써 4년 차네.', '벌써 5년 차네.' 지나고 나면 시간은 늘 빠르게 지나간 것만 같다. 그 과정에서 무엇을 발견하고 어떤 자기 성장으로 이어갈지는 자신의 의식과 선택에 달렸다. 그 노력을 어렵게만 생각하지 말고 천천히 바라보는 연습부터 해보면 된다.

지속 가능한 성장을 위한 3味(흥미, 재미, 의미)와 매너리즘

어떤 활동을 흥미를 통해서 새롭게 시작할 수 있고 재미를 통해 이어갈 수 있다. 나아가 여기에서 의미까지 발견한다면 지속 가능한 3요소를 모두 만족시키는 것이고 지속적인 성장으로 이어갈 수 있다. 성장의 과정에서 흥미와 재미가 반복된다면 더할 나위 없이 좋은 길이다. 지속 가능한 성장을 위한 3味를 모두 충족시킨다.

의미라는 것은 내가 발견하고 부여하는 나만의 의미이고 무엇보다 강력한 동기부여의 원동력이 될 수 있다. 의미만으로 지속 가능한가에 대한 반론에 나 역시 동의하며 이에 대한 대안으로 두 친구를 소개했다. 흥미와 재미라는 인생을 풍요롭게 만드는 요소들을 발견하는 연습을 한다면 분명 지속 가능한 성장을 이어갈 수 있다.

한편 어떤 일을 지속하다 보면 익숙해지기 마련이고 익숙함이 매너리즘으로 변할 수도 있다. 이러한 매너리즘은 지속 가능의 방해요소이다. 매너리즘 역시 뇌 과학 측면에서 살펴보자. 정신과 전문의 문요한 씨의 『여행하는 인간』에서는 인간이 매너리즘에 빠지는 것이 뇌의 특성과 관련이 깊다고 소개한다. 뇌는 정보처리 속도와 에너지 효율성을 높이기 위해 늘 세상을 주의 깊게 살피는 것이 아니라, 일정한 지각 방식과 반응의 패턴을 만들어 낸다. 공장의 공정 자동화 시스템처럼 '의식과 반응 자동화 시스템'을 구축한다고 한다. 자동화 시스템이 만들어지면 뇌는 편안해진다. 익숙한 자극과 상황을 자동적으로 처리해 버리고, 새로운 자극과 상황에만 반응하게 되는 것이다. 이는 습관이 형성되는 과정과 유사하다. 그런데 만약 새로운 자극이 점점 약해지거나 오랫동안 없다면 뇌가 점점 반응하지 않게 된다. 반응의 감수성이 떨어지는 '만성적 불응기'에 빠지게 된다고 문요한 씨는 말한다. 별 생각이나 고민 없이 자동적인 반응만 하며 살아가는 매너리즘이라는 권태가 찾아오게 되는 것이다.

사실 내가 말하는 의미라는 중요한 요소는 여기에 작용할 필요가 분명하게 있다. 의미만으로 지속 가능을 만족시킬 수 없지만 흥미와 재미가 지속되기도 어렵다. 내가 흥미와 재미를 어떻게 느끼고 반응하는지 바라볼 수 있어야 하고 그 과정에서 나만의 의미를 발견할 수 있어야 한다. 특히 나만의 의미를 발견하는 능력이 중요하다. 뇌의 특성상 매너리즘은 올 수 있다. 그리고 우리는 그 과정을 살면서 자주 경험한다. 매너리즘이 왔을 때 어떻게 해야 할까. 특히 자기 성장을 위한 노력의 흥미와 재미가 떨어지고 나아가 동기 수준이 떨어질 때는 어떻게 해야 할까. 의미를 발견해야 하는데 상세한 방법은 책의 후반부에서 '의미의 발견 과정'으로 설명할 것이다. 여기에서는 조금 더 간단하게 할 수 있는 방법을 소개해 본다. 이 방법은 내가 배낭여행을 하며 발견한 것인데 누구나 여행을 하며 쉽게 마주할 수 있는 상황에서 고민한 결과이다.

길게 여행을 하면 익숙해지는 것들이 있다. 배낭을 다시 싸는 것에 익숙해지고 이동하는 것에 익숙해진다. 새로운 도시와의 만남이 익숙해지고 짧은 만남과 이별에도 익숙해진다. 그중 가장 아쉬운 것은 비슷한 경험을 할 때 나의 반응이나 감탄이 익숙해지는 것이다. 바로 여행에서 나타나는 매너리즘이다. 예를 들면 새로운 도시에 가서 성당과 같은 높은 곳에 올라 도시를 바라보는 경우가 있다. 높은 곳에 올라 도시를 조망하는 것은 흥미로운 여행의 일부이다. 그런데 비슷한 경험을 계속하게 되면 내 머리는 나를 더 익숙해지도록 만든다. '이럴 거야, 비슷할 거야.' 혹은 더 나아가 '올라가봤자 비슷한 모습일 텐데 다리만 아프게 올라갈 필요가 있을까.' 짧은 누적의 경험에서도 이렇게 자기합리화를 해내는 우리 안의 무언가는 호시탐탐 우리의 순수함을 공략한다.

헝가리 부다페스트의 성 이스터반 성당에 올랐을 때 이 같은 생각이 들었다. 나는 내 안의 떠오른 상념을 무시하고 성당의 돔에 올랐다. 96m나 되는 높은 곳에 올라 내가 지나쳐온 감정을 바라봤다. 나는 익숙해진 것에서 새로움을 발견하는 방법에 대해 생각하고 있었다. 여행을 떠나기 전에 나는 여행에 대한 마음에 드는 글귀를 찾았고 여행하는 종종 그것을 생각했다. '여행이란 새로운 곳을 찾는 것이 아니라 새로운 눈을 찾는 것이다.'라는 프랑스의 소설가 마르셀 프루스트의 말 덕분에 나는 여행의 순간순간에서 새로운 눈을 발견하는 즐거움을 누렸다. 한편 여행에서 익숙해진 것에서 새로움을 어떻게 발견할지 고민을 하기 시작했다. 인생이 여행이라고 하기 때문에 여행을 통해서 인생을 배우기도 한다. 자기 성장에서도 나타나는 매너리즘을 극복하는 방법을 여행을 통해서 발견할 수 있을 것 같았다. 이 또한 또 하나의 새로운 눈이다. 익숙해진 것에서 새로움을 어떻게 발견할까. 이 과정 역시 성장의 측면에서 흥미와 재미를 바라보고 의미를 발견하는 길이기도 하다.

첫 번째 방법은 오래 지켜보는 것이다. 내가 보려고 했던 것만 나의 목적 달성을 위해서 보면 그것만 보인다. 다른 것은 보이지 않고 새로운 눈을 찾기 어렵다. 그러나 오래 지켜보면 안 보이던 것이 보인다. 다른 사람이 보이고 그 사람의 표정과 반응이 보인다. 주변도 보이고 상황도 보이며 이것들이 합쳐서 하나의 이야기 또는 의미가 보인다. 이를 발견하는 재미 역시 즐거움으로 이어진다. 여행에서의 예를 들어보면, 관광명소를 찾아 포인트를 찍고 다음 포인트로 이동하기 전에 지금의 장소에서 잠시 앉아서 천천히 지켜본다. 장난치는 아이들이 보이고 그들의 부모, 형제가 그 모습을 바라보며 반응하고 기쁜 표정을 짓는 모습이 보인다. 그 안에는 매우 다양한 것들이 포함되어 있다. 그것들은 단지 나의 목적지만 향해서 갈 때 보이지 않고 주변을 둘러보며 갈 때 보인다. 천천히 보아야 보인다. 때로는 조금 떨어져서 보아야 보인다. 이처럼 익숙해진 것을 오래 지켜보면 새로움을 발견할 수 있다.

두 번째 방법은 사람을 보는 것이다. 같은 곳을 보며 그곳을 함께 바라보는 사람들을 보면 새로움을 발견할 수 있다. 표면적으로 우리가 가장 쉽게 경험하는 것이 다른 이가 감탄하며 새로운 것을 보고 느끼는 모습을 보고 우리도 그렇게 할 수 있다. 더 나아가 그 사람의 모습을 통해 나를 새롭게 발견하거나 생각하지 못한 생각을 찾을 수 있다.

나는 부다페스트 성 이스트반 성당에 올라 사람을 보았다. 나이가 지긋이 드신 노부부는 먼 곳을 함께 바라보며 손으로 그곳을 가리켰다. 그리고는 서로 마주보며 살며시 웃었다. 그리고는 같은 곳에서 만난 비슷한 연배의 관광객들과 인사를 나누며 웃었다. 노부부는 작은 기쁨을 잘 느끼고 충분히 누리고 있었다. 반면에 나는 작은 기쁨을 익숙한 것으로 치부하며 여행의 매너리즘에 빠져 있었다.

나는 다른 사람들을 바라보며 나를 다시 볼 수 있었다. 연인들은 다정하게 사진을 찍으며 그들의 행복한 추억을 사랑의 가슴에 담고 있었다. 계속 피어나는 웃음이 그들의 행복을 말해준다. 나는 새로운 눈으로 모든 광경을 다시 바라보고 있었다. 그저 혼자 먼 곳만 보는 것이 아니라 다른 사람들을 보며 새로움에 대해 생각하게 되었는데 그것이 바로 내가 찾은 새로움이었다.

한 가지 방법이 더 있다. 익숙해진 것을 전혀 다른 방법이나 독특한 방법으로 시도해보는 것이다. 가장 큰 효과를 얻기 위해서는 새로운 환경에 나를 던지는 것인데 이것이 어렵고 혼란스럽다면 조금씩 해볼 수 있다. 처음에는 어색하지만 그 과정에서 분명히 새로움을 발견할 수 있다. 과거에 나는 뚜렷하게 잘하는 것이 없었다. 그것을 재능이라고 하는 특별함이라고 할 때, 그보다 덜 욕심 부려서 다른 것들을 조금씩이라도 잘하고 싶었다. 그래서 나는 조금씩 새로운 시도를 해봤다. 새로운 방법으로 시도해보고 때로는 새로운 환경에 나를 가혹하게 던져보았다. 그만큼 변화와 성장에 대한 욕구가 컸던 것 같다. 이러한 과정에서 나는 새로운 눈을 찾았다. 그 새로운 눈은 누가 나에게 준 것이 아니었고 내 안에서 발견한, 내가 나에게 주는 것이었다. 다양한 시도와 변화 과정에서 알게 된 '새로운 나'였다. 내가 어떤 상황에서는 어떻고 또 이럴 수도 있으며 어떤 방식이 나에게 가장 효율적이고 효과적인지 생각하기 시작했다.

이렇게 여행의 과정에서 발견한 익숙해진 것에서 새로움을 발견하는 방법은 성장의 과정에서 나타나는 매너리즘을 물리치는 데 도움이 된다. 흥미와 재미가 있었지만 의미로 발전되지 않는 상황이라면 내가 소개한 세 가지 방법으로 나를 다시 살펴보고 주변을 바라보자. 분명 새로운 눈으로 새로운 의미를 발견할 수 있을 것이라고 믿는다.

의미를 설계하기 위한 엔지니어 되기

우리는 누구나 삶의 엔지니어이다

우리에게 중요한 나만의 의미를 설계해야 한다. 그 의미가 나를 움직이는 원동력이고 내가 말하는 지속 가능한 자기계발과 성장의 핵심이다. 그 다음 질문은 '어떻게 할 것인가?'이다. 의미 설계를 어떻게 할 것인가. 먼저 필요한 단계가 엔지니어가 되는 것이다. 당황스러울 것이다. 갑자기 엔지니어가 되라니!

나는 엔지니어 출신이다. 엔지니어라는 직무는 다양한 역할을 포함한다. Trouble Shooting, 기술개발, 기준정립, 생산관리, 품질관리, 고객 클레임 개선 등 다양한 업무를 경험한다. 나는 그 중 핵심이 바로 Trouble Shooting이라고 생각한다. 제조업의 생산 공장은 수리하는 날을 제외하면 1년 내내 가동된다. 그렇기 때문에 생산과 관련된 문제는 늘 발생된다. 앞으로는 언제 발생될지 예측하는 기술이 관리의 핵심일 것인데, 어쨌든 계속해서 발생하는 문제를 해결하는 것이 최우선이다. 그래야 다시 공장을 가동시키고 제품을 생산할 수 있기 때문이다. 그 길이 Cost를 절감하는 방법이다. 이렇게 Trouble Shooting이라는 문제해결능력이 엔지니어 직무의 핵심이다. 나는 엔지니어 직무 경험을 하며 엔지니어의 문제해결방식을 삶에도 적용할 수 있겠다는 생각을 했다. 살아가며 부딪히는 문제와 해결방식이 크게 다르지 않다는 점을 깨달았기 때문이다. 오히려 엔지니어의 문제해결 방식을 삶에 적용하면 더 효과적일 것이라는 믿음도 갖게 되었다. 물론 삶에 있어 복잡하고 다양한 문제를 어찌 업무적인 것처럼 처리할 수 있겠냐는 반문이 있을 것이다. 그렇다. 삶은 우리가 생각한 것보다 훨씬 복잡하고 예측하기 어렵다. 유일하게 변하지 않는 사실이 삶은 예측할 수 없다는 점이다. 그래서 삶에 있어 우리가 지금 함께 고민하고 있는 자기계발 분야에 이 방식을 적용했다. 자기계발만큼은 엔지니어의 문제해결 방식을 통하면 정말 효과적으로 지속 가능하게 만들 수 있겠다고 확신했기 때문이다.

엔지니어의 문제 해결 방식은 이 책의 목차와 같다.

1. 현상 및 문제점
2. 원인
3. 대책
4. 향후계획

가장 먼저 해당 문제에 대한 진단으로 현상에 대한 관찰이 필요하다. 제조업에서 문제에 대한 답은 언제나 현장에 있다는 말이 있다. 이 말은 현장에서 현상에 대한 관찰이 그만큼 중요하다는 의미이다. 현상에 대한 관찰과 분석이 제대로 되어야 문제점을 발견할 수 있다. 문제점을 통해 원인을 진단할 수 있고, 각 원인에 대한 대책을 세울 수 있다. 대책에 대한 검증과 추가적으로 할 수 있는 일은 향후계획을 통해 가능하다.

우리 삶의 문제도 마찬가지다. 어떤 문제에 직면했을 때 사실 우리는 이와 같은 방식으로 해결하고 있다. 다만 굳이 체계화하거나 구조화하지 않고 삶에 충실할 뿐이다. 나는 삶에서 중요한 부분인 성장과 자기계발에 엔지니어의 문제해결 방식을 적용했다. 그래서 지속되지 않는 자기계발의 현상과 문제점 그리고 원인을 분석했다. 그리고 내가 연구하고 개발한 의미공학을 통해 지속 가능한 자기계발과 성장의 대책으로 제안하고 있다. 이러한 나의 관점을 통해 삶을 그리고 자신의 성장과 자기계발을 바라보자. 어떤가. 우리는 모두 삶의 엔지니어이다. 우리는 문제에 부딪힌다. 그리고 해법을 찾기 시작한다. 이를 통해 성취감을 느끼고, 이런 경험이 많을수록 사는 묘미와 쾌감을 느낀다. 나는 이 과정이 엔지니어가 취하는 프로세스와 같다고 생각한다. 우리는 삶의 엔지니어로서 단지 프로세스를 구조화하지 않았을 뿐 모두가 삶의 엔지니어이다.

삶의 엔지니어에서 의미공학자로 거듭나기

자신에 앞에 나타난 문제에 대해 자신이 생각한 방식으로 충실하게 해결해 나가는 우리는 모두 삶의 엔지니어이다. 많은 시행착오와 자기성찰, 경험의 체계화 등을 통해 각자의 문제 해결 방식은 갖고 있다. 다만 그 방식을 구조화하지 않았을 뿐이다. 구조화하면 어떤 점이 좋을까. 살아가며 부딪히는 다양한 문제를 모두 아주 심플하게 해결하기는 어렵다. 어떤 문제는 며칠 동안 끙끙대며 고민하기도 한다. 중대한 의사결정은 이러한 심사숙고가 반드시 필요하다. 그러나 작은 일에도 같은 방식으로 고민하고 의사 결정을 하거나 문제를 해결하는 데 지나치게 많은 시간이 소요된다면 소모적이다. 효율적이지 않다. 그래서 우리가 그동안 쌓아온 삶의 기술을 나만의 방식으로 체계화하는 과정을 거치자는 것이다. 이렇게 우리는 모두 의미공학자로 거듭날 수 있다.

의미공학은 어렵지 않다. 우리가 이미 갖고 있는 엔지니어의 방식을 쉽게 구조화했을 뿐이다. 삶의 문제해결 방식, 의사결정 방식을 엔지니어의 일하는 방식으로 구조화한 것이다. 여기에 강력한 동기부여의 원석인 나만의 의미를 설계하는 것이다. 이것이 지속 가능한 성장의 큰 그림이다. 심플하다. 그리고 누구나 할 수 있다. 누구나 의미공학자가 될 수 있다. 나의 목표는 지속 가능한 성장을 원하는 누구나 의미공학자로 거듭나게 하는 것이다. 의미에 대해 알아보고 나만의 의미를 설계하고 의미공학자로 거듭나는 여정을 계속해서 함께 해보자.

나만의 의미를 어떻게 설계할 것인가

나는 우리가 가치적 자율성을 존중하는 자세로 나의 가치관을 통해 나에게 중요한 의미를 발견하고 선택해야 한다고 말했다. 그래야 나의 성장에 도움이 되고, 내가 원하는 자기계발과 성장의 영양분이 된다. 우리는 모두 그 능력을 갖고 있다. 그리고 내가 이 책을 통해 그 길을 안내하고 있다. 가장 중요한 점은 '나만의 의미'라는 것이다. 나만의 의미에 대해 사례를 통해 살펴보자.

책『몰입』의 저자 미하이 칙센트미하이만이 찾고자 했던 그리고 찾았던 그만의 의미는 무엇이었을까? 그것은 잠재력을 최대한 발휘하게 하는 본질적 요소를 학문적으로 발견하는 것이었다. 그리고 그 발견이 '몰입'이라는 것이었다. 그는 심리학을 공부하기 위해 헝가리에서 미국으로 건너가 몰입의 의미를 연구했다. 마침내 그는 그가 찾고자 했던 의미대로 학문적 발견을 이뤄냈다. 수백 종의 특허권 보유자인 발명가 한 래비노Rabino Jacobs는 83세에 칙센트미하이에게 이렇게 말했다고 한다.

"당신이 기꺼이 그 이론을 주창한 것은 당신이 그것에 관심이 있기 때문이지요. 나처럼 발명하는 사람들도 그런 걸 좋아합니다. 새로운 아이디어 제안 자체가 재미있으니 아무도 그 아이디어를 인정해 주지 않아도 개의치 않지요. 뭔가 낯설고 색다른 것을 제안한다는 그 자체만으로도 충분하니까요."

한 래비노가 말한 것처럼 칙센트미하이에게 '나만의 의미'는 잠재력을 최대한 발휘하게 하는 본질적 요소를 학문적으로 발견하는 것이었고, 그 일이 좋았을 것이다. 스스로 설정한 '나만의 의미'였기 때문이다. 한 래비노에게는 새로운 아이디어를 제안하고 발명하는 것이 마찬가지로 '나만의 의미'였을 것이며, 칙센트미하이의 의미를 바라보는 마음은 같았을 것이다. 나에게 역시 '나만의 의미'는 지속 가능한 성장을 가능하게 하는 본질적 요소를 발견하는 것이다. 칙센트미하이의 그것이 '몰입'이라면 나의 그것은 '의미'이다. 이 의미가 지속 가능한 동기부여와 자기계발을 이끈다고 믿는다. 나아가 학문적 발견까지도 연결하기 위해 계속해서 노력할 것이다. 내가 직접 설계한 '나만의 의미'이기 때문에 스스로 지속해서 연구할 자신이 있다. 나의 마음이 그렇게 말하고 있다.

한 가지 사례를 더 살펴보자. 볼보는 1960년대 조립라인에서 근로자의 업무형태를 파격적으로 변화시켰다. 똑같은 부품만 하루

종일 조립하는 단순노동에서 근로자가 조별로 자동차 완제품 한 대를 조립하게 만들었다. 근로자 입장에는 자신이 하는 일에서 새로운 나만의 의미를 설계하게 된 것이다. 나의 일의 의미는 단순히 같은 작업을 계속해서 반복했었는데, 본인이 한 대의 자동차를 직접 만드는 일이 되었다. 스스로에게 부여하는 의미는 더 큰 동기를 부여할 것이다. 또한 동기부여의 지속 가능성도 높아질 것이다.

+ 일의 의미

일의 의미에 대한 소개로 유명한 벽돌공 이야기가 있다. 세 명의 벽돌공이 뙤약볕 아래 땀을 뻘뻘 흘리며 열심히 벽돌을 쌓고 있었다. 하지만 그들의 표정은 저마다 달랐다. 한 벽돌공은 유난히 인상을 찌푸리고 있었다. 지나가던 행인이 그에게 물었다.

"지금 무슨 일을 하고 있나요?"
벽돌공이 대답했다.
"보면 모르나? 벽돌을 쌓고 있다."
행인은 무덤덤한 표정으로 일하고 있는 다른 벽돌공에게도 같은 질문을 던졌다.
그는 "몰라서 묻느냐? 돈을 벌고 있다."라고 답했다.
그런데 나머지 한 사람의 표정은 사뭇 달랐다. 그는 뭐가 좋은지 활짝 웃는 얼굴로 일하고 있었다. 앞의 두 사람과 같은 질문을 받은 그가 답했다.

"나는 지금 아름다운 성당을 짓고 있는 중이오."

같은 일을 하더라도 일의 의미를 어떻게 생각하느냐에 따라 많은 것이 달라진다. 앞의 두 명의 벽돌공에게는 일이 더 힘들게 느껴질 것이다. 그저 돈을 벌기 위해 벽돌을 쌓는 지루한 작업을 하고 있다고 생각하기 때문이다. 그들에게 일의 의미는 단순한 작업이고, 돈을 벌기 위한 노동이다. 그러나 일의 의미에 대해 나만의 의미를 설정한 세 번째 벽돌공에게는 일이 힘들지 않다. 그에게 벽돌을 쌓는 일의 의미는 단순한 반복 작업이 아니다. 그는 아름다운 성당을 짓고 있는 중요한 과정에 있고 그 역할을 해내고 있다. 그의 머릿속에는 아름다운 성당의 모습이 있다. 그것은 바로 그의 비전일 것이다. 비전을 바라보고 의미 있는 일을 하고 있다. 이것이 바로 나만의 의미의 힘이다.

이처럼 일에도 내가 직접 의미를 부여한다면 남다른 소명의식을 가질 수 있다. 내가 하는 일이 의미 있고 가치를 만들고 고귀한 일이라고 생각하는 것이다. 내가 하는 일이 세상의 가치를 높이는 일이고 나 역시 그런 중요한 사람이 되는 것이다.

여러 사례들을 통해 '나만의 의미'를 살펴보았다. 나만의 의미를 어떻게 설계할 것인가에 대한 답은 우리 스스로가 갖고 있다. 나는 의미공학자로서 그것을 찾는 방법을 안내하고 설계할 도구만 제공할 뿐이다. 그리고 그 도구는 아주 심플한 공학적 요소로 구성되어 있고 누구나 지금 바로 시작할 수 있다. 이제 이 도구가 어떻게 시작되었고 어떤 형태로 완성되었는지 함께 살펴보자.

새로운 성장 실천법의 탄생: 의미와 공학이 만나다

의미에 대한 생각, 그러나 정리되지 않는 생각들

나는 의미 그리고 자기계발과 성장에 대해 관심이 많다. 그리고 그것들이 '나만의 의미'이다. 자기계발에 대한 생각과 관심으로부터 비롯되었다. 나는 좀 더 나은 사람이 되고 싶었다. 여러 방면에서 부족한 나 자신이 싫었다. 그래서 자기계발에 관심을 갖기 시작했다. "어떻게 하면 좀 더 잘할 수 있을까?" 그런데 그냥 열심히만 하다 보니 시행착오 끝에 조금씩 나아지긴 했지만 지속되지 않았다. 그리고 정리도 되지 않았다. 어느 정도 하다 말고, 다시 시작하는 일이 반복되었다.

하지만 계속해서 호기심을 놓지 않았다. 그래서 자기계발서를 계속 읽었다. 17세 때부터 자기계발서를 읽었다. 개인적인 성장이 조금씩 보이기 시작했다. 나는 많은 자기계발서를 통해 얻은 삶의 기술을 내 삶에는 잘 적용하고 있었는데 여전히 지속성은 없었다. 그리고 한편으로는 주위에서 말하는 자기계발서에 대한 불만을 들었다. 그 과정에서 나는 제대로 된 자기계발 실천법을 만들겠다고 다짐했다. 그런데 갑자기 특별한 것이 나올 리 만무했다. 나 역시 많은 자기계발서에서 말하는 것들을 실천해야 한다고만 주장하고 있었다.

내가 좋아하는 일과 내가 잘하는 일을 생각하는 과정에서 나는 '의미'라는 것에 계속 관심을 가져왔다는 사실을 깨달았다. 그리고 내가 잘하는 일이기도 했다. 나는 의미부여를 잘했다. 평범한 일에서도 특별한 의미를 찾아내서 크게 움직이고 큰 성과를 냈다. 그 의미들이 나를 움직인 원동력이었다. 아주 강력한 동기부여 요소였다. 사실 내 삶의 곳곳에 이 의미가 있었다. 이 발견을 시작으로 나는 내가 잘하는 '나만의 의미' 두 가지를 알아냈다. 바로 '의미'와 '성장'이다. 자기계발과 성장에 대해서는 계속 관심을 갖고 연구하고 있었다. 내 삶의 곳곳에 의미가 있었다고 했지만 생각들이 정리되지 않았다. 그래도 나는 기뻤고 놀라웠다. 내가 미처 깨닫지 못했던 신비로운 사실을 알게 된 기분이었다. 생각은 정리되지 않았지만 이제부터 하면 될 일이었다.

자의적 해석이 아닌 나만의 긍정적 의미

의미는 중요하다. 다른 무엇보다 강력하고 효과적인 동기부여 요소다. 그렇다고 모든 일에 의미부여를 부여하고 남다른 의미를 찾는 건 피곤하다. 그리고 어렵다. 어떤 것에 대해 의미를 찾을 것인가?

남자와 여자가 있다. 둘은 3년 동안 열렬히 사랑했지만 사랑의 결실을 맺지 못하고 헤어졌다. 이별 뒤는 힘든 시기다. 헤어진 이유에 대해 각자는 자신의 입장에서만 계속 생각한다. 상대방의 입장을 헤아려보아도 도무지 이해가 되질 않는다. '왜? 왜 그랬을까? 왜 그래야만 했을까?'라는 생각이 꼬리의 꼬리를 물고 이어진다. 이내 '그래서 그랬겠지.'하며 한숨을 내쉰다. 그리고 상대를 원망하기 시작한다.

이 상황에서의 의미부여는 자의적 해석일 뿐이다. 어떠한 기준도 없이 그저 내 입장에서만 생각하고 내리는 결론이고 자기합리화다. 의미까지 도달하지 못한 자신만의 해석이다. 자의적 해석은 여러 가지 측면에서 이롭지 못하다. 우선, 안 좋은 일에 대해선 부정적인 생각과 행동으로 이어질 수 있다. 합리적인 사고 과정으로 얻은 결과물이 아니라 그 결과물까지 가지 못한 부산물이다. 자신의 입장에서 나의 입장만 합리화하고 상대의 상태나 환경의 상황을 고려하지 않는다. 부정적인 결론으로 이어지기 쉽다. 안 좋은 일이 아니더라도 명확한 근거가 없기 때문에 상황에 따라 다른, 즉 기준이 없는 사고의 과정을 거칠 수 있다.

사람은 좌절감에 빠졌을 때, 특히 자의적 해석을 통해 부정적인 생각을 이어간다. 근거 없이 자신을 몰아세운다. 불확실한 믿음으로 이미 지나간 일에 대해 혹은 지금의 일, 앞으로의 일을 부정적으로 생각하기도 한다. 심지어 불행한 사건이 삶 전체를 송두리째 파괴할 것이라고 생각하거나 자기 힘으로 통제하기 힘들다고 판단하기도 한다. 부정적인 생각과 행동으로 이어지는 자의적인 해석은 이롭지 못하다. 성장에 있어서는 매우 좋지 않은 길이다. 한 발 물러나 냉정하고 이성적으로 자신을 돌아보아야 한다. 어떤 일에 대한 생각이 시작되었을 때, 기준 없이 자의적 해석이 시작되면 올바른 의미를 찾아내기 어렵다. 행여 우연하게 그 의미를 도출한다고 해도 그때마다 달라진다. 이렇듯 자의적 해석은 나에게도 좋지 않고 때로는 상대방에 대한 미움이나 오해를 불러일으킬 수도 있다.

강력한 동기부여를 위해선 자의적 해석이 아닌 나만의 긍정적 의미가 되어야 한다. 그래야 행복한 자기 발전과 성장으로 이어질 수 있다. 자의적 해석은 앞의 사례에서 보았듯이 발전적인 결과로 이어지기 어렵다. 의미를 찾아야 하는데 그것이 자의적 해석이 아닌 내가 선택한 긍정적 의미여야 한다. 그렇다면 어떤 일에 대해서 무조건 자의적 해석이 아닌 긍정적인 의미만을 강제적으로 찾으라는 말인가?

사람의 심경은 때로는 매우 자주 변하고 흔들린다. 따라서 힘든 일이 있어서 잊고 싶거나 벗어나고 싶을 때 자의적 해석의 과정이 생긴다. 그때마다 그 자체를 거부하고 어떠한 강압적인 형태의 Rule을 따르라는 말인가? 그렇지 않다. 여기에서 중요한 점은 자의적 해석과 나만의 긍정적 의미와 다름을 아는 것이다. 자의적 해석은 어떤 상황에서도 나타날 수 있다. 그러나 그러한 현상은 결국 자기 발전에는 도움이 되지 않으니 '분리'하라는 것이다. 성장을 위해선 '긍정적 의미'를 발견해야 한다. 이렇게 보면 굉장히 추상적이고 뜬 구름 잡는 내용처럼 보인다. 그렇다. 더 강조하고 싶지만 계속 이러한 방식으로 말한다면 같은 말을 반복하게 될 것이다.

중요한 의미가 효과적이기 위해서는 내가 정하는 나만의 의미

여야 한다. 그래서 기준이 필요하다. 그 기준을 설정하는 방법은 Part 4에서 살펴볼 것이다. 긍정적인 의미로 이어질 수 있는 기준 설정 방법이다. 나만의 긍정적인 의미가 결국 나를 움직인다. 실행력은 여기에서 온다. 자의적 해석은 나의 행동을 긍정적으로 이어지게 하지 않는다. 부정적이고 불행한 실천을 만들 수도 있다. 의미의 강력한 힘의 기초는 긍정적인 나만의 것이다.

나만의 의미에 긍정적인 면을 강조하는 이유는 의미를 통해 '행복한 자기발전'으로 가기 위해서이다. 지속 가능한 동기부여와 성장을 고통스럽게 혹은 부정적인 감정으로 하고 있다면 이는 과연 누구를 위한 삶일까? 큰 그림은 우리의 인생이다. 이 부분이 중요하다. 행복한 성장에서 나는 긍정 정서의 효과를 인정한다. 자의적 해석이 아닌 내가 선택한 의미가 긍정적이어야 한다. 미국심리학회 회장이었던 마틴 셀리그만은 그의 저서 『긍정심리학』에서 긍정 정서의 효과를 다음과 같이 말하고 있다.

"부정 정서가 당신에게 승자와 패자를 가리는 제로-섬 게임을 하고 있음을 알려주며 '여기 물리칠 적이 있다.'는 경고 신호를 보내는 감각계라면, 긍정정서는 이제 곧 윈-윈 게임이 시작될 것이라는 신호를 보내며 '여기 발전할 기회가 있다.'는 대형 네온사인을 켜주는 감각계인 셈이다. 긍정 정서는 발전적이고 유연하며 창조적인 사고 작용을 활성화함으로써 사회적, 지적, 신체적, 심리적 혜택을 누리게 해줄 것이다."

또한 『긍정심리학』 책에서 소개한 미시건 대학교의 바버라 프레드릭슨 교수의 연구를 주목할 만하다. 그에 따르면 긍정 정서가 즐거움을 느끼게 해주는 것 이상으로 훨씬 더 큰 의미가 있다고 한다. 긍정 정서는 우리의 지적, 신체적, 심리적, 사회적 자원을 지속적으로 확장하고 구축하여 위기에 처할 때마다 기회가 있을 때마다 활용하게 한다고 한다. 또한 부정정서에 휩싸여 있을 때와는 달리 정신작용이 활발해지고 인내심과 창의력이 커진다는 것이다. 그런 만큼 새로운 사상과 낯선 경험에도 마음을 열게 된다고 프레드릭슨 교수는 말한다. 이 연구에서 말하는 바와 같이 긍정 정서는 분명 지속 가능한 자기계발, 행복한 성장에 동반되어야 할 요소이다.

주로 과거의 일에 대해 나타나는 자의적 해석은 지양해야 한다. 대개 부정 정서를 포함하고 부정적인 생각으로 이어지는 자의적 해석은 행복한 성장, 지속 가능한 자기계발을 방해하는 요소이다. 내 마음을 잘 헤아려주기 위해 지나간 일에 대해서도 긍정적인 의미부여를 통해 건설적인 방향으로 마음을 돌려야 한다. 그것이 지금의 의미, 앞으로의 의미를 위해서 소모적인 일을 피하는 길이며 앞으로 나아가는 첫걸음이다.

지속 가능한 성장을 위해 필요한 것: 도구

지속 가능한 성장은 스스로 지속적으로 동기 부여하는 자기계발을 말한다. 스스로 지속 가능한 동기부여의 요소로 의미가 필요하다. 그리고 이러한 성장을 가능하게 하는 요소는 '도구'이다. 제대로 된 실천을 주도적으로 행하기 위해서는 도구가 필요하다.

　내 마음속에서 잠깐의 움직임을 얻어낸 이야기가 있었다고 해보자. 잠깐의 동기부여로 나는 일시적인 의욕을 불태운다. 그러나 삼일 혹은 일주일 후면, 그저 좋은 이야기 중 하나로 남게 된다. 지속 가능하게 하는 어떤 것이 없다. 나는 고민했다. 무엇이 그 어떤 것이 될 수 있을까? 막연한 질문을 갖고 자기계발서만 계속해서 읽었다. 그러나 자기계발서에는 점점 더 좋은 말들로만 꾸며진 것처럼 보였다. 내가 찾는 어떤 것을 찾기 어려웠다. 내가 찾는 어떤 것이 어쩌면 너무 막연한 것이 아닌가라는 생각을 했다. 그리고 다시 본질적인 질문을 던졌다. "내가 찾는 도구를 통해 무엇을 할 것인가?" 나는 또 고민했다. 내가 찾고 있는 것은 바로 자기계발 실천을 위해 필요한 도구였다. 그 도구를 통해 결국 할 것이 실천이라는 말이다. 다시 말해 나는 많은 자기계발서들의 귀중한 이야기를 실천할 수 있는 도구를 계발하고 싶다는 점에 집중했다. 핵심은 '누구나 실천할 수 있는 심플한' 도구여야 한다는 점이었다. 내가 잘하는 것을 활용해보기로 했다. 바로 Engineering 기법이다.

　먼저 나는 어떤 형태의 도구를 만들 것인지 구상했다. 이는 기존에 자기계발 실천에 방해되는 요소를 제거하기 위해 필요한 것들이 구성요소가 되어야 한다고 생각했다. 첫째, 자기발전과 성장을 위해 정말로 집중해야 할 것을 선택하지 못하는 부분이다. 달리 말하면 나에게 의미가 있는지 구별하지 못하는 것이다. 나만의 의미가 아니라는 말이다. 나에게 의미가 있어야 계속해서 스스로 움직일 수 있는데 그렇지 않기 때문에 오래 가지 못한다. 그래서 내 앞에 있는 일이 혹은 내 앞에 있는 자기계발이 나만의 의미로 설계할 수 있는 조건이 되는지 선별할 수 있는 도구가 필요하다.

다음으로 그렇다면 의미 설계를 어떻게 구조적인 형태로 도구화할 것인가의 문제이다. 방향은 심플하게 누구나 실천할 수 있는 방법이다. 그래서 우리가 늘 접할 수 있고 언제 어디서든 만들 수 있는 형태로 정했다. 이 도구는 나만의 의미로 움직이는 나의 동기를 더욱 활성화시킨다. 그리고 실천력을 높인다. 이 도구는 의미공학의 탄생과정을 살펴 본 후 소개할 것이다. 중요한 점은 굉장히 심플하기 때문에 누구나 쉽게 구조화할 수 있다는 것이다. 많은 자기계발서를 집필한 이지성 작가는 책 『스물일곱 이건희처럼』에서 자기계발이란 "누구나 아는 이야기이지만 아무나 실천하지 못하는 이야기"라고 했다. 많이 공감되는 말이었다. 그러나 그 다음이 없었다. 스스로가 어떻게 해야 할지가 구체적이지 않았다. 나아가 나는 '누구나 아는 이야기를 누구나 실천할 수 있게 하는 도구를 만들겠다.'는 생각을 했다.

방법론에 공학의 강점을 적용하다

한때 인터넷에서 유행하던 카툰이 있었다. 공대에서의 수업시간을 배경으로 시작하는데 수업시간 전에는 즐겁다. 그러나 수업이 시작되면 교수님의 얼굴이 외계인으로 보인다. 교수님이 판서한

칠판에는 외계어가 난무한다. 학생들의 머리 옆으로 보이는 말풍선은 모두가 물음표를 지니고 있다. 수업 후에는 학생들 모두가 하나같이 '모르겠다.'라고 연발하며 한숨을 쉬는 장면으로 끝난다.

공부하고 있는 모든 학생이 본인의 전공 공부가 가장 어렵다고 느끼겠지만, 이 카툰은 공대생이라면 격하게 공감했을 것이다. 공감이 확산되고 이슈가 되면서 공대생이 아닌 사람이 보아도 웃기는 상황으로, 즉 유머로 승화되었다. 어찌 됐든 이 카툰을 접한 사람들은 '공학은 어렵다.'라고 간접적으로 느꼈을 것이다. 주위에서의 인식도 그렇듯이 공학이라고 하면 복잡하고 어렵다는 생각이 드는 것이 사실이다.

과연 정말 어려운 것일까? 공학에 대해 한번 살펴보자. 공학工學. Engineering은 기술적 문제를 대상으로 하는 학문으로 '문제를 발견하고 이에 대한 기술적 해결책을 제시하는 학문'이라고 정의할 수 있다. 여기서 문제란 작게는 자동차 부품일 수도 있고, 크게는 교통 체증 문제나 전 지구적 기후 변화 문제까지 다양하다. 즉 공학은 '인간의 삶의 질을 향상시키기 위하여 과학적 지식과 기술을 이용하여 유용한 제품을 만드는 학문'[1]이다.

공학이 수학이나 물리학의 도움을 받아 발전했지만 수학이나 물리학과 같은 과학은 아니다. 과학은 자연 현상을 발견하고 이해하는 학문 분야지만, 공학은 과학을 통해 발견하고 이해하게 된 자연 원리를 인간을 위해 응용하는 학문 분야이다. 예를 들어 어떤 원자

----

1. 배병원 외 편저(2011), 『PBL을 위한 공학윤리』, 도서출판 북스힐, 네이버 지식백과 참고

핵들끼리 반응을 통하여 질량이 사라지면, 그 질량은 에너지로 변한다. 그때 발생하는 에너지는 없어진 질량 곱하기 빛의 속도의 제곱이다. 이것은 아인슈타인Albert Einstein이 발견한 원리이다. 하지만 원자로라는 것을 만들어서 이 에너지를 이행해 잠수함이나 항공모함을 움직이고 전기를 생산하는 아이디어를 내는 일은 원자력 공학자의 몫이다.

공학의 어원인 엔진Engine은 라틴어의 '새로운 아이디어를 생각해 내다.'라는 뜻을 가진 단어에서 유래한다.[2] 엔지니어Engineer라는 단어는 200년경부터 사용되었으며 대포나 포위 공격탑과 같은 군사적 장비 또는 시설들을 개발하고 운용하는 직업인을 일컫는 말이었으나, 현대에서는 공학활동을 위하여 새로운 아이디어를 생각해 내는 전문가를 말한다.

공학의 발전 단계를 살펴보면, 기계, 장치, 시설 등의 노동수단과 관련된 시스템뿐만 아니라 인간, 사회 부문에서도 공학적 기법을 적용하는 인간공학Ergomics, 경영공학Management engineering, 사회공학Social engineering, 교육공학Educational engineering, 정보공학Information engineering 등 인문, 사회과학 분야 그리고 우주항공학Space engineering, 해양공학Ocean engineering, 농생명공학, 의생명공학 등 자연과학 분야의 경계영역까지 진출함으로써 공학은 삶과 관련이 있는 모든 분야에 관심을 갖게 되었다. 이처럼 공학은 무조건 복잡하고 어려운 것이 아니라 어떤 분야이든 해당 분야에 있어 삶의 질을 향상시킬

---

2. 네이버 지식백과 참고

수 있도록 적용 가능한 학문이다.[3]

또한 내가 집중하고 있는 '방법적인' 측면에서도 효율적인 개념이다. 의미공학에서 공학의 적용 목적은 '남다른 성과를 낼 수 있는 동기부여가 가능하고, 누구나 쉽게 실천할 수 있는 새로운 방법'의 개발이다. 방법론에 공학의 강점인 문제해결 기능을 추가한 것이다. 이 문제해결 기능은 우리 삶의 질을 향상시키는 방향이며, 추상적이고 개념적인 것이 아니다. 문제를 해결하는 과정을 직접 볼수 있고 결과 역시 확인할 수 있다. 내가 엔지니어 직무를 하며 습득한 공학 그리고 엔지니어링의 효율적인 부분만을 적용했다. 달리 말하면 자기계발 방법론을 프로세스로 만들었다고 할 수 있다. 잠깐 프로세스의 장점을 살펴보자.

첫째, Input과 Output 사이의 과정을 모두 볼 수 있다는 점이다. 따라서 어디에 문제가 있는지 빠르게 파악할 수 있고 필요하면 쉽게 보완할 수 있다. 둘째, Input 대비 Output, 즉 효율성을 확인할 수 있다는 점이다. 프로세스가 완벽할수록 효율성은 향상된다. 자기계발 역시 효율성이 높아야 지속 가능하다. 효율성을 확인할 수 있어야 높일 수도 있다. 아울러 효율성은 시간을 절약해주는 장점을 포함하고 있기 때문에 소모적인 시간낭비를 줄일 수 있다. 셋째, 외부 요인에 영향을 받을 가능성이 적다. 다양한 영향인자에 대한 판단기준을 명확하게 해서 프로세스를 만든다면, 외부 요인에 영향을 적게 받는다. 그렇지 않으면 작은 요소에도 흔들려 마음

---

3. 네이버 지식백과 참고

이 약해지거나 제대로 된 의사결정조차 하지 못한다. 이렇게 방법론에 공학의 강점을 적용해서 프로세스를 만들어 효율적인 도구로 탄생시킨 것이 의미공학이다. 융합의 시대인 지금, 공학은 어떤 분야이든지 새로운 연결을 만들어 낼 수 있는 능력을 갖고 있다.

신기한 세상, 공학이 연결하다

공학이 세상에 어떻게 존재하는지 좀 더 살펴보자. 세상이 빠르게 변화하고 있다. 최근에 눈에 보이는 큰 변화를 예로 들어보면, 모바일로 연결되는 전 세계 플랫폼을 들 수 있다. 사실 인터넷으로 연결된 세계는 이미 익숙하다. 그런데 최근에 더 큰 변화는 이러한 연결이 더 조밀해졌다는 점이다. 소셜커머스는 폭발적으로 성장했다. 소셜커머스는 온라인 판매의 연결을 통합해서 유통시장의 판을 뒤집었다. 예전에는 온라인 쇼핑몰 사이트에 직접 접속해서 살펴보았지만, 이제는 휴대폰을 통해 통합된 앱으로 접속하면 아주 쉽게 다양한 상품을 검색하고 구매할 수 있다. 조밀한 연결인 통합 덕분에 가격도 더 저렴하다. 또 다른 예로 배달 업체를 연결해 배달 앱을 만든 업체, 아예 배달만 해주는 업체도 있다. 한편 숙박 예약 앱을 통해 모텔 예약 사업으로 성장한 업체도 있다. 이들 업체들 그리고 이러한 변화의 공통점은 무엇일까? 그 안에는 바로 '코딩 Coding'이라는 것이 있다는 점이다. 코딩을 통해 정보를 연결하고 융합시켜 새로운 판을 만들었다. 코딩이란 사전적 의미로 '하나 이상의 관련된 추상 알고리즘을 특정한 프로그래밍 언어를 이용해 구체적인 컴퓨터 프로그램으로 구현하는 기술을 말한다.[4] 일본 문부과학성에서는 '코딩이란 어떤 문제를 해결하기 위한 절차나 방법을 가르치는 컴퓨터 사이언스'라고 표현했다. 영국은 2014년 9월부터 필수 과목에 코딩 수업을 포함시켰다. 이 열풍은 세계 여러 나라들로 퍼지고 있다.

이러한 컴퓨터 프로그래밍 수업을 통해 경쟁력을 갖게 한다고 하는데 그 안의 핵심은 바로 문제해결을 위한 논리적 종합과학적 사고이다. 증기기관이 새로운 시대를 열었듯이 코딩이 새로운 시대를 창조하고 있다. 공학의 강점이 여기에서도 나타난 것이고 신기한 세상의 연결을 하고 있다.

공학의 근원: 삶의 질 향상의 시작

공학의 어원인 엔진Engine은 라틴어의 '새로운 아이디어를 생각해 내다.'라는 뜻을 가진 단어에서 유래한다고 했다. 새로운 아이디어는 분명 우리 삶과 관련된 것이었고 이는 삶의 질과 관련된 욕구였다. 그것이 시작이었다.

토목공학을 Civil Engineering이라고 하는 이유는 Civil, 즉 시민을 위해 필요한 공학이라는 의미이다. 인류는 생명의 위협으로부터 안전한 삶의 터전을 확보하기 위해 삶과 연결되는 기술이 필요했다. 이를 통해 인간 생활의 기반을 구축했다. 우리가 지금 누리고 있는 것들이 당연한 듯 느껴지겠지만 많은 부분이 공학 덕분

---

4. 위키디피아 참고

에 가능하게 되었다. 토목공학이 우리 삶의 터전에 직접적인 삶의 질 향상을 제공했듯이, 또 한편으로의 직접적인 역할을 한 것은 우리나라 경제를 살려낸 석유화학과 제철산업이다.

인류 전체의 삶의 질 향상 측면에서 공학은 비료를 대량 생산할 수 있게 만들어 식량문제를 해결했다. 또한 원유에 함유된 탄화수소를 분해하는 공정을 개발해서 각종 플라스틱과 의약품을 생산했다. 우리가 현재 사용하고 있는 많은 생활용품이 대부분 석유화학 제품들이다. 이렇듯 공학은 인류의 복지를 향상시켜왔고 삶의 질은 계속해서 나아졌다.

공학의 발전: 언제나 우리 삶과 함께

피터 드러커는 1750년에서 1900년 사이의 150년 동안 거대한 변화에 중심에는 자본주의Capitalism와 기술 Technology이 함께 있었다고 말했다. 새로운 문명의 창조에 기술이 있었는데 그 기술의 핵심은 공학이라고 나는 생각한다. 공학을 중심으로 한 기술이 발전의 규모와 속도를 과시했다. 공학의 발전은 언제나 우리 삶과 함께였다. 사실 공학이 과학기술에 의해 감춰지거나 기술과 유사한 분야로 취급되는 경우가 많았다. 그러나 공학자는 공학만의 강점으로 삶에서 창조를 해왔다. 책『공학철학, Engineering Philosophy』의 저자인 루이스 L. 부치아렐리 교수는 그의 책에서 공학자의 강점을 다음과 같이 말한다.

"공학자들은 구체와 추상, 특수와 보편의 차이를 알고 있으며 일상 생활의 영역 안에서 이루어지는 작업, 즉 만들고 이론화하고 테스트하고 디자인에서 모델링하고 새로운 제품과 체계를 발전시키는 작업을 진행한다. 가능세계는 허구가 아니고 공학자가 관심 갖는 영역이다."

또한 그는 항공엔지니어이며 교육학자인 테오도르 폰 카르만의 주장을 인용하며 공학자의 실용적인 강점을 강조한다.

"과학자는 존재하는 세계를 발견하고, 공학자는 존재하지 않는 세계를 창조한다."

공학 그리고 공학자의 이러한 강점이 말하는 바와 같이, 공학은 늘 우리 삶과 함께 하게 했고, 삶의 질 향상에 크게 공헌했다.

의미공학의 탄생과 발전

사춘기를 지나 고등학교에 입학했다. 나름대로 형성된 자아로서의 나는 혼자 생각을 많이 했다. 누구에게나 고민이 많은 시기였지만, 무언가 남다른 것을 찾고 싶었다. 지금 생각해 보면 그것이 '의미 있는 것'이었는데 고민만 많았다. 실제로 찾아낸 것은 거의 없었다. 그러나 의미에 대한 관심은 그때부터 시작됐던 것 같다.

고등학교를 졸업하고 스무 살이 된 후 새로운 세계가 펼쳐졌다.

대학에 입학해서 새로운 환경에서 새로운 사람들과 새로운 경험을 하게 되었다. 이러한 신비로운 변화에 마냥 신이 났다. 만나는 사람이면 누구든 좋았고 나에게 펼쳐지는 경험들은 무엇이든 새로웠다. 때문에 자연스럽게 동기부여가 되었다. 새로움, 그 자체가 나에게는 중요한 의미였고 원동력이었다.

이후 새로움의 여정을 지나 시련과 좌절을 겪어보기도 했다. 또 내가 가진 역할로서의 책임감에 다시 일어서는 경험도 여러 번 했다. 그러나 다시 반복되는 시련에 이내 지쳤다. 이미 경험한 것에 대해서는 특별한 의미를 찾지 못했다. 이전의 경험 수준에 미치거나 그보다 못한 작은 열정이 짧게 반짝이고 말았다. 물론 성공 경험을 많이 했다면 달라졌을 수도 있었겠지만, 20대 초반의 어린 나이에 성공 경험이 얼마나 있었겠는가. 더욱이 가치관과 세계관의 형성이 미흡한 시기였기 때문에 더 크게 보지 못하고 경험의 의미를 찾지도 못했다. 부족한 나의 열정을 탓하기 위해 내가 생각했던 원인은 수없이 많았다. 그만큼 제대로 된 의미나 동기부여의 원동력이 없던 날들의 연속이었다. 테이크아웃 커피전문점에서 아르바이트를 하던 시절에 하루는 함께 일하던 형이 나에게 물었다.

"혼자 여행 가 봤어?"

"아니요… 혼자 여행가면 심심하잖아요, 여러 사람이 함께 가야 재미있죠."

"혼자 꼭 한 번 가 봐! 뭔가 있으니까."

짧은 대화였지만 혼자 여행을 해보고 싶은 생각이 들었다. 마침 군 입대일이 다가오고 있어서 혼자만의 여행 계획을 세우고 떠났다. 혼자만의 여행의 즐거움은 혼자 떠날 때의 모험심, 새로운 사람들과의 설레는 만남, 맛있는 음식 등 다양했다. 하지만 여행 후 내가 발견한 무언가는 '나'였다. 그것은 나를 알아가는 과정 중에 하나였던 것이다. 한 차례의 짧은 여행이었지만 그동안 살아온 나를 뒤돌아보며 나에 대해 깊이 생각할 수 있었다. 혼자만의 여행을 통해 돌아본 나는 '의미'를 중요하게 생각하는 사람이었다.

군 입대를 앞둔 시점에서 나는 인생의 변화를 경험하고 싶었고, 그 방법이 필요했다. '의미'에 집중했다. '의미의 발견'이었다. 의미를 발견하면서 내가 변화하는 원동력이 생겼고 뚜렷한 목표를 세울 수 있었다. 나아가 나의 인생이 변화하기 시작했다. 이후 더 다양한 경험을 하며 실패를 겪기도 했지만 '의미'를 통해 분명히 뛰어난 성과를 낼 수 있었다. 군 생활, 대학 생활, 사회생활에서 남다른 성과를 냈다. 상세한 내용은 잠시 뒤에 살펴보기로 하자. 중요한 것은 예전과 비교하면 분명히 전환점이 있었고 그것은 '의미'라는 것을 통해 가능했다는 사실이다. 이렇게 '의미'라는 것을 통해 나만의 방법으로 성과를 냈다. 그리고 그 효과를 확인해 나가고 있었다. 그러나 다른 한편으로는 자기계발 분야에 계속해서 관심을 갖고 연구해오며 그 방법을 체계적으로 만들고 싶었다. '남다른 성과를 낼 수 있는 동기부여와 누구나 쉽게 실천할 수 있는 방법'으로 말이다. 계속 고민했지만 마음에 드는 방법은 쉽게 찾을 수 없었다.

다시 기본으로 돌아갔다. 자기계발의 개념으로 말이다. 주위의 많은 사람들이 '자기계발'이라고 하며 자신의 부족함을 채우기 위해 노력하는 것이라고 생각한다. 나 역시 과거에는 자기계발서를 읽으며 나의 부족함만을 채찍질했다. 그리고 그 부족함을 채우기 위해 자기계발서에 나온 내용을 노트에 적고 실천하기 위해 노력했다. 결과는 반복되는 자책과 채찍질뿐이었다.

물론 틀렸다는 말은 아니다. 다만, 우선순위가 필요하다는 것이다. 다시 말해 부족함을 보완하는 것도 필요하지만 선행되어야 하는 것이 '나의 재능과 강점'을 먼저 알아야 한다는 점이다. 자기계발의 최종 목표는 마음이 편안한 상태에서의 행복한 자기 발전과 성장이다. 또한 결과적으로 성과Performance가 달라지게 해야 한다. 그렇다면 가장 우선되어야 하는 것이 무엇일까? 먼저 자신의 재능과 강점을 알아야 할 것이 아닌가! 내가 잘하는 것을 더 잘할 수 있도록 하는 것이 쉽고 성과도 분명히 크기 때문이다. 기본을 점검하고 다시 나를 돌아보니 답이 보였다. '내가 잘하는 것'을 살펴보았다.

현재 내가 잘하는 것은 일단 내가 몇 년 동안 해온 일이다. 나는 6년간 엔지니어로 근무했다. 엔지니어의 업무가 여러 가지가 있지만, 그중에서 가장 중요하고 자주 하는 일이 있다. 바로 Input에 대한 올바른 Output이 나오도록 하는 것, 즉 프로세스를 만드는 일이다. 더 뛰어난 Output이 나오도록 안정적인 프로세스를 만들어야 한다. 안정적인 프로세스는 그 과정에서의 변동 또는 편차가 최소인 것이다. 이렇게 프로세스를 설계하는 Engineering 분야를 자기계발 분야에 적용했다. 내가 고민했던 누구나 쉽게 실천할 수 있는 프로세스를 만들었다. 그 중에서도 '의미'라는 강력한 동기부여에 적용하는 프로세스이다. 이 의미의 의미는 자신만의 그것이기 때문에 각자에게 꼭 맞는 방법을 탄생시킬 수 있다. 의미와 공학의 역사적인 만남은 이렇게 시작되었다.

그리고 의미공학의 체계화가 필요했는데, 그 시작은 간단한 의미부여에서 출발했다.

● 생일

첫 사례로 생일에 대해 소개하고자 한다. 일 년에 한 번씩 누구에게나 생일이 돌아온다. 당신은 생일에 대해 어떻게 생각하고 생일을 어떻게 보내고 있는가? 생일 파티를 열어 친구들과 함께 즐거운 시간을 보내는가? 가족 또는 연인과 함께 조용하고 분위기 있는 생일 파티를 하는가? 각자의 방식으로 각자의 의미로 행복한 시간을 보낼 것이다. 나 역시 그렇다.

조금 더 고민해 보았다. 생일에 대해 생각해 보고, 어떤 의미가 있는지, 어떻게 보내는 것이 더 의미 있고 행복한지에 대해서 말이다. 그리고 노트에 적었다.

[생일의 의미]

1) 생일은 부모님께서 나를 낳아주신 소중한 날이다. 부모님께 감사하는 날이다.

2) 생일을 기준으로 진짜 나이에 맞는 새로운 1년을 시작하는 날이다.

3) 세상에 태어난 후로 한 해씩 잘 성장하고 있다는 의미이다.

이렇게 생일의 의미를 정리하자 이런 생각이 들었다. "생일을 단순한 기념일보다는 부모님께 감사하고 나에게도 선물할 수 있는 날로 만들어 보자."

어렵지 않은 좋은 방법이 떠올랐고 실행에 옮겼다. 생일마다 사진관에 가서 사진을 찍고, 인화한 사진을 어머니, 아버지께 한 장씩 드리며 감사 표현을 하는 것이다. 또 나에게도 잘 성장하고 있어 고맙다고 칭찬해준다. 그리고 그 순간부터 진짜 나이에 맞는 새

[18]　　　[19]　　　[20]　　　[21]　　　[22]

[23]　　　[24]　　　[25]　　　[26]　　　[27]　　　[28]

[29]　　　[30]　　　[31]　　　[32]　　　[33]

로운 1년을 시작하며 새로운 의지를 다진다. 올해 서른다섯인 나는 열여덟부터 이렇게 생일사진을 찍고 있다. 여러 해를 이어오면서 생일이 기다려지고 더 없이 행복한 하루를 보내게 된다. 이제는 사진관 아저씨도 1년에 한 번씩 오는 나를 알아보신다. 서로 기분 좋은 덕담을 주고받기도 한다.

매년 변화하는 나의 모습을 보고 나를 알아가는 흐뭇한 생각이 들기도 한다. 나중에 중년이 되었을 때, 펼쳐보면 또 즐거운 생각을 할 수 있을 것 같다.

● 군대

대한민국의 건장한 남자로서 국방의 의무는 필수이다. 부정적인 사고를 가진 사람은 군 생활에 대해 2년 가까운 시간을 아깝게 '썩는' 시간이라고 표현한다. 반면 긍정적인 사고를 하는 사람은 군 생활을 걸림돌이 아닌 디딤돌 또는 전환점으로 생각한다. 나 역시 이렇게 의미 설계를 시작했다. 쉽지 않은 군 생활이지만 전환점으로 삼고 자기 발전을 이루고 싶었다.

[군 생활의 의미]
1) 진짜 남자가 돼서 돌아오겠다.
2) 왼손잡이가 되겠다.
3) 군 생활을 인생 최대의 전환점으로 만들겠다.

"어차피 한 판 붙기 위해 태어난 삶이 아닌가." 힘든 군 생활이지만 목표를 세우자 힘이 솟았다. 지금 생각해보면 구체적이지 않고 어설펐던 의미이고 목표였지만 그래도 결과는 만족할 수준의 성과가 있었다.

군 입대 전의 나는 상당히 감성적인 사람이었다. 풍부한 감성으로 사람을 좋아하고 너무 쉽게 사람을 믿기도 했다. 마음이 여리고, 작은 일에도 상처받는 일이 많았다. 어떻게 보면 약간 여성스럽기까지 했을 수도 있다. 이처럼 남자다운 면이 부족하다고 자각하고 있었기에 군 생활을 통해 '진짜 남자'로 거듭나고 싶었다. 이 의미가 첫 번째 목표가 되었다. 이는 사실 강도 높은 훈련과 남자만 있는 조직 생활을 하며 자연스럽게 달성되었다.

두 번째는 왼손잡이가 되는 것이었다. 입대 전부터 뇌 과학에 관심을 가져오던 터라 우뇌 활용 방법에 대해 고민하고 있었다. 군 생활을 통해 왼손을 사용하는 연습을 할 수 있겠다는 생각이 들었다. 물론 중요한 임무를 수행할 때는 능숙한 오른손을 사용했다. 이병 시절 또는 선임이 보고 있는 경우에도 오른손을 사용했다. 단순하고 반복되는 작업이고 혼자 있을 경우에 왼손을 사용했다. 계급별로 주로 했던 왼손 작업은 다음과 같다. 이병 때는 왼손으로 삽질, 양치질, 빗자루질, 대걸레질, 식판 닦기 등으로 기본기를 쌓았다.

일병으로 진급해서는 조금 더 힘과 기술이 필요한 페인트칠, 공구 사용 작업에 왼손을 사용했다. 상병 시절에는 이병, 일병 때 했던 왼손 작업을 병행하면서 더 기술을 필요로 하는 숟가락질, 젓가락질을 왼손으로 했다. 이것을 쉽게 생각할 수도 있는데, 예를 들면 왼손을 사용해서 치킨 조각을 젓가락으로 들거나 분리해서 먹는다고 해보자. 힘도 필요하고 원하는 대로 제어하기 위한 스킬도 필요하다. 이렇게 나름의 고난도 기술까지 연마하고 병장이 되었다. 이때부터는 본격적으로 세밀한 부분까지 도전했다. 왼손 글씨다. 1년 반 가까이 왼손의 숙련도를 향상시켰음에도 불구하고 글씨 쓰는 일은 어려웠다. 소위 깍두기공책이라 부르는 초등학교 노트를 구입하고 글씨를 써 나갔다. 처음의 그 느낌은 아직도 생생하다. 한 글자를 쓸 때마다 온몸이 꼬였다. 그렇게 인고의 시간을 버텨내고 제대할 즈음이 되었을 때는 원하는 글자를 쓸 수 있을 정도의 수준이 되었다.

세 번째 역시 구체적이지는 않았지만 나의 행동과 자세를 변화시킬 수 있는 강력한 원동력으로 작용했다. 왜냐하면 한 번뿐인 군 생활이고, 잘하고 싶었고 분명히 전환점으로 만들 수 있다는 자신감도 있었기 때문이다. 이 의미와 목표는 매사에 적극적인 자세로 임할 수 있도록 힘을 주었다. 그리고 군 생활에서도 분명히 '기회'라는 것이 있었다. 기회가 오자 큰 전환점으로 만들고자 하는 나의 의지가 불타올랐다.

기회는 훈련소에서 기초군사 훈련을 마치고 후반기 교육 기간 중에 왔다. 나는 해군으로 군 복무를 했고 주특기인 화학병과 교육을 위한 후반기 교육을 받았다. 교육 담당자가 말하길 후반기 교육을 1등으로 수료하면 큰 배를 탈 수 있는 기회를 준다고 했다. 참고로 큰 배를 타면 외국에 나가는 경험을 할 수 있었다. 대표적인 예로 RIMPAC Rim of the Pacific Exercise 훈련이라 불리는 환태평양 합동 군사훈련이나 해군사관학교 4학년 생도들의 실습을 위한 순항훈련이 있다. 이 기회를 잡기 위해 후반기 교육 기간 동안 열심히 공부했고 목표했던 1등 수료를 해냈다. 사실 군대에서 그렇게 공부를 열심히 하는 사람은 없었고 조금 더 노력한 덕분에 1등을 할 수 있었다. 어쨌든 1등 수료 덕분에 나는 그 해에 순항훈련이 예정되어 있던 큰 전투함의 수병이 될 수 있었다.

순항훈련은 96일간 총 13개국을 순항하는 경로로 정해졌다. 나는 그때 태어나서 우리나라를 벗어나 외국 땅을 처음 밟아 보았다. 젊은 나이에 겪은 굉장한 충격이자 경험이었다. 다른 땅에 다른 나라 사람이 다른 언어를 사용하며 다른 문화를 가지고 살아간다는 것이 신기했다. '세계는 넓다.'라는 말을 실감했고 세상을 보는 시야가 넓어졌다. 지금 생각해 보면 그 때의 경험으로 사고방식이 유연해졌다. 96일간의 값진 경험을 일기로 기록했고 지금도 간직하고 있다. 군 생활 전체가 그렇지만 그 때의 경험이 인생 최대 전환점의 시작이 되었다. 이처럼 어설픈 의미이자 목표였지만 군 생활의 의미를 생각하면서 시작한 덕분에 나의 마음가짐이 달라졌다. 그 결과 나의 자세와 행동이 변화했고 남다른 경험을 할 수 있었다. 이 덕분에 군 제대 후 변화된 나의 모습으로 입대 전보다 더 만족스러운 삶을 살 수 있었다.

● 건강한 나의 20대

군 입대 전 나의 외형은 피골이 상접했었다. 키 180센티미터에 몸무게 64킬로그램. 왜소한 몸이 콤플렉스였다. 그러나 군대에서 열심히 훈련하고 운동한 결과, 제대할 쯤에는 몸무게 74킬로그램의 건장한 남자가 되었다. 특히 병장 시절에 집중해서 실시한 웨이트 트레이닝으로 나의 외형은 입대 전과 비교했을 때 환골탈태 수준이었다. 제대 후 휘트니스 센터에서 꾸준히 운동을 하며 운동의 의미에 대해 생각해 보았다. 물론 기본적으로는 건강을 위해 운동을 하지만 그 시기에 대한 특별한 의미를 생각했었다.

[건강한 20대의 의미]
1) 20대는 다른 어떤 젊은 날보다 신체적으로 건강한 시기이다.
2) 시간적 여유로 볼 때, 이때만큼 운동을 열심히 할 수 있는 시기는 없다.
3) 운동에 대한 효과 역시 최대인 시기이다.

의미부여를 하자 목표가 생겼다. "건강한 나의 20대 멋진 몸을 남겨보자." 열심히 운동해서 건강한 20대의 몸을 사진으로 남겨서 간직하는 것이다. 목표가 생기자 운동을 더 체계적으로 하게 되었다. 스포츠 과학 서적을 공부하며, 근육의 성장 원리를 이해했다. 운동 프로그램 역시 상세하게 계획하고 실천했다. 무작정 운동을 하는 것보다 의미를 찾고 목표를 세우고 실행하자 더 힘이 났다. 체력적으로 힘이 들 때도 있었지만 이론적인 부분을 공부하며 운동을 해서 덜 지쳤고 재미도 있었다. 촬영 날짜를 정하고 몸매를 만들기 위해 매일 땀을 흘렸다. 지금 생각해봐도 그때만큼 집중해서 운동을 열심히 한 적이 없다.

드디어 촬영 날짜가 왔다. 스튜디오를 대여해서 상반신 세미 누드를 찍었다. 포즈와 표정이 어색했다. 연예인처럼 따라 해보기도 했지만 쉽지 않았다. 하지만 그동안의 노력에 대해 자신에게 칭찬하며 즐겁게 촬영을 하니 이내 자연스러운 사진 촬영이 되었다. 저렴한 비용으로 촬영하기 위해 스튜디오는 대학로 근처에서 대여했고, 카메라 촬영은 친한 후배에게 부탁했다. 이렇게 의미 있는 목표를 달성한 후 뿌듯한 성취감을 느낄 수 있었다. 나의 건강한 젊음을 장기 보존한 느낌이랄까.

● 20대의 마지막

20대는 젊음의 상징이다. 물론 30대도 젊은 시절이지만 건강함으로 치면 20대보다는 덜하다. 사회로 나가서 새로운 환경에 새로운 사람들을 만나고 여러 가지 경험을 했던 20대는 그야말로 '찬란한 청춘'이다. 논어에서 서른을 '이립而立', 즉 모든 기초를 세우는 나이로 표현한 것처럼, 서른이 되기 전 20대는 의미 있고 중요한 시기이다. 이렇게 소중한 20대를 보내야 하는 스물아홉 살의 초겨울 어느 날이었다. 아쉬웠다. 왠지 나의 젊음이 끝날 것만 같았고, 1년이 지나면 다시는 오지 않을 청춘이 몹시 그리울 것 같았다. 인생을 살아가면서, 나이가 들어가면서 또 수많은 우여곡절이 있겠지만 지금까지 살아온 '찬란했던 20대'를 돌아보니 애틋했다. 20대의 의미에 대해 다시 생각해보았다.

[20대를 보내며…]
1) 20대는 아름다운 청춘이자 서른이 되기 전 인생의 요소들이 세워지는 중요한 시기이다.
2) 다시 오지 않을 20대의 마지막을 기념하는 것은 아름다울 것이다.
3) 20대를 함께 시작한 대학 동기들과 20대의 마무리도 함께 한다면 의미 있을 것이다.

목표는 20대를 함께 시작한 대학 동기들과 20대의 마지막을 기념하는 사진을 찍는 것이다. 가깝게 지냈던 대학 동기들에게 연락을 했다. 의미를 전달하자 모두 흔쾌히 찬성했다. "다시는 돌아오지 않을 우리의 20대 젊음을 함께 기념하고 기억하자." 그렇게 20대의 마지막 12월 어느 날, 의미 있는 촬영을 시작했다. 촬영을 하며 서로의 20대 초반의 풋풋하고 어리숙했던 모습이 생각나 웃음이 났다. 개인 촬영과 단체 촬영까지 기분 좋게 마치고 함께 술잔을 기울이며 20대를 멋있게 마무리했다. 그냥 보낼 수도 있었던 20대의 마지막을 기념하니 20대를 잘 보낸다는 느낌이 들었다. 그리고 대학 동기들이 더 소중하게 느껴졌다. 끈끈한 우정과 함께 정말 의미 있는 마무리를 한 기분이었다. 이런 것도 의미 있는 삶의 일부로서 참 소중한 추억이지 않을까.

의미부여를 통한 목표 설정 그리고 그로 인한 남다른 성과는 이렇게 하나씩 쌓여갔다. 지금까지 소개한 나의 이야기에서 보여지듯 그 방법 역시 점차 발전하고 있었다. 물론 체계적인 형태는 아니었지만 발전 과정으로서 의미 있는 도약을 하고 있었다. 그러면서 의미부여에 대한 방법을 점차 고민하기 시작했다. 그 고민의 시작 즈음인 취업 사례를 소개해 본다.

● 장학금 그리고 취업

1997년 IMF 여파가 많은 곳에 영향을 미쳤듯이 우리 가족에게도 엄청난 시련이었다. 당시 나는 중학교 3학년으로 사춘기를 겪고 있었다. 철없는 소년은 어려워진 집안 사정을 환경적으로는 받아들이면서도 마음속으로는 받아들이지 못했다. 사춘기 시절의 소년이 그렇듯이 그러한 환경이 싫고 벗어나고만 싶었다. 부모님의 심정이나 상황에 대한 이해는 뒷전이었다.

아버지는 자동차 정비사였다. 대형 트럭을 주로 수리하셨다. 하루 종일 고된 노동을 하고 들어오셨고, 용접을 많이 하신 날이면 약을 드시고 일찍 잠이 드셨다. IMF로 인해 아버지가 다니시던 회사 사정이 어려워지면서 월급도 삭감됐다. 생계까지 위협받는 상황이 되자 어머니께서 붕어빵 장사를 시작하셨다. 철없던 나는 어머니가 노점에서 장사하는 것이 창피했다. 하굣길에 어머니의 노점이 있었는데, 행여 친구들이 볼까 다른 길로 가기도 했다. 지금 생각해보면 뭐가 그리 창피했는지, 사춘기가 뭐라고, 나의 철없던 행동에 아직도 얼굴이 화끈거린다. 그래도 밤에 장사를 마칠 쯤에는 항상 어머니에게 갔고 어머니와 함께 리어카를 끌고 집으로 왔다. 추운 날씨에 밖에서 추위와 싸워가며, 다른 노점상 주인들과 자리싸움에 눈물을 흘려가며 벌어 오신 어머니의 붕어빵 반죽 묻은 동전들이 아직도 생생하게 기억난다. 그 반죽의 냄새까지도 말이다. 지금 보아도 나의 어머니는 많이 여린 사람인데 어떻게 그렇게 하셨을까. 집에만 계셨던 분이 어떻게 그렇게 힘든 일을 하시겠다고 했고 또 해내셨을까. 정말 어머니의 위대함을 나는 뼈저리게 느꼈고 지금까지도 그렇다.

고등학교에 가서 조금 철이 들자 내가 할 수 있는 일은 열심히 공부하는 것이라고 생각했다. 어려운 집안 환경에서도 열심히 공부했고, 수재는 아니었지만 노력하는 학생이 되었다. 덕분에 내신 1등급으로 고등학교를 졸업했다. 그러나 대입 수학능력시험을 그리 잘 보진 못했다. 사실 나는 재수를 하고 싶었지만 집안 사정상 재수는 불가능했다. 일류대를 가지 못했지만 4년제 대학에 입학했다. 어릴 적 부모님의 희생, 그리고 나의 철없음은 나의 가슴 속 깊이 항상 자리 잡고 있었다. 대학에서 내가 할 수 있는 일은 학비를 보태는 것이었다. 20대 초반의 어린 시절에는 아르바이트만이 학비를 보태는 유일한 길인 줄 알았다. 학기 중에는 주말 아르바이트, 방학에는 풀타임 아르바이트를 해서 학비를 보탰다. 훗날 든 생각이지만 그보다 쉬운 것이 장학금을 받는 것이었다. 특히 신입생 시절에는 모두 놀기 바빠서 조금만 공부를 열심히 해도 장학금을 받는 것이 오히려 수월했다. 어쨌든 군 입대 전에는 아르바이트를 해서 효도를 하고 싶었다. 군 제대 후, 인생의 전환점을 맞이한 나는 장학금을 타기로 마음먹었다. 그리고 장학금을 타기 위한 전략을 세웠다. 바로 내가 가장 잘하는 의미를 부여해서 목표를 세우는 것이다.

[장학금의 의미]

1) 학생으로서 내가 할 수 있는 최선의 효도는 장학금을 받는 것이다.

2) 장학금을 받기 위해 열심히 공부하는 것은 부모님의 고생에 비하면 아무것도 아니다.

3) 취업을 위한 학점 관리에도 필요하다.

"장학금, 모든 과목에 대해 A+ 받는 것을 목표로 하면 가능하다."

의미는 강력한 동기부여가 되고 나만의 비전은 실행 전략이 된다. 의미에 대한 활용을 여러 번 거치고 나니 나름대로 괜찮은 단계로 구분되어 정리가 되었다. 군 제대 후 첫 학기는 원하던 전액 장학금을 받았다. 대학 입학 후 처음으로 1등을 했다. 사립대학교에서는 국립대학교 대비 장학금의 혜택이 많지 않다. 전액 장학금은 1등에게만 주어지고 2등은 반액 장학금을 받는다. 객관적으로는 쉽지 않은 성과이지만 의미부여를 통해 좋은 성과를 냈다. 목표를 달성한 후에 처음에 생각했던 의미를 되새겨보니 그 기쁨이 더욱 컸다.

그 이후에도 졸업할 때까지 계속 장학금을 탔고, 경제적으로 어려운 시기에 부모님께 효도할 수 있었다. 몇 번의 성공 경험을 한 후, 의미부여에 대한 방법이 재미있어지기 시작했다. 또한 어려운 상황이라고만 생각했던 시기도 이겨내면서 인생이 즐거워졌다. 지금의 방법이 괜찮은지, 더 나은 방법은 없는지 고민했다. 그래서 지금까지의 의미부여 방법을 하나의 틀로 만들기로 하고 그것을 '프레임'이라고 불렀다. 효과를 직접 확인했고, 좋은 성과를 낼 수 있었기 때문에 그 방법을 체계화하고 싶었다. 그래서 반복해서 좋은 성과를 낼 수 있는 체계인 Engineering 개념을 도입했다. 이것이 '의미 설계 프레임'이다. 그 당시 나의 인생에서 가장 중요했던 '취업'에 대해 의미 설계 프레임을 처음으로 적용했다. 의미 설계 프레임은 간단하다. 그동안 내가 실행했던 방법을 알맞은 틀로 맞추고 정리한 것이다. 이것은 책의 서두에서 언급한 바와 같이 누구나 쉽게 할 수 있는 심플한 방법이 되었다.

다음은 '취업'에 대한 의미 설계 프레임이다.

이에 대한 성과는 어땠을까? 그렇다. 또 내 자랑을 하는 것 같아 부끄럽지만 내가 원하던 기업 입사에 성공했다. 대기업이고 명문대 학생들이 많이 합격하는 회사였기 때문에 사실 주위에서는 합격이 쉽지 않을 것이라고 했다. 하지만 의미 설계 프레임에 따라

무엇	나의 가치관으로 판단할 때, 이 일이 의미 있는 이유는 무엇인가?	*목표 이 일을 해서 성취하고자 하는 것은 무엇인가?	목표 달성을 위해서		이 일에 대한 의미 있는 비전 만들기
			지금 하고 있는 일	장기 계획으로 할 일	
취업	1. 생계를 위한 경제 활동으로써 직업이 필요하다. 2. 대학까지 공부한 노력의 결실이고 따라서 전공에 맞는 취업이 필요하다. 3. 그동안 자식 뒷바라지 하시느라 고생하신 부모님의 노고에 대한 선물이다.	나의 전공으로 지원할 수 있는 최고의 회사인 P사에 지원하겠다.	•P사 취업 전략 수립 •P사 입사 선배 만나보기 •학점관리 •외국어 능력 •봉사활동 •이력서, 자기소개서	나와의 모든 연결을 P사 입사 관련된 정보로 해석하기	"재료공학도로서 최고의 회사인 P사에 반드시 입사한다."

모든 부분을 목표에 집중하자 결국 좋은 성과를 낼 수 있었다. 의미 설계 프레임의 효과가 다시 한 번 입증됐다. 물론 그 전부터 누적된 의미부여에 의한 동기부여 역시 긍정적인 효과를 미쳤다고 생각한다.

또한 취업이라는 관문은 다양한 요소가 작용하지만, 강조하고 싶은 것은 의미에 의한 강력한 동기부여이다. 가장 중요한 요소이다. '구슬이 서 말이라도 꿰어야 보배다.'라는 말에서 서 말의 구슬은 누구나 가질 수 있는 시대가 되었다. 꿰는 방법 역시 공유가 가능해졌다. 그렇다면 정작 중요한 것은 지치지 않는 열정으로 구슬을 꿸 수 있는 남다른 의지와 동기이다. 취업에 대해 의미 설계 프레임을 적용하면서 흥분된 점은 의미 설계 프레임을 체계화 했다는 사실이다. 자기계발 분야에 계속해서 관심을 갖고 있던 터라 무언가 해낸 기분이 들었다. 괜찮은 나만의 방법이라고 생각했지만 더 발전시키고 싶었고 더 검증하고 싶었다. 자기계발 분야에 대한 방법으로 점점 더 치열하게 고민하기 시작했다. 다시 처음부터 차례차례 검토했다. 내가 생각한 기본 방향은 두 가지였다.

(1) 누구나 쉽게 의미 설계를 할 수 있게 해야 한다.
(2) 자기만의 맞춤형 의미 설계가 되어야 한다.

생각을 거듭하고 의미 설계 프레임을 보완했다. 누구나 쉽게 의미 설계를 할 수 있어야 한다는 부분에서는 심플한 프레임이 주효했지만, 자기만의 맞춤형 의미 설계 측면에서는 부족했다. 이 부분도 반드시 필요하지만 심플하게 적용해야 했다. 다시 의미에 대한 본질로 돌아가서 생각했고 중요한 것이 떠올랐다. 의미는 주관적이고 상대적인 자신만의 것이다. 빅터 프랭클 박사가 말한 것처럼 의미는 어떤 특정한 상황 속에 있는 특정한 개인과 관계가 있다. 의미는 사람마다 다르고 날마다 다르며 시간마다 다르다. 그렇다면 의미의 중요도 또는 가치를 결정하는 데 유효한 인자는 무엇일까? 나의 경험으로는 그것은 개인의 가치관이었다. 그래서 가치관을 의미 설계의 출발점이자 기준으로 삼는 것이다.

개인의 가치관은 변할 수 있지만 그 시점에서의 가치관으로 판단한다면 분명 흔들림 없는 자신이 된다고 확신했다. 의미 설계 프레임을 새롭게 보완했다. 그리고 그 시점에서 중요했던 직장생활에 적용했다. 의미 설계에서 중요한 점은 Catch Phrase 형태의 '의미 있는 비전'이 나와야 한다는 것이다. 이 비전은 모든 의미 설계의 중심에서 전체를 아우르는 중심축이다. 이는 자신에게 일어나는 모든 일에 영감과 열정 그리고 강력한 동기를 제시해준다.

+ 의미와 가치

의미 설계의 출발점이자 기준으로 삼는 것을 가치관이라고 했다. 의미와 가치의 관계는 무엇일까? 우선 나의 얕은 철학적 지식을 바탕으로 구분하자면 의미는 유일성을 가진 나만의 의미이다. 그래서 나의 선호도에 따라 직접적으로 느끼는 절대적인 것이다. 반면 가치는 의미의 집합체이다. 나의 선호도에 따라 선택된 의미들이 모여 가치를 이룬다. 대신 의미의 집합체인 가치는 대상과 인간과의 관계에 의해 중요도가 설정된다. 또한 대상과 인간 그리고 사회와의 연결을 통해서 가치관을 형성하고 자신의 신념으로 발전시킨다.

빅터 프랭클 박사는 의미와 가치의 관계를 어떻게 보았을까? 그는 우선 여러 가지 상황들 중에서도 어떤 것은 공통으로 갖고 있는 상황들도 역시 있다고 보았다. 그리고 이러한 공통의 상황에서 사회를 가로지르고 심지어 역사를 관통하면서 인간에 의해 공유되는 의미가 존재한다고 말했다. 이런 의미들은 특정한 상황과 연관이 있기보다는 인간의 조건을 의미한다고 그는 믿었다. 그리고 그는 이런 의미들을 '가치'에 의해 이해할 수 있다고 생각했다. 이 가치를 '어떤 사회나 인간이 직면해야 하는 전형적인 상황 안에서 정화된 의미의 일반 개념'이라고 표현했다.

프랭클 박사는 나의 생각과 마찬가지로 가치를 소유하고 있으면 의미를 찾는 수고를 덜 수 있다고 강조했다. 이것이 내가 가치관을 의미 설계의 출발점이자 기준으로 삼는 이유이다.

● 직장생활

직장생활의 적용은 연차별로 적용했다. 각 연차에 맞는 의미를 설계하고 비전을 뽑아냈다.

이렇게 해서 5년 동안 검증을 거치고 글을 썼다. '입사 후 5년, 내가 얻은 것은'이라는 다음 글이다.

[입사 후 5년 내가 얻은 것은?]

2014년 1월 6일로 입사 5주년이 되었다. 5년. 꽤 긴 기간이다. 그리고 사회초년생으로서 회사에 입사해서 회사에 적응하는, 사회생활에 적응하는 또한 역량개발을 위한 중요한 첫걸음 등의 의미가 담긴 중요한 기간이기도 하다. 혹자는 이렇게 말하기도 한다. "입사 후 3년, 5년 동안 배운 것으로 평생 먹고 산다." 그만큼 중요한 시기라는 뜻일 것이다. 마찬가지로 지나고 나니 시간이 참 빠르게 흘렀다는 생각이 든다. 작년에는 문득 이런 생각이 들었다. 대학 4년은 새로운 환경에서 새로운 것들을 경험하고 다양한 사람

[나의 가치관]

1. **성실**: 자신에게 부끄럽지 않게 매사에 최선을 다하자.
2. **열정**: 내 생의 순간순간을 열정적으로 느끼며 살아가자.
3. **긍정**: 긍정의 힘을 믿고 좋은 생각을 하며 낙천적으로 살아가자.
4. **웃음과 감사**: 작은 일에 감사하며 미소 짓고 웃으며 살아가자.
5. **더불어 사는 삶**: 함께 즐거움을 만끽하며 주위의 소중한 사람들과 더불어 살아가자.
6. **행복하고 의미 있는 삶**: 인생의 목적은 행복한 과정을 즐기며 더불어 의미 있게 살아가는 것이다.
7. **가치적 자율성**: 나의 가치관, 신념은 상대적인 것이다. 누군가에게는 사실이 아닐 수도 있다고 생각하자.

무엇	나의 가치관으로 판단할 때, 이 일이 의미 있는 이유는 무엇인가?	* 목표 이 일을 통해서 성취하고자 하는 것은 무엇인가?	목표 달성을 위해서		이 일에 대한 의미 있는 비전 만들기
			지금 하고 있는 일	장기 계획으로 할 일	
1년 차	사회초년생으로서 시작 큰 포부와 열정이 중요하다	의미 있는 출발	선배, 상사 대인 관계 구축, 업무 배우기	올바른 업무 자세 정립하기	'건설적인 계획과 생산적인 일 그리고 열정적인 실행'
2년 차	관계적으로도 힘든 시기, 긍정적으로 헤쳐 나가야 한다	긍정적 인내력	매일 할 수 있는 스트레스 해소	선순환 구조의 내성 강화 활동	'요동치지 않는 내 마음의 오케스트라'
3년 차	업무 Skill과 Speed가 생기지만 업무적, 관계적 어려움이 겹친다 :행복하고 의미 있는 삶에 대한 고뇌	인생에 대한 혜안	독서, 다양한사람들의 의견 들어보기	깨달음	'인생이란 나를 알아가는 과정에 있어서 내가 그리고 나의 이웃과 함께 느끼는 희로애락이 아닐까?'
4년 차	업무 Skill이 늘고 Speed가 빨라지지만 더 잘 해내야 하는 시기, 성실, 열정, 긍정만으로 되는가?	승진을 위한 역량	승진 요건 갖추기, 업무 및 관계 재정의	나만의 프로세스 구축하기	'무엇보다는 어떻게를 구하고 아는 것보다는 실행하는 것이 중요하다'
5년 차	승진은 하지만 과중한 업무로 인한 매너리즘을 이겨내야 할 시기	사명감에 대한 재인식	현재 집중해야 할 일과 미래에 집중해야 할 일 구분, 나의 위치 재정의	장기 계획 수립으로 현재의 사명감 제고	'우리는 모두 삶의 현장에서 항상 삶의 주인공이며 매 순간 자신의 업에서 위대한 거장이 될 수 있다는 것을 당당하게 자신해야 한다'

들을 만난다. 물론 군대, 휴학의 시간이 있었지만 정말 길게 느껴진 것이 사실이다. 그런데 입사 후 4년, 5년은 그에 비하면 너무나도 훌쩍 지난 것 같다는 느낌이 든다. 5년 동안 나는 무엇을 얻었을까?

정말 많은 경험을 했고 얻은 것도 많고 느끼고 깨달은 것도 많다. 함축적으로 표현한다면 가장 중요한 관점에서 나 자신을 제대로 알게 된 것 같다. 연차 별로 나누어서 생각해 보면, 우선 1년 차에는 사회초년생으로서 여느 누구와 같이 큰 포부와 두려움을 갖고 열정적인 모습이었다. 새롭게 경험하는 것, 다양한 사람들을 만나면서 나름의 방향과 목표를 설정하는 초기 단계였다. '사명서'라고 하는 다짐을 직접 써보며 의지를 확고히 했었다. 특별한 멘토나 존경할 만한 대상을 한 번에 찾았으면 좋았겠지만 그러지는 못했다. 나의 기대치가 높아서 그런 것이라고 생각이 든다.

그래서 내가 설정한 방향은 다양한 사람들 각자의 장점들을 배우고 나만의 Skill로 체계화시켜서 Multi-player가 되는 것이었다. 분석을 잘하는 사람, 보고서를 잘 만드는 사람, 말을 잘하고 발표 능력이 뛰어난 사람, 대인관계에 있어 친화력이 우수한 사람 등을 만나며 각자의 장점을 내 것으로 만들기 위해 노력했다. 여기에 나의 장점인 성실함과 열정적인 자세를 더해서 나만의 브랜드 이미지를 위한 초석을 마련했다. 1년 차 나의 의미 설계 비전은 다음과 같다.

'건설적인 계획과 생산적인 일 그리고 열정적인 실행'

지금까지도 실천하고 있는 멋진 실행문구이다. 이렇게 1년 차를 보내고 2년 차를 맞이하였다. 2년 차. 말은 2년 차이지만 부서에 배치 받고 정신없이 지내다 보니 얼떨결에 차수만 2년 차가 되었다. 1년 차에는 방향과 목표 설정, 자세를 확립하는 시기였다고 하면, 2년 차는 경험하는 것들에 대해 조금 더 알아가는 과정에서 방향이나 목표, 자세 등을 구체화하는 시기라고 할 수 있을 것 같다. 경험하며 공부하고 노력하며 배워나가는 과정에서 학습을 하게 되면서 당연하게 나타나는 과정일 것이다. 하지만 이 시기부터 함께 나타나는 현상은 초기의 두려움이 점차 시련으로 바뀌어 나타난다는 사실이다. 실전 업무에 대한 역할과 책임이 커지면서 더 큰 Order를 해내고 더 높은 기대치에 충족시켜야 하는 시점이다. 그러나 본인은 아직도 잘 모르는 것들이 많고 큰일을 감당하기에는 이르다고 생각하기 때문에 시련으로 느껴진다. 하지만 그러면서 배우는 것이고 성장하는 것이라고 생각하며 이겨낸다.

업무적으로 이러한 상황이 펼쳐지면서 함께 맞닥뜨려야 하는 것은 큰 Order와 기대치를 충족시켜야 하는 상황에서의 대인관계의 어려움이다. 이를테면 상사의 지시와 요구에 대한 업무적인 부하와 이로 인한 관계상의 부담감이다. 그 과정을 잘 이겨내면서 성장하는 것도 그때의 감당해야 할 몫이다. 2년 차, 나의 의미 설계 비전은 이것이었고, 덕분에 2년 차를 잘 보낼 수 있었다.

'요동치지 않는 내 마음의 오케스트라'

3년 차가 시작되었다. 3이라는 숫자는 이제 조금은 안정감이 들게 느껴지는 숫자인 것 같다. 1, 2년 차는 신입사원이라는 느낌이 강하고, 3년 차는 이제 자신의 업무에 대한 전문성을 갖춰 나가는 시작 단계라고 느껴지기 때문인 듯하다. 이처럼 3년 차에 들어서면 업무적으로는 자신의 방향과 주장, 전문성 등의 것들이 나타난다. 하지만 한편으로는 3년 차 매너리즘이라고 하는 시련 또한 함께 온다. 이때의 시련은 그동안 일을 열심히 해왔는데, 사회초년생이라, 신입사원이라 당연하게 열심히 희생하며 일을 해오고 있는데, 과연 인생에 있어서 일이 전부인가라는 생각이 들기 때문이다. 시행착오 없는 깨달음은 쉽지 않겠지만 인생에 있어서 일의 의미에 대해 진지하게 생각하는 시점인 것 같다. 또한 인생의 의미 역시 함께 고민하며 자신을 돌아보는 시기로 다가온다.

업무적으로는 이제 어느 정도는 어떻게 흘러가는지 알게 되고 앞으로의 방향을 고민하지만 그보다 먼저 현재 나의 삶이 어떤가, 나의 인생에 있어 중요한 것이 무엇인가 다시 한 번 고민하게 된다. 질풍 '노동'의 시기에 겪는 제2의 사춘기라고 표현하고 싶다. 동기들과 대화를 나누고 책을 읽으며 좋은 충고를 받아들이고 싶지만 생각만큼 잘 되지는 않는다. 이 시기를 거치면서 자신이 깨달음을 얻는 과정이 있어야 마음이 더 동요하지 않을 것이다. 그래서 그런지 나의 3년 차 의미 설계 비전은 인생에 대한 것이었다.

'인생이란 나를 알아가는 과정에 있어서 내가 그리고 나의 이웃과 함께 느끼는 희로애락이 아닐까?'

나름대로 정의해 본 인생의 의미와 함께 계속해서 생각에 잠기게 된다. 그리고 관련된 책이나 인생 선배의 조건 등이 마음 속 깊숙하게 다가온다. 그렇게 4년 차를 맞이하게 되면서 어느 정도 정리가 된다. 회사와 나의 인생, 나의 삶, 나의 가치관, 내가 잘하는 것, 보완할 점 등 고민하던 카테고리에 있어 자신만의 정리를 해나가게 된다. 물론 업무적으로는 조금 더 안정적이게 된다. 안정적이라는 것은 편하다는 의미는 아니다. 또한 완벽한 안정은 없다. 사실 연차가 올라갈수록 더 어렵고 힘든 일이 따르게 된다. 다만 다양한 경험을 하며 배우고 느끼고 본인의 노력으로 성장한 역량에 의해 잘 해낼 수 있는 마음가짐과 능력이 따르게 되는 것 같다. 업무의 Speed와 Skill이 생기고, 전문성이 생기며 어려운 일에 대한 내성이 생기게 된다. 그렇게 4년 차의 안정감은 각자의 마음에 생기게 된다. 4년 차의 의미 설계 비전은 이제 어떤 것이 집중해야 하는지에 대한 것이었다.

'무엇보다는 어떻게를 구하고 아는 것보다는 실행하는 것이 중요하다.'

5년 차의 빼놓을 수 없는 기뻤던 순간은 첫 승진의 순간이었다.

이미 경험한 군대에서의 진급과 비교를 해보면 엄연히 다르다. 군대에서는 일정 기간만 되어 결격 사유만 없으면 진급을 하게 된다. 하지만 사회에서는 일정 기간이 되어도 내가 노력하지 않으면 안 되고, 노력해서 기준에 부합하는 자격을 갖추어야 한다. 첫 승진이라 기억에 많이 남고 정말 기뻤다.

6년 차를 맞이하면서 사회 초년의 생활을 돌아보게 된다. 지금 이 글을 쓰는 것처럼 말이다. 사실 지금 쓰고 있는 글의 상당 부분은 작년부터 느낀 것들이다. 돌아보면서 정리를 하면서 새롭게 느끼게 되는 것들도 있고 한편으로 좋은 점은 무엇인가 잘 채워진 기분이 든 것이다. 그동안 열심히 해왔기 때문에서 잘 채워지고 있다는 느낌이 드는 것 같다. 인생에 대해 깊게 고민하기 시작하면서부터 의미 있는 움직임의 시작 단계라는 생각을 하게 된다. 하지만 깊게 고민하면서 오히려 얻는 깨달음은 인생을 조금 내려놓는 방법을 깨닫게 되었다는 것이다.

이 모든 것을 봤을 때, 결과적으로 깨달음에 가장 큰 역할을 한 원동력은 의미이다. 그리고 그 중 가장 값진 결과물은 그동안의 경험을 통해서 알게 된 자신의 장점과 단점이다. 인생에 있어 우선적으로 중요한 것이 내가 무엇을 좋아하고, 무엇을 잘할 줄 알고, 무엇이 뛰어나고, 무엇이 부족한지 잘 알아야 한다는 사실이다. 왜냐하면 그래야 앞으로의 인생을 어떻게 살 것인가를 결정할 수 있기 때문이다. 대학 시절에 한 교수님께서 A4 용지를 꺼내서 자신의 장, 단점을 10개씩 써보라고 했다. 몇 개 적기는 했지만 제대로 적을 수 없었던 것이 뚜렷하게 기억난다. 이제는 잘 안다. 차이점은 경험의 차이이다. 경험을 통해 알게 된다. 대학 시절에는 나를 돌아보기에는 경험이 부족했던 것 같다. 5년 차는 나에게는 그렇게 다가왔다.

'우리는 모두 삶의 현장에서 항상 삶의 주인공이며 매 순간 자신의 업에서 위대한 거장이 될 수 있다는 것을 당당하게 자신해야 한다.'

입사 후 5년, 거창한 것을 얻은 것은 아니다. 하지만 난 나의 삶에 있어서 앞으로 잘 살기 위한 값진 깨달음을 얻었다고 자신할 수 있다. 글을 써보며 이렇게 정리를 하고 있지만 다 표현하기 어려울 만큼의 마음 속 보물을 얻었다.

나의 인생에 있어 이러한 깨달음은 순간을 계속될 것이다. 우물 안 개구리를 여러 번 경험하며 깨닫고 또 깨달을 것이다. 내 삶의 순간순간을 살아 숨 쉬며 느끼고 즐기자. 인생의 기쁨을 찾기 위해 노력하며 즐겁고 행복하게 살 것이다.

P.S 제철소 엔지니어로서 어려운 점이 많았지만 잘 이겨냈다. 지방생활의 어려움, 현장과 함께 해야 하는 개선활동, 쉽게 풀리지 않는 고질 결함, 갈수록 높게 요구하는 기대치에 부응하기 위한 노력들, 밤낮없이 현장에 붙어 끈질기게 노력해야 하는 역할, 가끔은 위험할 수도 있는 작업, 내 잘못이 아닌 결과물에도 듣게 되는 꾸

지람 등등. 5년 동안 고생 많았다. 수고했어.

위의 글에서처럼 가장 값진 성과는 나 자신을 제대로 알게 된 점이다. 그 외의 성과는 없을까? 또 나의 자랑이지만, 남다른 성과를 냈다. 모두 의미 설계 프레임 덕분이라고 자신 있게 말할 수 있다. 나는 대단한 사람이 아니었다. 지금도 그렇다. 다만 나만의 강력한 동기부여 방법을 통해 대단한 성과를 냈다고 자부한다. 회사에서도 연차별 의미 설계 비전에 따라 나에게 일어나는 어려움이나 시련을 기회로 생각했다. 직장인은 성과로 자신의 능력을 보여줘야 한다. 짧은 5년의 기간이었지만 내가 낸 성과는 다음과 같다.

- 나의 직장생활 성과(5년)
  - 1년 차: 신입사원 개선과제 우수상
  - 2년 차: 제철소 엔지니어 영어발표대회 최우수상
  - 3년 차: 제철소 압연부문 우수 엔지니어 선정
  - 4년 차: 제철소 가치업무 영어발표대회 우수상
  - 5년 차: 상시성과 포상

6년 차에는 신입사원 지도 선배로 발탁되어 신입사원 연수에 참가했다. 이제 막 사회생활을 시작하는 후배들에게 나의 이야기를 전달했다. '의미 있는 시작'이라는 주제로 강의를 했다. 책을 쓰고 있는 지금의 열정과 같이 시작하는 의미의 중요성에 대해 강조했다. 이 역시 나에게는 의미 있는 경험이었다. 그때 나의 강의를 들은 후배들 그리고 이 책의 독자분들도 의미의 위대한 힘을 느끼길 간절하게 바란다.

+ 엔지니어로서 커뮤니케이션의 의미

커뮤니케이션은 매우 중요하다. 어느 분야든지 소통을 위해 필요한 기본적인 스킬이다. 엔지니어의 커뮤니케이션은 어떤 의미를 가질까? 직장생활 소개를 한 김에 나의 경험을 소개해 본다. 나는 철강 엔지니어로 근무했다. 제조업에서는 나름의 특수한 상황의 커뮤니케이션이 있다. 바로 현장과 관리부서와의 커뮤니케이션이다. 이는 굉장히 중요한 부분으로 실제 Cost와 직접적으로 연결된다. 이 Cost는 세부적으로 생산성 Productivity, 수율 Yield, 원가절감 등과 관계되어 있다고 할 수 있다. 제조업의 핵심적인 영역이 현장이기 때문에 현장과 어떻게 커뮤니케이션을 하느냐는 많은 부분에 영향을 미친다.

나는 엔지니어로서 관리부서에 소속되어 일했다. 엔지니어의 주요 업무는 Trouble shooting, 기술개발, 생산관리, 품질관리, 원가분석, 제조기준 정립, 고객 Claim 개선 등이다. 모든 업무가 현장과 관련되어 있기 때문에 현장과의 소통은 무엇보다 중요하다. 그러나 대졸 신입 엔지니어가 현장과 커뮤니케이션을 하는 데에는 많은 어려움이 있다. 현장의 수년간의 경험을 바탕으로 한 지식근로자는 이제 막 대학을 졸업하고 온 신참 엔지니어를 달갑게 여기지 않는다.

대표적인 예를 들어 보면, 신입 엔지니어가 팀 리더가 지시한 Test를 진행하는 경우이다. 이 과정에서의 현장과 관리팀의 커뮤니케이션 성공과 실패 사례를 살펴보았다. 현장에 전달되는 Message는 Test 계획서인데, 이는 결재 및 승인된 공식 문서로서 전달력이 낮다. 실제로 현장에서는 배포된 문서를 자세히 보기 어렵다. 왜냐하면 현장 업무에 더 집중해야 할 부분이 많고, 동일한 배포문서가 다양하기 때문이다.

이러한 Background에서 커뮤니케이션 실패가 거듭되었다. 여기에서 말하는 커뮤니케이션 실패는 서로 수동적, 기계적 커뮤니케이션을 하게 되었다는 의미이다. 즉 엔지니어가 Test 계획서를 배포하고, Test 시간이 되어 현장에 가면 다음과 같은 방식으로 진행된다. 엔지니어는 "Test 계획서에 나온 대로 설정해서 작업해주세요."라고 하고, 현장에서는 "이 조건들만 맞춰주면 되지요?"라고 하는 식이다. 어쨌든 진행은 되지만 지식근로자 사이에서의 아쉬운 Feedback만 남을 뿐이다. 심지어 Feedback이 없는 경우도 있다. 양쪽의 불만은 서로 다르다. 엔지니어는 현장에서 신입 엔지니어를 너무 무시한다거나 위압적인 태도를 보인다고 한다. 한편 현장에서는 Test 시간이 거의 다 임박해서 와서는 조건만 맞춰달라는 엔지니어의 태도에 불만이 많았다. 이러한 상황과 과정이 반복되며 각자의 입장에서 벽을 만든 것이다. 이로 인해 Message의 질, 정확도, 명료성에 영향을 미치고, Feedback 역시 마찬가지다.

결국 성과는 점점 줄어든다.

Feedback은 이야기를 받는 사람이 말하는 이에게 Message 에 대한 반응을 제공할 때 발생한다. 그러나 만연한 상호 간의 벽 으로 인해 수동적, 기계적 반응만 할 뿐이다. 이러한 반응은 진정 한 Feedback이라기 보다는 단지 Reaction 또는 단순한 Result이 다. 사실 제조업에서 현장의 중요성은 앞에서 말한 바와 같이 아무 리 강조해도 지나치지 않는다. "현장에 답이 있다."는 말이 있을 정 도로 현장에서, 현장으로부터의, 현장에 의한 정보는 사소한 것일 지라도 큰 영향을 미칠 수 있다. 특히 현장의 숙련된 지식근로자 로부터의 정보는 많은 노하우도 포함하고 있어 Feedback은 값진 Message라 할 수 있다.

과거의 커뮤니케이션은 만연한 상호 간의 벽이 굉장히 단단했다. 이것은 내가 직접 느끼고 부딪힌 벽이다. 나는 궁금했다. "무엇이 문 제일까?" 엔지니어 특유의 문제해결 능력을 여기에도 적용해보고 싶었다. 의미공학 프레임을 통해 정리하고 나의 행동을 변화시켰다.

나는 내가 바뀌고 내가 만든 벽을 먼저 바꾼다면, 나아가서 Message의 전달 방식을 바꾼다면 가능할 것으로 생각했다.

우선 나는 내가 가진 벽을 없애기 위해 노력했다. 나의 벽은 상 대에 대한 나의 생각이었다. 그런데 나의 벽을 바꾼다고 해서 상대 의 벽을 바꿀 수는 없었다. 나는 기존의 Message 전달 방식과 나 의 전달 방식을 살펴보았다. 둘은 동일했다. 동일한 방법으로는 변 화를 이끌어내기 힘들었다.

무엇	나의 가치관으로 판단할 때, 이 일이 의미 있는 이유는 무엇인가?	* 목표 이 일을 통해서 성취하고자 하는 것은 무엇인가?	목표 달성을 위해서		이 일에 대한 의미 있는 비전 만들기
			지금 하고 있는 일	장기 계획으로 할 일	
현장과 커뮤니케이션	1. 과거의 커뮤니케이션 방식이 소모적이다. 2. 성과를 내기 위해 가장 우선적으로 개선해야 할 부분 3. 결국 사람이다. 커뮤니케이션은 사람 사이에 중요한 연결 고리이다.	연결을 통해 사람을 얻고 성과를 얻는다.	• 나의 벽 없애기 • Message 전달 방식 바꾸기 • 전달의 명료성 높이기	피드백의 재공유	"엔지니어로서 현장과의 연결을 새롭게 이끌어 내보자"

첫째, 나의 벽을 걷어내고 Message의 전달방식을 바꿨다. Test 가 있는 날이면 Test 계획서 결재문서를 다시 한 번 현장에 전달했고, Test 최소 30분 전에 현장에 도착했다. 그리고 Test 계획서에 대해 상세하게 설명하고, 주임님과 작업자분의 의견을 묻고 들었다. Test 조건은 구체적으로 작업자 분들께 전달했다. Test 후에는 Test 결과에 대해 현장 의견을 다시 들었고, 결과를 종합해서 공유해 드리겠다고 약속했다. 단순하게 업무상으로 내가 필요한 의견만 받아가겠다는 것이 아니라 현장 작업자의 고충을 듣기 위해 노력했다. 그리고 이를 반영하기 위해 노력했다. 이를 통해 개선된 쌍방향 커뮤니케이션Two-way communication을 할 수 있었다.

둘째, Message의 명료성을 높였다. Message를 받는 Receiver 는 현장에서 직접 설비를 조작하는 Operator다. 수많은 Test를 기계적으로 반복하기 때문에 수동적이다. 사실 이 부분에 부하를 줄 생각은 없었다. 하지만 Test 조건을 더 명확하게 전달하고 싶었다. 그래서 Test시 어떤 조건을 변경해서 작업해야 하는지 분명하게 표시해서 전달했다.

셋째, Feedback을 현장과 다시 공유했다. 첫째, 둘째와 같이 변화하자 현장으로부터의 Feedback이 활성화됐다. 또한 Feedback의 질도 높아졌다. 더 적극적인 의견이 많아졌다. 나는 이러한 Feedback을 단순한 Data로 활용하지 않고 중요한 의견으로 받아들였다. 하지만 모든 Feedback이 맞지 않을 수 있기 때문에 이를 정리해서 다시 현장과 공유했다. 그 결과 정리된 Feedback에 대한 의견 토론이 자연스럽게 진행되었고 일의 질, 즉 개선의 정도는 향상되었다.

결과적으로 관리팀과 현장과의 커뮤니케이션은 과거 대비 개선되었고 활발해졌다. 과거에 있었던 상호 간의 벽이 사라졌고 이러한 분위기가 다른 엔지니어에게도 영향을 미쳤다. 정리하면 이 사례는 내가 먼저 Message의 전달방식을 바꾸고, Message의 명료성을 높이며, Feedback에 대한 재공유를 통해 커뮤니케이션을 활성화시켰다. 더불어 나는 현장에서 가장 인정받는 엔지니어로 거듭날 수 있었다. 엔지니어로서 현장과 커뮤니케이션의 의미를 다시 발견하는 과정이었다. 의미공학 프레임을 통해 새로운 사고를 할 수 있었다. 또한 이 도구를 통해 개선사항을 생각해냈고 성과를 냈다. 이전과는 다른 연결의 차원을 경험했다.

의미공학을 통한 나만의 의미 설계

의미공학이란 무엇인가, 의미공학자가 된다는 것은 무엇인가?

의미공학이란 나만의 의미를 설계하고 활용하여 동기부여와 자기
계발을 지속 가능하게 하는 자기성장 학문이다. 나만의 의미 그리
고 자기성장의 학문이기 때문에 누구나 의미공학자가 되어 연구할
수 있다. 또한 누구나 행복한 성장을 할 수 있다. 이것이 의미공학
의 핵심이다.

위의 그림에서 의미공학을 3원의 체계로 설명할 수 있다. '의미'
는 강력한 동기부여의 원석이다. 이것은 가치Value로 발전한다. 여
기에 공학의 강점을 적용해서 프로세스Process를 도입한다. 이 프로
세스를 통해 성장을 위한 의미를 선별하고, 프레임이라는 도구를
통해 나만의 의미를 설계한다. 이 두 개의 원이 만나 자기계발Self-
improvement이 이루어진다. 이러한 자기계발은 나만의 의미라는 원동
력이 있고 프레임이라는 도구가 있기 때문에 지속 가능하다. 원동
력과 도구를 통해 의미공학이라는 자기성장 연구가 가능하다. 다
시 말하면 의미공학자가 된다는 말이다. 의미공학자는 두 가지 체
계를 통해 Self Coaching이 가능하고, 결국 주도적인 자기발전과
성장Growing을 행복하게 해나갈 수 있다.

이 모든 것은 본인 스스로 하는 것이다. 내 인생의 주인인 내가
삶 안에 있는 자기계발, 자기발전, 자기성장을 위해 주도적으로 할
수 있다. 나는 누구나 쉽게 지속 가능한 자기계발을 할 수 있는 새

[Meaning Engineering 의미공학]

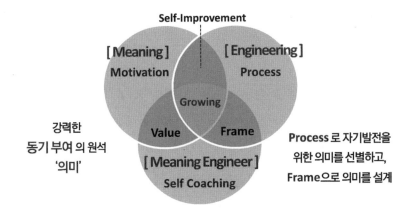

로운 실천법과 도구를 제공할 뿐이다. 지금까지의 자기계발 서적에서 읽은 실천하고 싶은 것들을 의미공학을 통해 내 것으로 만들 수도 있다. 왜냐하면 내가 설계하는 자기계발 실천법이기 때문이다. 내가 설계하는 도구 안에 내가 하고 싶은 것들을 투입하면 된다. 효율적인 프로세스를 구성하고 그 안에 내가 추진하고 싶은 실천들을 내가 설계한다.

나는 '우리는 누구나 삶의 엔지니어이다.'라고 말했다. 살아가며 부딪히는 수많은 문제를 해결하기 위해 지금도 고군분투하는 모습이 바로 우리의 모습이다. 삶의 엔지니어는 달리 말하면 의미공학자다. 자신만의 프로세스로 문제를 대하고 해결하는 데 그 방법이 구조화되지 않았을 뿐이다.

이제 국내 1호 의미공학자인 내가 제안하는 새로운 방법으로 스스로 의미공학자가 되어보자. 자신만의 방법이 있다면 의미공학을 통해 체계화, 구조화할 수도 있다. 의미공학은 복잡한 것이 아니라 우리가 부딪히는 많은 문제를 더 수월하게 해결하기 위한 도구이다. 우리가 원하는 자기계발과 성장을 지속 가능하게 하는 맞춤형 도구이다. 사실 의미공학이라고 하는 새로운 형태의 융합학문을 보고 처음에는 의아하게 생각하는 분들이 많다. 그리고 공학이라는 단어가 포함되어 있어 어려워 보이기도 한다. 그러나 내가 원하는 것은 누구나 할 수 있는 아주 심플한 도구의 설계이다. 그래서 의미공학, 의미공학자에 대한 설명도 심플하다. 지금 책 앞에 있는 당신도 이제 의미공학자가 되는 기초 교육을 마친 셈이다. 이제 나만의 의미를 설계하는 도구에 대해 알아보자.

모든 의미에 대한 설계는 의미 없고 피곤하다

의미를 설계하는 도구는 프레임이다. 그런데 그 전에 한 단계가 필요하다. 이 부분을 단순하게 보면 안 된다. 왜냐하면 나만의 의미를 설계함에 있어 중요한 부분 중에 하나가 모든 의미에 대한 설계는 의미 없고 피곤하기 때문이다. 우리가 부딪히고 생각하는 많은 문제와 이슈들에 모두 의미를 부여한다고 생각해 보자. 얼마나 피곤하겠는가. 나는 자기발전과 성장에 도움이 되는 의미만 나만의 의미가 될 수 있다고 생각한다. 그래서 이를 선별하기 위한 도구를 한 개의 단계로 구성했다. 이는 우리의 뇌가 갖고 있는 습관의 기능과 비슷하다. 『습관의 힘』의 저자 찰스 두히그는 2006년 듀크대학의 논문을 소개했다. 논문에 따르면 '우리가 매일 행하는 행동의 40퍼센트가 의사결정의 결과가 아니라 습관 때문이다.'라는 것이다. 습관이 뇌에 휴식할 시간을 준다는 의미이다. 이와 마찬가지로 의미선별 도구 역시 우리에게 휴식할 시간을 주고, 그 시간을 통해 우리는 자기발전에 도움이 되는 의미를 발견해야 한다. 이 도구가 바로 '의미공학 프로세스'이다.

의미공학 프로세스: 의미 선별 도구

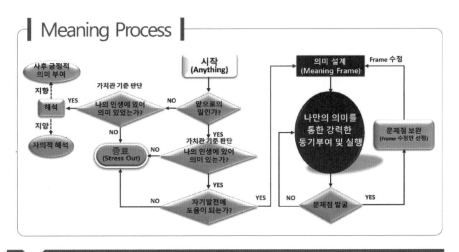

자기발전과 성장에 도움이 되는 긍정적 의미를 선별하라

이 프로세스를 한번 따라가 보자. '시작'에서 출발한다. 어떤 것 Anything에 대해 먼저 '앞으로의 일인가?'를 판단한다. 과거의 일이라고 하면 다시 '나의 인생에서 의미가 있었는가?'를 생각해본다. 여기에서의 판단기준은 스스로 갖고 있는 가치관이다. 만약 의미 없었다고 판단되면 '종료'로 가서 스트레스를 날려버린다고 생각할 수도 있다. 물론 이 프로세스를 따른다고 해서 바로 날려버릴 수는 없다고 해도 나는 어느 정도의 효과는 있다고 믿는다. 이것도 일종의 정리 과정이다. 머릿속 한 구석에 있던 것을 정리해서 Stress out 시키는 것이다. 보통 과거의 일에 대해서도 의미 있게 생각하는 경우가 많다. 그러나 이 부분은 책의 앞부분에서도 밝혔듯이 자의적 해석으로써 부정적인 생각으로 이어지는 경우가 대부분이므로 지양할 것을 나는 당부하고 싶다. 과거의 일에 대해서 사후 의미부여를 하더라도 긍정적 의미를 부여할 것을 권한다. 왜냐하면 우리가 가고자 하는 방향은 행복한 자기발전과 성장이기 때문이다.

다시 프로세스를 따라가 보자. 지금 내 앞의 일이 앞으로의 일이라면, 나의 인생에 있어 의미가 있는가에 대해 나의 가치관을 기준으로 다시 한 번 판단해 보자. 나는 자기계발과 성장은 인생 안에 있다고 말했다. 따라서 내 앞에 있는 일이 내 인생에 있어서도 의미가 있는지를 살펴봐야 한다. 여기에서도 의미 없는 일이라고 판단한다면 과감하게 스트레스를 날려버리듯이 '종료'로 보내버릴 수 있다. 홀가분하게 말이다. 앞으로의 일 중 내 인생에 있어 의미가 있다고 판단한 일의 다음 판단 기준은 성장에 도움이 되는지 여부이다.

우리가 가고자 하는 방향이다. 가고자 하는 방향이 아니라면 다시 '종료'로 보내도 된다. 자기발전에 도움이 되는 일인 의미 있는 일이라면 긍정적 의미로서 드디어 선별된 것이다. 이제 선별된 의미를 프레임을 통해 나만의 의미로 설계하면 된다. 내가 선별하고 내가 설계한 나만의 의미이기 때문에 이것은 강력한 동기부여와 실행으로 이어질 수 있다. 물론 이 과정에서 문제점을 발굴해서 보완하는 과정이 필요하기 때문에 프로세스에 이를 포함시켰다.

지금까지 의미공학 프로세스에 대해 설명했다. 이제 내 앞에 있는 복잡한 일이나 문제에 대해서 머릿속에서 판단하려 애쓰지 말고 프로세스를 활용해보자. 프로세스라는 것에 익숙하지 않은 사람들에게 처음에는 어려울 수 있고 거부감이 들 수도 있다. 하지만 조금만 익숙해지면 단순하게 이 프로세스를 따라가 보는 것만으로도 복잡한 생각들을 정리할 수 있다. 지금 머릿속을 떠돌고 있는 신경 쓰이는 생각을 이 프로세스에 투입해보자. 그리고 프로세스의 안내대로 따라가 보자. 내가 갖고 있던 생각이 나에게 의미 없고 자기발전과 성장에 도움이 되지 않는 일이라면 멀리 날려 보내보자. 그리고 진정으로 자기발전과 성장에 도움이 되는 것들을 선별해보자. 이 프로세스 안의 단계별 질문들은 스스로 변경할 수도 있다. 이것이 또한 의미공학의 장점이자 프로세스의 장점이다. 누구나 할 수 있고 맞춤형 도구이기 때문에 내가 변경할 수 있다.

의미설계 프레임: 맞춤형 의미 설계 도구

내 인생에 있어 의미 있고 자기발전에 도움이 되는 의미를 선별했다면, 이제는 그 의미를 나만의 의미로 설계하는 과정이다. 바로 '의미공학 프레임'이다. 거창하지 않다. 오히려 심플하다. 우리가 늘 보던 프레임이다. 다만 각각의 항목이 의미 있다는 점이 중요하다. 그리고 그 의미 있는 항목들은 나의 가치관을 통해 내가 직접 설계한다. 그래야 스스로 지속 가능한 동기부여를 할 수 있다. 내 인생이고, 지금 설계하는 의미 역시 내 것이다. 내 인생에 있어 행복한 자기발전과 성장을 위해 내가 직접 설계하는 즐거움이다.

| Meaning Frame |

[나의 가치관]
1.
2.
3.
4.
5.

무엇	나의 가치관으로 판단할 때, 이것이 의미 있는 이유는 무엇인가?	이를 통해 성취하고자 하는 것은 무엇인가	성취를 위해		이것에 대한 의미 있는 비전 만들기
			지금 하고 있는 일	장기적으로 할 일	

이 도구의 원리와 방법을 알아보기 전에 먼저 프레임이라는 것에 대해 살펴보자. 프레임이란 무엇일까? 사전적 의미로 프레임이란 '틀'이라는 것으로 알고 있다. 중요한 점은 어떠한 틀인가에 대한 부분이다. 서울대학교 심리학과 최인철 교수가 쓴 책『프레임』에 보면 프레임이란 '세상을 보는 마음의 창'이라고 한다. 어떤 문제를 바라보는 관점, 세상을 향한 마인드셋, 세상에 대한 은유, 사람들에 대한 고정관념 등이 모두 프레임의 범주에 포함된다고 최인철 교수는 말한다. 그는 특히 '의미 중심의 프레임'이 중요하다고 강조한다. 행복한 사람은 의미 중심의 프레임으로 세상을 본다고 하며 이를 상위 수준의 프레임과 하위 수준의 프레임을 나누는 결정적 차이로 설명한다. 상위 프레임에서는 '왜'를 묻지만, 하위 프레임에서는 '어떻게'를 묻는다고 한다. 즉 상위 프레임은 왜 이 일이 필요한지 그 이유와 의미, 목표를 묻고 비전을 묻고 이상을 세운다. 그러나 하위 수준의 프레임에서는 그 일을 하기가 쉬운지 어려운지, 시간은 얼마나 걸리는지, 성공 가능성은 얼마나 되는지 등 구체적인 절차부터 묻는다고 한다. 우리가 자기계발에 대해 갖고 있는 프레임을 예로 들 수도 있다. '지금 할 일이 태산인데', '당장 먹고 살아야 하는데' 등의 핑계로 왜 중요한지 주도적으로 고민은 해보지 않는다. 바로 하위 수준의 프레임인 것이다.

의미공학 프레임은 심플해 보이지만 사실 Engineering Design의 프로세스를 거쳐 완성했다. 나는 누구나 쉽게 실천할 수 있는 도구로서 그 기능을 실현시키기 위해 단순화시켰다. 그리고 그 결과물에는 상위 수준으로 세상을 바라보는 창이 포함되어 있다. 의미 중심의 프레임이다. 의미공학 프레임의 의미 있는 항목은 다음과 같이 구성되어 있다.

1. 무엇?
2. 나의 가치관으로 판단할 때, 이것이 의미 있는 이유는 무엇인가?
3. 이를 통해 성취하고자 하는 것은 무엇인가?
4. 성취를 위해 지금 하고 있는 일 / 장기적으로 할 일
5. 이것에 대한 의미 있는 비전 만들기

먼저 '무엇'은 의미공학 프로세스를 통해 선별한 Output이다. 이제 이것이 왜 나에게 의미 있는지 나만의 의미로 만드는 과정이다. 따라서 의미 있는 항목으로 내가 채워나가면 된다. 어렵지 않다. 다만 가장 중요한 점은 내가 직접 해야 한다는 점이다. 이 프레임에는 나만의 의미가 포함되어 있고, 목표, Action Plan이 포함되어 있다. 그리고 마지막으로 전체를 아우를 수 있는 '의미 있는 비전'까지 포함되어 있다.

프레임을 통해 각각의 항목으로 바라볼 때의 장점은 첫째, 나만의 의미를 설계하기 위한 영감을 얻기 쉽다는 것이다. 각 항목들이 프레임 안에 있으면 연결고리가 가까워진다. 다시 말해 나에게 왜 의미 있는지, 이 의미 있는 성취와 목표를 위해 무엇을 해야 하는지에 대한 생각의 연결고리를 가깝게 해준다. 이 연결을 통해 쉽게

프레임을 채울 수 있다. 그리고 의미 있는 비전까지 설계할 수 있다. 즉 어떤 변화가 어떤 결과로 이어질 수 있다는 정보가 눈에 들어오며, 그에 종속되는 동기나 하위 목표가 자연스럽게 파생된다.

두 번째 장점은 프로세스가 갖고 있는 장점과 마찬가지로 과정을 한 눈에 볼 수 있다는 점이다. 이는 내가 주도적으로 모든 것을 파악하고 있다는 느낌을 주고, 흐름을 잘 연결하도록 도와준다.

세 번째 장점은 복잡한 과정을 거치지 않고 심플한 프레임 하나로 정리할 수 있다는 점이다. 우리의 뇌는 매우 복잡하게 다양한 생각과 감정을 만들어 낸다. 특히 정리되지 않고, 마음의 결정을 내리지 못한 생각들에 대해서는 더 요란하게 관여한다. 따라서 이렇게 프레임 하나로 정리하면 복잡한 생각과 감정을 줄이며 성장을 위한 집중을 할 수 있다.

네 번째 장점은 과정의 즐거움을 포함한다는 점이다. 의미 설계 프레임은 스스로 프레임을 설계하고 의미 있는 비전에 따라 의미 있는 일을 하는 과정이다. 이 과정은 지금 하고 있는 일 그리고 앞으로 해야 할 일을 말한다. 그 과정을 직접 설계하고 행하고 있기 때문에 그 과정 역시 의미가 있다. 단순히 하나의 목표만 적어 놓고 만다면, 과정의 의미를 가시적으로 보거나 느낄 수 없다. 이 과정을 즐기는 감정은 목표를 더욱 가치 있게 만드는 역할을 한다.

심플한 프레임의 놀라운 능력에 대헤 좀 더 살펴보자. 대표적인 능력은 '목표에 대한 동기부여 기능'인데 이것이 핵심적인 부분이다. 기능적인 측면에서 볼 때, 이러한 능력이 발휘되는 원리는 우리 안에 있다. 바로 우리의 신비한 뇌의 기능이다. 심리학과 컴퓨터공학 교수인 폴 새가드는 그의 저서 『뇌와 삶의 의미』에서 이를 설명했다. 우리가 어떤 목표를 성취하면, 안와전두피질과 중격측 좌핵 같은 영역에서 일어나는 신경 집단의 활동을 통해 기분 좋은 보상을 경험한다고 한다. 이는 어떤 일을 완수하는 자신을 상상할 때처럼, 단지 목표의 달성을 기대하는 것만으로도 보상이 일어날 수 있다고 그는 말한다. 즉 목표의 달성도 다른 보상 경험과 마찬가지로, 실현뿐만 아니라 기대에서도 쾌락을 제공한다는 뜻이다. 이러한 보상의 기대는 사람들에게 원하는 목표를 달성하는 데 필요한 행위를 수행하도록 동기를 부여한다고 한다. 다시 말해 우리가 원하는 지속 가능한 동기부여에 기여한다는 의미이다.

그는 목표란 상황의 표상과 그에 대한 감정적 가치판단이 조합된 뇌의 상태라고 설명한다. 내가 다시 풀어서 설명하면, '상황의 표상'은 추상적이거나 드러나지 않은 것을 구체적인 형상으로 드러내어 나타냄을 뜻한다. 그리고 '그에 대한 감정적 가치판단'은 바로 내가 말하는 '나만의 의미'라고 생각한다. 이 두 가지는 모두 프레임 안에 자연스럽게 녹아있다.

그렇다면 우리의 뇌는 어떻게 긍정적 의미와 가치를 부여할지도 궁금해진다. 폴 새가드는 다음과 같이 말하고 있다.

"뇌는 상황과 활동들의 표상을 그에 대한 체계화된 평가와 조합하는 신경활동이 그러한 상황과 활동들에 가치를 부여한다. 어떠한 것에 대한 당신의 뇌의 표상에 긍정적인 감정을 낳는 신경연합이 들어 있으면, 그 어떤 것은 당신에게 중요한 것이다. 나는 목표와 행위들의 정합성을 통해 한 개인의 삶에 의미의 집합체가 생겨날 수 있다고 이야기할 것이다.”

우리의 뇌는 우리 안에서 통합적인 과정에 의해 나에게 중요하고 긍정적 의미가 있음을 나타낸다. 이는 목표 그리고 우리가 하고자 하는 행동들과의 관계를 생각하게 한다. 그리고 그를 통해 우리는 의미 있는 목표, 의미 있는 행동을 하고자 하는 의지를 만들어 내는 것이라고 나는 믿는다. 또한 우리가 이미 갖고 있는 우리 안의 통합이 바로 우리가 그동안 정립한 가치관이라고 나는 생각한다. 위에서 살펴본 과정으로 긍정적 감정, 나에게 중요한 가치와 의미로 연결이 이루어지기 때문에 나는 가치관이 나만의 의미를 설계하는 데 중요한 기준이 된다고 본다.

의미공학 프레임의 '목표에 대한 동기부여 기능'을 뇌 과학 측면에서 살펴봤다. 사실 내가 개발한 도구이고 그 효과를 확인하고 보니 다양한 기능이 이미 포함되어 있었다. 그래서 다양한 학문적 원리에 의해서 설명된다. 그러나 이미 그 기능이 포함되어 있기 때문에 어렵지 않고 심플하다. 누구나 할 수 있다.

앨빈 토플러와 함께 세계적인 미래학자로 손꼽히는 다니엘 핑크가 말하는 동기부여의 원칙으로도 의미공학 프레임을 설명할 수 있다. 그는 저서 『새로운 미래가 온다』, 『드라이브』에서 당근과 채찍이라는 외적 동기부여는 주도성과 전문성 그리고 목적의식이라는 내적 동기부여를 이기지 못한다고 썼다. 높은 성과의 비밀은 보상과 처벌에 있는 것이 아니라 내재적인 욕구에 있다고 했다. 그가 말한 '주도성'은 우리 삶의 방향을 결정하고 싶어 하는 욕구인데 이는 의미공학 프레임을 직접 설계하는 것이다. '전문성'은 의미 있는 것을 잘하고자 하는 욕구이고 의미공학 프레임에서 의미 있는 성취를 위해 지금 하고 있는 일, 장기적으로 할 일을 가리킨다. 또한 '목적성'은 더 큰 뭔가를 하고 싶다는 욕구로써 의미공학 프레임의 '의미 있는 비전'과 연결된다.

나는 의미공학자로서 엔지니어의 사고로 의미공학 프레임을 개발하고 설명했다. 나는 누구나 쉽게 프레임을 설계할 수 있도록 구성하고 전달했다. 사실 당신은 자연스럽게 설명에 녹아들었지만 여기에는 엔지니어의 관점으로 설계한 구조적 측면과 기능적 측면이 포함되어 있다. 그리고 나는 그 두 가지 모두를 설명한 것이다. 처음부터 구조적, 기능적 측면이라고 소개하고 설명한 것과는 다를 것이다. 내가 원하는 누구나 쉽게 할 수 있게 개발하고 구성하고 설명했다.

중요한 것은 지금 이 순간에 이 도구를 시도해볼 용기를 내야 한다는 점이다. 여전히 그렇지 않다면 용기를 내야 한다. 처음 접하는 것이고 해보지 않는 것이라며 시도하지 않는 나태함은 이미 충분히 자신에게 보여줬다. 호기심을 갖고 자신의 삶과 성장에 애정을 갖고 시도해봐야 한다. 시작하면 그 안에서 자신만의 새로운 무언가를 분명히 발견할 수 있을 것이라고 나는 확신한다.

+ 의미의 발견 과정

이 책에서 나는 의미공학 프레임이라고 하는 맞춤형 의미 설계 도구를 제안했다. 그리고 자신의 가치관을 통해 나에게 의미 있는 이유를 발견할 것을 권유했다. 이 역시 의미를 찾는 과정이다. 그러나 내가 제안한 방법으로 의미를 찾기 어려워하는 사람들이 있을 것이다. 그래서 제안하는 다음의 방법은 더 쉽게 의미를 발견하는 과정이다.

['무엇(또는 상황/환경)' 그리고 '나'의 관계에서]

1. 무엇(또는 상황/환경)에 대한 부정적인 생각 멈추기

* 의미공학 프로세스라고 하는 의미 선별 도구의 기능과 마찬가지로 대상을 긍정적으로 바라보기 위한 단계

2. 무엇(또는 상황/환경)을 있는 그대로 보기

3. 무엇(또는 상황/환경)과 나를 연결시키기

4. 연결을 긍정적으로 바라보기

5. 긍정적 의미 발견

* 의미를 찾지 못했으면 관점 전환(다른 곳에 관심두기)했다가 문득 찾아오는 의미 발견하기

* 위의 과정에서 가장 중요한 점은 천천히 하는 것이다. 순간적으로 올라오는 욕구나 충동으로 해결을 바라지 말고, 시간을 갖고 천천

히 바라보고, 느끼며 생각해야 한다.

+ 가치관을 정립하는 방법

나에게 중요한 의미를 발견하고 선별하기 위해 선행되어야 하는 것이 자신의 가치관을 정립하는 것이다. 누구나 가치관을 갖고 있지만 정리된 형태가 아닌 의식 속에 자리 잡고 있다. 가치관을 정립한다는 것은 내 의식 속에 있는 가치관을 눈에 보이는 형태로 정리하는 의미이다. 또한 이는 자신만의 신념을 갖는 것이라고 말할 수 있다. 가치관을 명확하게 정립하면 활동의 원칙과 기준이 되는 일관성을 유지할 수 있다. 물론 가치적 자율성, 즉 내가 틀릴 수도 있고 상대의 가치가 다르다는 점은 분명히 지키면서 말이다.

뇌 과학 측면에서 보면, 폴 새가드 교수가 말한 것처럼 가치관이란 어떠한 것에 대한 당신의 뇌의 표상에 긍정적인 감정을 낳는 신경연합이라고 할 수 있다. 나에게 중요한 긍정적 의미를 낳는 근원이다. 자신에게 자신 있고 가치관이 분명하다고 말하는 사람들도 있겠지만 꼭 정리하는 시간을 갖길 바란다. 방법은 여러 가지가 있다. 인터넷 검색을 통해 가치관 정립 방법을 찾아 따라해 보거나 관련 서적을 찾는 방법도 있다. 이 과정에서 가치관이 무엇인지 좀 더 상세하게 살펴보고 인생관과 세계관과의 관계도 알아보기를 권한다. 유용한 도구로써 프랭클린 플래너에 포함된 가치관 정립 방법을 추천하고 싶다. 가이드를 따르면 쉽게 가치관을 정립할 수 있다.

로버트 리와 사라 킹의 『내 안의 리더 발견하기』에서 발췌한 가치 목록을 소개해 본다. 각 가치의 의미를 천천히 생각해 본 후, 내가 가진 가치관이며 절대 포기할 수 없는 것들을 선택한다. 그리고 그 가치가 나의 실제 삶과 얼마나 일치하는지, 그 가치를 내가 어떻게 생각하고 실행하고 있는지, 혹은 어떠한 의지로 실행할 것인지 동사 형태로 적어볼 것을 권한다. 이 점이 중요하다. 또한 가치관은 변할 수 있기 때문에 유연하게 이를 알아차리고 정리해보는 시간을 갖는 것, 그리고 이를 내가 아는 것이 중요하다.

성취: 뭔가 해냈다는 느낌, 또는 뭔가 통달했다는 느낌

발전: 업무를 잘해 성장하거나 서열이 높아지거나 승진하는 것

모험: 힘들지만 도전해 보고 싶은 새로운 기회, 자극, 위험

미학: 사물과 생각, 환경의 아름다움을 감상하는 것

소속감: 다른 사람들과의 상호작용, 같은 집단에 소속되었다는 인식

풍요: 높은 소득, 금전적 성공, 부

권위: 상황이나 다른 사람들의 행동을 통제할 수 있는 지위와 능력

자율: 별 제약 없이 독립적으로 행동할 수 있는 능력

도전: 복잡하고 힘든 작업과 문제들을 지속적으로 상대하는 것

변화와 변동: 변화무쌍하고 예측 불가능한 것

협력: 다른 집단과 서로 밀접하게 돕는 관계

공동체: 개인적 욕망을 넘어서는 목적을 위해 봉사하는 것

능력: 능숙함과 지식을 보여주는 것

경쟁: 목표를 쟁취하기 위한 대립

용기: 믿는 바를 지키려는 의지

창의성: 새로운 생각이나 사물을 발견, 개발하고 설계하는 것, 상상력을 보여주는 것

다양한 관점: 처음에는 맞지 않는 것처럼 보이거나 인기가 없는 독특한 생각과 의견들

의무감: 권위와 규칙, 규칙에 대한 존중

경제적 안정: 든든하고 안정된 고용, 적절한 보상, 낮은 위험

즐거움: 재미, 희열, 웃음

가족: 배우자와 자녀, 부모, 친척과 함께 지내는 것

우정: 다른 사람들과 개인적으로 가까운 관계

건강: 몸도 마음도 편안한 것, 활력

다른 사람을 돕기: 다른 사람들이 목표를 달성하도록 돕고 관심을 기울이는 것

유머: 나 자신과 인생을 놓고 웃을 수 있는 능력

영향력: 다른 사람의 태도나 의견에 영향을 주는 것

내적 조화: 행복과 만족, 내적 평화

정의: 공정함, 옳은 일을 하는 것

지식: 사물을 이해하고 기술과 전문성을 추구하는 것, 지속적 학습

정착: 원하는 방식으로 살아갈 수 있도록 거주지를 선택하는 것

사랑: 가깝고 애정이 넘치는 관계, 친밀함

충실함: 성실함, 개인이나 전통, 조직에 대한 헌신

질서: 안정, 반복, 예측 가능성, 명확한 상하관계, 표준화

개인적 발전: 잠재력을 극대화하기 위한 노력

육체적 건강: 균형 잡힌 영양 섭취로 건강한 신체 유지

인정: 잘한 일에 대한 긍정적 반응과 사람들의 칭찬, 존경과 동경

책임감: 신뢰성, 결과에 대한 책임

자기존중: 자부심, 자존감, 자신에 대한 깨달음

영성: 영적, 종교적 믿음, 도덕의 실천

지위: 일을 잘했거나 우수한 조직에 속해서 존중받는 것

신뢰성: 믿을 만하고 성실하다고 알려지는 것

지혜: 지식과 경험, 이해력에 근거하여 올바른 판단을 내리는 것

내가 가치관을 정립하게 된 계기는 첫 직장 면접에서의 질문이었다. 인성면접에서 면접관은 나에게 이렇게 물었다. "유재천 씨는 왜 살아요?" 당황스러운 질문이었다. 그 당시에는 그럭저럭 괜찮은 답변으로 넘어갔지만 그 질문은 계속해서 나를 따라다녔다. 나는 그때부터 진지하게 삶의 의미에 대해 생각해보았다. 그전까지는 눈앞에 닥친 일만 잘 해내려고 살았다. 그러나 그것은 원동력 없는 표면적인 발버둥이라는 생각이 들었다. 그리고 작성한 사명서를 통해 나는 내 삶의 의미에 대해 나름대로 정리할 수 있었다. 그리고 이렇게 삶의 사명서를 적자 내가 가진 가치관을 정립해야겠다는 생각이 들었고 실행으로 옮기게 되었다. 다음은 사회 초년생 직장생활을 시작하며 작성한 나의 사명서이다. 계속해서 나를 움직이는 내 삶의 의미를 담고 있다.

〈유재천의 인생 사명서〉

나는 항상 감사하는 마음으로 살아가겠다.

매일 아침 일어나자마자 감사한 마음으로 미소 짓게 해주소서.

작은 일에도 최선을 다하고 감사하며 미소 지으며 살아갈 것이다.

항상 넘치는 열정으로 내 삶의 순간순간을 느끼며 살아갈 것이다.

긍정의 힘을 믿고 낙천적으로 소중한 사람들과 더불어 웃고 살며, 행복한 삶을 이어나갈 것이다.

가정에서, 나는 가족 모두가 행복하고 화목한 가정임을 느낄 수 있도록 도와주며 웃을 수 있도록 노력하겠다.

직장에서, 나는 늘 배우고 성장하려는 마음으로 겸손한 자세와 성실함을 유지할 것이다.

호기심을 갖고 문제에 도전하여 해결해 나갈 것이며, 목표를 실행하기 위해 최선을 다할 것이다.

서로가 다르다는 것으로 이해하고 다른 사람의 마음을 얻으려 노력하며 변화를 주도해 나갈 것이다.

세상에서, 나는 세상의 원리와 이치를 하나하나 깨우쳐 나아가며 행복을 느낄 것이고, 세상의 신비함을 느끼며 세상과 이야기하고 소통하며 살아가겠다.

유재천

성공학의 대부인 스티븐 코비의 책『성공하는 사람들의 7가지 습관』에서도 자기사명서의 중요성을 강조한다. 스티븐 코비는 자기사명서는 자신의 인생철학 내지 신조를 작성하는 것이라고 설명한다. 자기사명 선언은 우리가 어떤 사람이 되기를 원하는가(성품), 무엇을 하기를 원하는가(공헌 및 업적)를 기술하고, 자신의 존재와 행동이 바탕으로 두고 있는 가치와 원칙에 초점을 맞추는 것이라고 한다. 아울러 각자의 독특성도 반영되어야 한다고 그는 말한다. 책에서 스티븐 코비의 친구인 롤페 커Rolfe Kerr의 사명서를 소개하는데, 매우 인상 깊기 때문에 주목할 만하다. 여기에서 인용해본다.

우선 가정에서 성공하라.

신의 도움을 갈구하라.

정직함을 결코 타협의 대상으로 삼지 마라.

인간관계를 맺고 있는 사람들을 늘 기억하라.

판단을 내리기 전에 우선 양측의 말을 다 들어라.

다른 사람의 충고를 귀담아 들어라.

그 자리에 없는 사람을 옹호하라.

성실하되 판단력을 가져라.

능숙하게 할 수 있는 무언가를 일 년에 하나 정도 계발하라.

내일의 계획을 오늘 짜라.

기다리는 동안 시간을 낭비하지 말고 무엇인가를 하라.

적극적인 태도를 가져라.

유머 감각을 잃지 마라.

몸소 정돈된 생활을 하고 정연하게 일하라.

실수를 두려워하지 마라. 그 대신 그러한 실수들에 대한 창의적, 건설적 그리고 개선적인 대책의 부재를 두려워하라.

부하들이 성공할 수 있도록 이끌어 주라.

두 번 듣고 한 번 말하라.

현재 하고 있는 일에 최선을 다하라. 다음 일이나 승진에 대해서 미리부터 걱정하지 마라.

스티븐 코비는 자기사명 선언을 '개인헌법'이라고 표현한다. 왜냐하면 미국 헌법처럼 근본은 바뀌지 않기 때문이라고 한다. 실제로 미국 헌법은 근 200년 동안 스물여섯 번의 수정밖에 없었고, 그중 열 번의 수정은 원래의 권리장전에 들어있는 내용이었다고 한다. 올바른 원칙에 기초를 둔 자기사명 선언서는 헌법이 국가에 대해 갖는 기능과 같은 역할을 개인에 대해서 한다고 그는 강조한다. 이처럼 헌법과 같은 내가 만든 사명서는 나를 지켜준다. 혼란스러운 상황 속에서도 자신을 지킬 수 있도록 강력하게 지켜준다. 미루지 말고 시간을 내서 반드시 작성해보길 바란다.

의미공학 프레임에서 목표에 대한 동기부여 기능을 중점적으로 설명했다. 그리고 그 과정에서 의미가 하는 역할을 살펴보았는데, 이 부분에 대해 조금 더 알아보자. 우리가 많은 관심을 갖고 있는 '목표-행복-의미'에 관한 내용이다. 사람들은 보통 '목표를 달성할 때 행복하다.'고 말한다. 폴 새가드는 이 말이 사람들이 추구하는 것, 그들의 삶에 의미를 주는 것이 사실은 그들의 목표라는 의미를 함축한다고 말한다. 즉 행복은 목표를 달성하는 데 나오는 산물이라는 말이다. 나는 여기에 목표와 행복 그리고 의미와의 관계가 있다고 본다. 행복감은 다른 감정들과 마찬가지로 대개 일시적인 상태이지만, 목표와 거기에서 유래하는 의미는 오래 갈 수 있다는 철학자이자 심리학자 그리고 컴퓨터공학과 교수인 폴 새가드의 말에 나는 동의한다. 또한 그는 의미 있는 삶은 단지 목표 달성을 통해 행복을 얻는 삶이 아니라, 추구할 가치가 있는 목표들이 있는 삶이라고 말한다.

이러한 관점에서 목표는 '목적을 포함한 의미 있는 목표'이다. 이와 관련하여 주목할 만한 연구가 있다. 미래학자인 다니엘 핑크의 책『드라이브』에 소개된 로체스터대학교의 연구 사례다. 에드워드 디씨와 리처드 라이언 동료 교수 크리스토퍼 니멕은 로체스터대학교의 졸업예정자들의 표면집단을 지정해서 그들의 삶의 목표를 조사했다. 그리고 나중에 그들이 새내기 직업인이 된 후에 어떻게 지내는지 추적조사 했다. 학생들의 목표는 두 가지로 나눌 수 있었다고 한다. 부자가 되거나 명성을 얻는 등의 외부적 열망, 즉 '수익 목표'가 있고, 다른 한 가지는 다른 이들의 삶이 나아지도록 도와주고 배우며 성장하기를 바라는 내재적 열망, 즉 '목적 목표'이다. 학생들이 졸업 후 실제 세계를 1, 2년 정도 겪은 후 어떻게 지내는지 추적조사 했다. 매우 흥미로운 연구이다. 나는 이 연구 사례를 읽는 내내 호기심 가득한 마음으로 연구를 따라갔다. 연구결과는 어땠을까?

수익 목표를 품었던 사람들은 대학생일 때와 비슷한 수준의 만족도와 자존감, 긍정적인 영향을 드러냈다고 한다. 그들은 목표에 도달했지만 그 이상의 행복감을 느끼지 못했다는 말이다. 목표를 달성했는데도 불구하고 불안감과 우울감 등 부정적인 신호가 늘어나는 경우가 많았다고 한다.

반면 목적 목표를 마음에 품고 자신이 그 목표를 달성하는 중이라고 느끼는 사람들은 대학생일 때보다 만족도와 주관적인 행복도가 높고 불안감과 우울감이 줄어들었다고 한다. 개인적으로 '의미 있는 목적'을 가졌으며 자신이 그 목적에 도달하는 중이므로 그들은 행복했을 것이라는 다니엘 핑크의 생각에 나는 동의한다. 목적 목표는 단순한 목표가 아닌 '의미 있는, 추구할 가치가 있는 목표'이다.

다니엘 핑크는 그의 또 다른 저서 『새로운 미래가 온다』에서도 의미 있는 삶, 목적이 있는 삶의 중요성을 강조하고 있다. 그는 의미는 '우리를 살아 있게 하는 원동력'이라고 표현했다. 자신이 하는 일에 있어서는 일의 이유를 알지 못하면 그 일을 잘해내기 어렵고, 우리는 '의미'에 목말라하며 자신의 노력이 좀 더 큰 대의에 기여하는지 알고 싶어 한다고 한다. 이러한 의미를 제공할 수 있는 강력한 방법은 바로 '왜Why'에 대해 좀 더 많은 시간을 쏟는 것이라고 그는 조언한다. 우리는 지금부터 그 노력을 시작할 수 있다. 의미공학 프레임의 '이것이 의미 있는 이유'에 대해 5분만 시간을 쏟아보자.

지금까지 내가 소개하고 제안한 공학적 융합은 사실 대단히 복잡한 과정을 거쳐 탄생했다. 관심이 있는 공돌이 독자분께는 흥미로운 참고가 될 것으로 생각해서 소개해본다. 『Engineering Design』의 공동 저자인 폴 Pahl, G과 바이츠 Beitz가 책에서 소개한 디자인 과정을 거쳤다. 그 과정은 다음과 같은 매우 상세한 프로세스로 구성된다.

- 작업 -

1. 작업을 분명히 하고 정의하기
2. 기능과 그 구조를 결정하기
3. 해결원칙과 그 조합 탐색하기
4. 실현가능한 모듈로 나누기
5. 핵심 모듈의 설계를 개발하기
6. 전반적 설계 완성하기
7. 생산을 준비하고 동작 명령하기

- 추가적인 실현 -

그러나 나는 누구나 쉽게 나만의 의미를 설계할 수 있도록 구성했다. 그리고 나와 함께하는 여정으로 설명했다. 여기까지의 여정을 즐겁게 했다면 앞으로의 향후계획은 더 건설적이고 주도적이될 것이라고 나는 확신한다.

PART 4

향후 계획

내가 직접 설계하는 맞춤형 동기부여 도구

자기계발에서의 우선순위는 약점을 보완하는 것이 아닌 자신의 강점을 발견하고 발전시켜 스스로 성장하는 것이다. 실천의 문제, 즉 지속 가능한 동기부여의 문제를 의미공학이라는 '도구'로 해결해 보자. 내가 직접 설계하는 맞춤형 동기부여 도구이다. 나만의 의미를 발견하고 설계하여 내 안의 지속 가능한 원동력을 가동시켜보자. 지금까지 읽었던 자기계발 지식, 내가 나름대로 실천하고 있으나 지속되지 않는 것들을 적용시켜보자. 내가 직접 설계하기 때문에 어떤 형태로든 내가 원하는 대로 할 수 있다. 맞춤형 도구를 내가 직접 설계하는 것은 내 인생의 주인으로 사는 것이다. 주도적인 삶을 원하지만 자기계발은 싫증나는가? 자기계발 역시 나의 인생 안에 있는 나의 것이다. 이 역시 주도적으로 할 수 있어야 행복한 자기발전과 성장을 하는 것이다. 직접 나만의 맞춤형 동기부여 도구를 설계해 보자.

완벽하게 맞춰진 도구가 아니어도 괜찮다. 우선 내가 주도적으로 해보는 것이다. 이 과정에서 나의 강점을 새롭게 발견할 수도 있다. 그리고 계속 해나가면서 나만의 프로세스를 체계화시킬 수 있다. 왜냐하면 최적화시킬 수 있는 최고의 적임자가 그 일을 하고 있기 때문이다. 자신의 강점을 발견하고 강화하고 활용하는 유용한 도구가 될 것임을 확신한다.

다음은 내가 직접 설계한 의미공학 프레임이다. 지속 가능한 성장을 위해 나만의 의미를 직접 설계하고 내 삶에 적용했다. 이를 통해 나는 효율적이고 효과적으로 자기계발을 지속하고 있다. 그리고 자기발전과 성장을 하고 있다. 일부 독자는 이렇게 말하기도 할 것이다. "눈앞에 쌓인 일들이 산더미 같은데 언제 프레임을 만들고 채워 넣는단 말인가!" 나는 강연과 코칭에서 이렇게 말한다. "여러분 각자의 인생은 정말 소중합니다. 당신은 세상 누구보다 소중한 존재입니다. 지금 여러분 회사에서 혹은 사업에서 하고 있는 업무와 비교해 보세요. 매우 복잡하고 어려운 업무를 해내고 계시지요? 그에 비하면 소중한 여러분을 위해 직접 설계하는 심플한 프레임은 굉장히 쉽습니다. 소중한 당신을 위해, 소중한 당신의 인생을 위해 업무보다 더 소중한 변화를 지금 시작할 수 있습니다."

개인용 컴퓨터나 노트북에 있는 Excel 프로그램으로 프레임을 쉽게 만들고 설계할 수 있다. 중요한 것은 이 간단한 실행을 실제 해보는 것이고, 의미 있는 항목을 선정해서 잠시 멈추고 시간을 갖고 고민해보며 채워보는 노력이다.

나는 Excel 프로그램으로 만든 이 프레임을 매일 보지는 않는다. 일주일에 한 번 정도 보고 마치 악기를 조율하듯이 점검한다. 계획을 변경하고 싶으면 변경하고, 지켜지지 않는 항목이 있으면 빨간색 신호등으로 표시한다. 잘 지켜지는 항목은 파란색 신호등으로 표시하고 나를 칭찬한다. 소중한 내 인생을 위해 이 정도의

무엇	의미 있는 이유는 무엇인가?	성취하고자 하는 것은 무엇인가?	구분/ 필요한 것	지금 무엇을 하고있는가(단기)/자기계발서 skill 활용	목표기한	신호등	이 일에 대한 의미 있는 비전 만들기
전공 공부	하고 싶은 공부를 한다는 것은 참 행복한 일이다.	석사학위	조직과 환경	1. 강의노트 읽기, 생각해 보기	2015.12.31	●	내가 원하는 공부를 통해 내가 이루고 싶은 꿈을 이룰 것이다.
				2. 강의노트 스피치 & 녹음	2015.12.31	●	
			코칭 심리학	1. 실습과제	2015.12.31	●	
				2. 기말과제	2015.12.31	●	
				3. 강의노트 읽기, 생각해 보기	2015.12.31	●	
				4. 강의노트 스피치 & 녹음	2015.12.31	●	
			코칭핵심 역량	1. 강의노트 읽기, 생각해 보기	2015.12.31	●	
				2. 강의노트 스피치 & 녹음	2015.12.31	●	
			리더십의 이론과제	1. 강의노트 읽기, 생각해 보기	2015.12.31	●	
				2. 강의노트 스피치 & 녹음	2015.12.31	●	
			최신조직 심리학	중간고사 과제, 본문일기	2015.12.31	●	
			커리어 코칭	주제별 과제, 교재 읽기	2015.12.31	●	
			심화코칭	수업 참여에 용기내기, 독서, 생각, 정리, 사색	2015.12.31	●	
			경영학 세미나	수업, 매경, MBA정리	2015.12.31	●	
			졸업 시험		2015.12.31		
			졸업 요건		2015.12.31		

● 양호
● 보통
● 부족

건강, 가족

무엇	의미 있는 이유는 무엇인가?	성취하고자 하는 것은 무엇인가?	필요한 것	지금 무엇을 하고있는가 (단기)/자기계발서 skill 활용	목표 기한	신호등	이 일에 대한 의미 있는 비전 만들기
건강	건강 없이는 그 어떤 것도 의미가 없다.	식습관	채소 많이 먹기 육류 섭취 줄이기	• 아침에 토마토 주스 마시기 • 하루 야채 마시기 • 장볼 때 채소 구입하기	지속	●	자신있는 건강을 회복해서 하고 싶은 일을 더 많이 하자
		스트레스 해소	나만의 방법	샤워 후 캐논 변주곡 듣기	지속	●	
			자연에 가기	한달에 한번 자연에 가기: 마지막 주 목요일		●	
		목 디스크, 허리 디스크 완치	자세	1. 다리 꼬지 않기	지속	●	
				2. 1시간에 한 번씩 스트레칭		●	
			운동	1. 스쿼트 매일 50개		●	
				2. 자기 전에 허리 강화 운동		●	
		72kg 달성하기	음식섭취	1. 식사 거르지 않기	지속	●	
				2. 닭가슴살 파우더 섭취		●	
				3. 프로틴 파우더 섭취		●	
		두 번째 화보 찍기	웨이트 트레이닝	1. 휘트니스	2015년 7월	●	
				2. 자투리 시간에 맨손 운동		●	
		건강검진	건강검진 등록		2015년		
가족	가족의 응원과 사랑 없이는 모든 것은 껍데기 밖에 되지 않는다.	행복한 가정 만들기			평생		작은 일도 함께 기뻐할 수 있도록 노력해서 행복한 가정을 만들자
		함께 인생 즐기며 함께 늙어가기	따뜻한 말과 관심	1. 절대 화내지 않기 2. 전화 자주하기 3. 일상 이야기 하기		●	
			작은 선물들	꽃, 옷, 신발, 맛있는 음식		●	
			함께하기	차 마시기, 대화하기, 등산		●	
여행	빠르게 지나가는 시간, 인생을 즐기기 위해 아름다운 추억을 만들기 위해 여행가자	보라카이 가족여행	여행 시점 선정		2016년 1월	●	작은 일도 함께 기뻐할 수 있도록 노력해서 행복한 가정을 만들자
			정보 수집, 예약			●	
		여름 휴가 (개인여행)		두물머리	2015년 9월	●	

일은 꼭 필요하다. 그리고 어렵지 않다. 익숙해지면 내가 직접 지휘하는 오케스트라의 지휘자처럼 편안한 느낌이 들것이다.

한 걸음 더 나아가 실천력을 더 높이는 방법을 소개한다. 사실 의미 있는 비전을 통해 의미 있는 무엇을 실천하기 위해서는 나의 매일, 즉 일상과 연결되어야 한다. 프레임을 매일 보는 것도 피곤하고 복잡하다면 프레임의 핵심적인 부분을 일상의 세부적인 것들과 연결하는 것이다. 실천력을 최대로 끌어올릴 수 있는 이 방법은 바로 플래너와 연결하는 것이다.

많은 사람들이 다이어리 혹은 플래너를 통해 계획을 수립하고 실행한다. 장기계획, 단기계획, 오늘 할 일 목록을 적어가며 다이어리와 플래너를 채운다. 그런데 아쉬운 점이 플래너 안 목록은 언제나 업무목록들로만 가득 차 있다는 것이다. 나는 우리의 매일에 자신을 매일 격려해줄 수 있는 방법, 내 마음을 알아 줄 수 있는 방법의 자기계발도 포함되어야 한다고 생각한다. 업무로만 가득 찬 플래너를 보고 업무적인 성취감은 많이 들겠지만, 풍요로운 인생으로서의 충만함은 느끼기 어렵지 않은가. 나는 자기계발 연구와 함께 플래너 연구 역시 18년 동안 해왔다. 무료로 제공받은 플래너에서부터 값비싼 플래너까지 다양하게 사용해보고 연구했다. 지금은 내가 직접 설계한 다이어리를 사용하고 있다. 여기에는 시간관리, 계획관리, 실행관리 등의 노하우가 들어있다. 내가 직접 설계해서 나에게 잘 맞는다. 바둑판 노트를 분할해서 나에게 맞는 Section으로 구성했다. 따라서 내가 설계한 방법을 가이드 삼는다

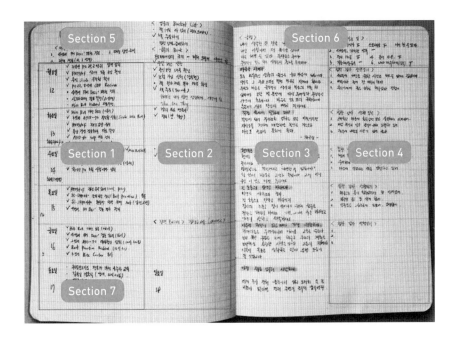

면 당신도 '나만의 플래너'를 설계할 수 있다. 다음 사진은 나의 플래너 사진이다.

각 Section별 기능을 소개한다.

[Section 1. 업무 영역] 작은 성공의 반복 그리고 지속
업무 계획을 기록해서 일정상의 누락을 방지하고 완료 Check를 통해 실행력을 높일 수 있다.

[Section 2. 나의 삶 영역] 나를 위한 노력에 칭찬
나를 위한 계획, 기록(하고 싶은 것, 만남 계획, 자기계발 항목 등)완

료 시 완료 Check

[Section 3. 마음 영역] 내 마음을 곧게 그리고 유연하게 하기
짧은 명언, 격언, 글귀 등을 옮겨 적으며 마음을 다듬고 하루의 가르
침으로 실천

[Section 4. 감사 영역] 이미 존재하는 행복 발견하기 그리고 느끼기
칭찬, 감사, 선행 일기를 간단하게 작성

[Section 5. Weekly 영역] 한 주 전체를 큰 그림으로 보기
해당 주의 중요한 업무, Bucket List, 읽을 책 등을 본인의 기호에 따
라 기록

[Section 6. 공통 영역] 매일 긍정의 지속적 실천
매일매일의 공통 긍정 메시지 적기, 매일 반복되는 즐기는 일 기록 및
관리

[Section 7. 주말 영역] 휴식 그 설렘을 위해
주말에 하고 싶은 일을 미리 계획해서 적는다.

내가 설계한 각 Section을 참고해서 당신만의 플래너를 설계해
보는 것을 추천한다. Section만 나누고 내가 하고 싶은 대로 설계
하면 된다. Section 중 반드시 포함되길 바라는 영역은 감사영역
이다. 감사의 효과는 여러 연구에서 밝혀졌고, 다양한 책에서 감사
일기를 강력하게 추천하고 있다. 그래서 나의 플래너 설계에도 반

영해서 간단하게 매일 감사 일기를 적고 있다. 감사라는 Thank의 어원은 Think라고 했다. 즉 깊게 생각하면 감사하지 않을 게 없다는 의미라고 한다. 인생이 힘드니까 감사하다는 말 한마디 하기도 쉽지 않다고 말하는 사람이 있다. 그러나 생각해보면 우리가 이미 갖고 있는 것, 주위를 보면 감사할 것들이 정말 많다.

이렇게 내가 직접 설계한 플래너와 마찬가지로 직접 설계한 의미공학 프레임을 연결하면 실천력을 높이는 동시에 풍요로운 인생을 느낄 수 있다. 일주일에 한 번씩 프레임을 볼 때, 플래너와 연결시키면 된다. 지속 가능한 동기부여와 성장을 위한 또 하나의 도구를 스스로 만드는 것이다. 정말 소중한 하루의 시간이 있다. 그 시간을 계획하고 의미 있게 채워나가는 시간은 매우 소중하다. 하루를 채우고 일주일을 이렇게 채운 후 일주일을 돌아보면 풍요로움이 느껴진다. 내가 직접 채운 나의 인생이고, 값진 시간이다.

나만의 의미로 지속 가능한 성장을 실현하라

나만의 의미로 진짜 나의 꿈을 찾다

살다가 힘이 들 때에도 내 마음이 내는 소리를 잘 알아야 하지만, 미리 보살펴 주는 것도 필요하다. 나의 역할을 해내고 있는 수많은 사람들이 이미 알고 있는 소리를 하고 있다고 한다. 그렇다. 알면서도 제대로 못하고 있어 서로 서운하다. 내 마음이 내는 소리 중에 내가 진짜 하고 싶은 일을 하고 있는지 물어야 한다.

나는 대학 졸업 후 운 좋게 전공에 맞는 대기업에 취업했다. 엔지니어로 직장생활을 시작했다. 뒤처지지 않으려는 불안감으로 입사 후에도 치열하게 일했다. 많은 회사원들이 느끼는 공허함이 오기 시작했고 나는 나에게 물었다. "내가 원하는 삶은 무엇인가?", "진짜 나의 꿈은 뭐지?" 입사 5년 후 처음으로 제대로 물었다. 그리고 '일시정지'가 필요하다고 생각했다. 나는 5년간의 직장생활을 돌아봤다. 과연 5년간 내가 무엇을 얻었는지부터 살펴봤다. 그 안에는 굉장한 보물이 있었는데 나는 보지 못했었다. 그 보물은 바로 나 자신이었다. 내가 무엇을 좋아하는지, 나는 어떤 강점을 갖고 있는지가 그 안에 있었다.

나는 누군가의 성장을 돕고, 함께 발전하는 데 굉장한 성취감을 느낀다는 점을 알게 되었다. 내가 좋아하는 일이다. 회사에서 인턴사원, 후배사원이 들어오면 나는 남다른 세심함과 진심으로 상대의 성장을 도왔다. 상투적인 말로 교육하고 전달하는 것이라 아니었다. 그 사람이 제대로 성장하길 진심으로 바라는 마음이었다. 그래서 세세한 부분까지 구체적이고 분명하게 알려주었다. 물론 상대가 주도적으로 할 수 있는 길은 열어두었다. 그래서 상대의 성장과 발전이 보이고, 상대 역시 만족할 때 나도 기뻤다. 돌이켜보면 나는 이러한 나의 모습을 이미 갖고 있었다. 학창시절에도 주위 친구들과 함께 성장하길 원했고, 도움을 주기 위해 노력했다.

좋아하기만 한다고 잘하는 것은 아니다. 나의 강점은 무엇일까? 나의 강점은 개인의 뚜렷한 특성을 예리하게 관찰하고 더 월등한 능력으로 발전시켜주는 능력이다. 나는 그 사람만의 강점을 잘 본다. 한편으로 그 사람의 강점을 어느 정도 수준까지는 나의 강점으로 만들 수 있는 능력도 있다. 직장생활 경험을 통해 알게 되었다. 이것이 나만의 의미였다. 내가 추구하고자 했던 의미였다. 이러한 강점은 내가 좋아하는 일과 잘 맞는다. 상대의 성장을 돕는 일을 좋아하고, 이를 위해 상대의 강점 발견과 발전을 가능하게 하는 능력이 있다. 물론 나 역시 이러한 나의 역량을 더 발전시키기 위해 계속 노력해야 한다. 어쨌든 나는 내가 원하는 삶을 위한 첫 힌트를 얻은 느낌이 들었다.

다시 나에게 물었다. "진짜 나의 꿈은 뭐지?" 처음으로 대답했다. 내가 좋아하고 나의 강점을 발휘하는 나의 꿈을 찾겠다고 말이다.

비전, 그 의미를 발견하다

나는 본격적으로 나의 꿈을 이루기 위해 준비했다. 꿈을 이루기 위해서는 무엇이 필요할까? 비전이 필요하다고 많이 들었다. 비전이란 무엇일까? 사전적으로는 '미래에 대한 구상, 미래상, 미래를 보는 능력' 등을 말한다. 우리말로는 꿈, 사명, 삶의 목적, 인생의 목표 등에 가깝다. 비전은 목표, 목적, 소명, 소망, 소원, 목표설정 등의 용어와도 근접하다. 동양적으로는 삶의 철학이나 사상으로 해석할 수도 있다. 비전에 대한 정의 중 가장 마음에 드는 표현이 있어 소개한다. 켄 블랜챠드는 그의 책 『비전으로 가슴 뛰게 하라』에서 비전 다음과 같이 정의했다.

"비전이란 자신이 누구이고, 어디로 가고 있으며, 무엇이 그 여정을 인도할지 아는 것이다."

이 말은 나의 정체성, 방향성, 동기부여를 모두 포함하고 있다. 그는 비전의 의미를 이 세 가지로 함축해서 말하고 있다. 비전은 우리는 내가 누구인지, 가려는 길이 어디인지 알려준다. 삶의 방향을 설정하고 그에 따라 실행하도록 한다. 또한 우리가 원하는 것을 성취하도록 동기를 부여해준다. 현재와 더불어 미래를 바라보는 혜안과 힘을 주며 지속 가능한 힘을 불어넣어 준다. 이처럼 비전의 의미는 지속 가능한 자기계발과 성장을 위한 요소를 포함하고 있다. 그래서 의미공학 프레임에 마지막은 '의미 있는 나만의 비전'을 표현하도록 설계했다.

비전의 의미처럼 비전의 힘은 강력하다. 흑인해방운동가 마틴 루터 킹의 비전은 무엇이었을까? 그는 유명한 그의 연설에서 다음과 같이 말했다.

나에게는 꿈이 있습니다.
언젠가는 조지아의 붉은 언덕에서
옛 노예들의 자손과 옛 노예주들의 자손이
함께 형제처럼 살게 되리라는 꿈입니다.

나에게는 꿈이 있습니다.

언젠가 내 아이가 피부 색깔이 아니라,

그 속에 든 인격을 기준으로 평가를 받는

나라에서 살게 되리라는 꿈입니다.

가슴을 뛰게 하는 강력한 이 비전을 통해 마틴 루터 킹은 어떠한 역경 속에서도 자신만의 의미를 실현했다. 그가 대단한 것은 자신만의 의미가 모두에게 의미 있었다는 점이다. 그 의미는 흑인해방을 위한 모두의 의미였다. 그는 비폭력주의에 입각하여 흑인이 백인과 동등한 시민권을 얻어내기 위한 공민권 운동의 지도자로 활약한 공로를 인정받아 1964년에 노벨평화상을 받았다.

세계 최고의 부자로 알려진 빌 게이츠의 비전은 무엇이었을까? 바로 '모든 집 책상 위에 개인용 컴퓨터를 올려놓겠다.'였다. 그 시절 이 비전을 본 사람들은 '과연'이라는 의심을 품었지만 그는 이 비전을 실현시켰다. 그의 비전은 돈을 버는 것이 아니었다. 그보다 더 자신에게 의미 있는 비전을 찾는 것이었다. 그 의미가 그의 행동을 지속 가능하게 만들었고 돈을 뛰어넘어 세상을 위한 활동까지 펼치고 있는 것이다.

이처럼 비전의 의미는 강력하다. 나만의 의미가 포함된 비전을 통해서 나만의 의미를 어떻게 실현할 것인지 분명하게 표현할 수 있다. 명확하게 표현해야 한다. 내 인생이고 내가 나아가야 할 방향이다. 내가 향하는 곳을 분명하게 하지 않는다면 결국 목표지점과 다른 곳에 도착하게 될 것이다.

나는 5년간 한 부서에서 일한 후 나에 대해 좀 더 알게 되었다. 나의 강점을 알고 다시 나의 의미 있는 비전을 설계했다. 회사 내에서 나의 강점을 활용할 수 있는 일을 할 수 있는 부서로 이동을 요청했지만, 회사 입장에서는 무리한 요구였을 것이다. 내 마음대로 되지 않았다. 그리고 내가 원하는 분야의 회사로 입사지원을 했지만 그동안 내가 걸어온 길이 달라서인지 모두 탈락했다. 지금 드는 생각이지만, 당연한 결과였다. 관련 직무나 커리어도 아니고 내가 갖고 있는 잠재력을 설명하기에는 내가 부족했다. 나는 내가 원하는 성장을 하기 위해 퇴사를 결심했다.

회사를 그만 둔 뒤에는 무엇을 했을까. 나는 나의 강점을 더 개발할 수 있는 전공으로 대학원 진학을 하고 누군가의 성장을 돕기 위한 노력을 시작했다. 나는 직접 강연할 수 있는 장소를 마련해서 계속 나에게 도전장을 내밀었다. 무료 강연과 코칭을 하는 Cafe를 오픈해서 하고 싶었던 강연을 매주 했다. 값진 결과는 이런 노력의 결과물이다. 물론 그 과정에서 치열하게 고민한 나의 콘텐츠와 브랜드 역시 굉장히 중요하다.

그리고 도전한 서울산업진흥원 주관 대국민강연오디션 '강연대첩'에서 1위로 입상했다. 사실 결과를 자랑하려는 것이 아니다. 그리고 조그만 입상을 했다고 해서 달라지는 것도 없다. 아직 갈 길이 멀다. 초보 강사가 시작한 하나의 도전이었다. 하지만 분명한 것은 내가 강조한 비전의 의미와 같이 내가 가고 싶은 방향을 제대로 설정하면 지금 나 자신에게는 지속 가능한 힘이 솟고 자신감이 생긴다는 점이다. 이번에 또다시 확인했다. 그리고 그 과정이 정말 즐겁다는 사실 역시 더 기쁘게 느꼈다. 내가 원하는 삶이기 때문에 훨씬 더 기뻤다. 이렇게 내 노력을 나열하고 나니 뭔가 대단한 사람이 된 것처럼 보인다. 하지만 변한 것은 없다. 나는 앞으로도 계속해서 노력하고 도전할 것이다. 그리고 무엇보다 중요한 것은 과정을 즐길 것이다.

많은 사람들이 지금 하고 있는 일을 통해 목적 향해 꿈을 향해서 달려간다. 사실은 그 목적을 달성한 후에 즐기는 시간보다도 그것을 달성하는 과정이 훨씬 길다. 또한 목적을 달성했다 싶은 때는 다른 목적이 생긴다. 꿈을 이루는 과정을 즐기는 의미는 바로 이것이다.

+ 꿈을 향한 질문에 답하기

비전에 대해서 말했고 꿈을 이루는 과정을 말하고 있다. 그리고 나는 직접 적어보는 것의 힘에 대해 강조했다. 나의 꿈에 대해서 비전의 의미를 담아 직접 적어 봐야 한다. 그래야 내가 가고자 하는 방향을 제대로 바라보고 제대로 갈 수 있다. 내가 직접 작성한 나의 꿈에 대해서 소개해본다.

1. 무엇을 할 것인가?

〈유재천 코치의 꿈〉

나에게는 꿈이 있다. 따뜻한 코치이자 의미공학이라는 학문의 창시자가 되어 동기부여 방법론을 연구하고, 사람들에게 의미 있는 삶의 열정과 에너지를 공급하며, 함께 성장하는 것이다.

2. 왜 할 것인가?

나의 강점과 재능은 사람의 특성을 파악하고 그 특성에 맞게 체계적으로 최상화 시킬 수 있다는 점이다. 더불어 의미 있는 집중을 하고 상대의 마음을 얻어 화합을 이루어내는 재능은 사람들에게 삶의 열정과 에너지를 공급하는 데 적합하다. 그리고 잘 할 수 있다. 자신 있게 잘할 수 있고 사람들에게 나의 재능을 베푸는 것 역시 기쁘다. 나의 특성 또한 잘 파악하고 체계적으로 극대화시켜 조화롭게 전달한다면 더없이 값질 것이다. 나의 강점과 재능을 발전시켜서 나는 스스로 나의 삶을 이끌고 나의 능력을 활용하고 발전시키며 살고 싶다.

3. 어떻게 할 것인가?

나의 의미 있는 경험을 바탕으로 나만의 콘텐츠와 브랜드를 구축할 것이다. 우선 다양한 경험과 배움을 통해 역량을 키워나가고, 필요한 공부를 통해 이를 체계화시킬 것이다. 그리고 책을 출간할 것이다. 기회가 된다면 방송 출연도 하겠다. 치열한 고민과 노력을 통해 과정을 설계하고 실행하며 그리고 즐기며 할 것이다. 그리고 내가 좋아하는 이 일을 계속해서 해나갈 것이다.

제2의 인생: 내가 원하는 삶

나는 지금 제2의 인생을 살고 있다. 내가 말하는 제2의 인생은 내가 원하는 삶이다. 내가 살고 싶은 인생이다. 앞이 안 보이는 일시적인 삶이 아닌 내가 직접 지휘하는 오케스트라와 같은 삶이다. 내가 원하는 삶을 위해서는 무엇이 필요할까?

첫째, 자신을 있는 그대로 사랑해야 한다. 자기애는 내가 이 책에서 0순위로 표현한 것과 같이 매우 중요하다. 그 어떤 것보다 중요하다고 강조하고 싶다. 건강한 자기애가 필요하다. 진정한 자아존중감이어야 한다. 남들에게 자신이 어떻게 보일지에만 관심을 두고 끝없이 남들과 비교하며 자신의 가치를 평가해선 안 된다. 남들과 비교할 것이 아니라 자신에게 집중해야 한다. 내가 무너지고 바닥으로 주저앉을 때 누군가만을 바라보며 '누가 나를 진심으로 위로해 줄까?'라는 생각에 너무 의지해선 안 된다. 결국 스스로 일어서야 한다. 바닥에 있을 때도 이렇게 중요한 만큼 평소에도 매우 소중하다. 자신을 있는 그대로 사랑하고 항상 나만의 방법으로 위로하고 격려해야 한다. 매일 자신과 대화하고 마주하며 응원해야 한다. 삶이 힘들수록 자신과 마주하는 것이 불편해진다. 그냥 지나치고 싶다. 부정적인 생각이 계속 이어지기 때문이다. 다시 말해 자신을 있는 그대로 보기도 힘들 정도라는 말이다. 그만큼 힘든 것이다. 누구나 이런 시기를 겪는다. 다시 반복하지만 결국 다시 일어서는 것은 본인의 몫이다. 그렇기 때문에 자신과 마주할 '용기'를 내야 하고 응원하고 격려하고 사랑해야 한다.

둘째, 자신을 제대로 알아야 한다. 첫 번째 필요한 것이 건강한 자기애라고 했다. 이것을 진정한 자존감이 뒷받침된 자기 이해라고 하자. 두 번째 필요한 것은 자기 분석이다. 내가 어떤 사람인지 알아야 한다. 내가 가진 강점을 알아야 한다. 내가 무엇을 좋아하는지 알아야 한다. 그래야 내가 무엇을 하고 싶고 어디로 갈지 정할 수 있다. 이것이 비전이다. 켄 블랜챠드가 말했다. '비전은 자신이 누구인지 아는 정체성, 어디로 가고 있는지 아는 방향성, 무엇이 그 여정을 인도하는지 즉 동기부여 하는지 아는 것이다.' 이렇듯 가장 우선되어야 하는 점이 자신을 제대로 '아는 것'이다.

내가 원하는 삶을 살기 위해 필요한 세 번째는 도전하고 실행하는 것이다. 가장 어려운 부분 중에 하나이다. 도전은 두렵고 실행하는 것은 귀찮으면서 두렵다. 근본적으로 동기부여와 자기계발과 연결시킬 수 있다.

나는 직장생활 5년을 하고 나서야 자신에 대해 조금 더 제대로 알게 되었다. 사실 5년, 그 시점까지도 그냥 이끌려 왔던 것 같다. 정리되지 않은 채. 잠시 멈춰서 5년을 돌아보는 정리를 하고서야 알았다. 5년간의 값진 경험을 통해 얻는 나 자신을 알았다. 지금 내가 원하는 삶을 살 수 있는 이유는 이렇게 건강한 자기애를 바탕으로 나 자신에 대한 이해, 분석을 통해 나를 안 것이다. 그래서 내가 설정한 방향을 향해 내가 스스로 선택해서 나아갈 수 있었다.

고등학교 시절에는 취업이 잘 된다고 해서 이과를 선택했다. 같은 이유로 대학교 역시 공대에 진학했다. 그리고 열심히 준비해서 대기업에 취직했다. 하지만 여전히 나 자신을 몰랐고 내가 선택한 삶이 아니었다. 환경에 의해 선택해야만 했던 불안한 성실의 결과였다. 물론 그 과정과 경험을 통해 지금 이 자리에 있을 수 있었다. 그 과정이 없었다면 이렇게 말하지도 못할 것이다. 정말 값진 시간과 경험이었다. 지금 이 자리는 내가 꿈을 이루었다는 의미도 아니다. 대신 꿈을 이루는 과정이다. 중요한 것은 나에 대해 제대로 알 수 있었던 불안한 성실의 과정이 그래도 의미 있었던 것처럼 지금의 과정 역시 의미 있다는 점이다.

나의 제2의 인생의 꿈은 사람의 성장을 돕는 강사이자 코치가 되는 것이다. 최근 몇 년간 강연문화가 활성화되고 매스컴에서도 강연 프로가 생겨나면서 강사가 보기 좋아서 하려는 것이냐고 생각하는 사람도 있다. 세상의 변화는 사실이다. 제대로 알게 된 나 자신을 통해 내가 더 잘 할 수 있는 일, 내가 더 좋아하는 일, 나의 역량을 더 크게 펼칠 수 있는 일을 하고 싶다. 나만의 브랜드로 그 일을 하고 싶었다. 그래서 내가 가장 잘할 수 있는 두 가지, 의미와 공학을 융합해서 의미공학연구소를 설립했다. 그리고 나는 스스로 국내1호 의미공학자가 되었다. 직업을 창조하고 내 직업에 의미를 부여했다. 나는 칙센트미하이의 과업목표와 같이 인간의 동기부여를 최대한 발휘하게 하는 것이 무엇인지 의미를 통해 연구하고 이를 효율적으로 가능하게 하는 도구를 만들고 보완할 것이다.

나는 천부적으로 강사와 코치의 자질을 타고났을까. 그렇지 않다고 생각한다. 강사 그리고 코치가 되어야겠다고 나의 꿈 노트에 적었다. 무엇을 할 것인가, 왜 할 것인가, 어떻게 할 것인가에 대해 적었다. 꿈을 적고 주말마다 강연장에 쫓아다니고 사람을 만났다. 내 꿈이면 내가 직접 보고 느끼고 만져봐야 했다. 그리고 내가 읽었던 자기계발서 저자에게 이메일을 보내고 만났다. 처음에는 즐거웠지만 시간이 조금 지나자 두 가지 생각이 들었다. 하나는 저 일을 정말 하고 싶다는 것이었고, 다른 하나는 괴리감이었다. 내가 걸어온 길은 엔지니어라는 전혀 다른 길이었다. 다시 넘어졌다. 어떻게 할 것인가. 다시 스스로 일어서야 했다.

계속 강연장을 쫓아다녔고, 강사양성과정 교육을 찾아갔다. 매일 강의, 강연 동영상을 5개씩 보고 분석했다. 또한 나에게 일어나는 모든 사람과 기회를 나 그리고 나의 꿈으로 연결시켰다. 사내에서 인턴사원, 신입사원 교육이 있으면 자원했고, 강의 형태로 진행했다. 내가 변하면 기회는 나에게 오고 분명히 해낼 수 있다. 강의, 강연, 교수법에 대한 공부를 하며 시뮬레이션으로 적용했다. 노력을 많이 할수록 무대에 서고 싶었다. 배움의 순수한 기쁨 외에도 삶에 적용하고 싶은 욕구 때문이다. 내가 정한 작은 강의 형태의 발언이나 스피치도 나의 꿈 노트에 기록하고 다양한 방면으로 피드백 했다. 힘들었지만 직장생활보다 재밌었다. 내가 원하는 삶이 이런 것인가 하고 기분 좋은 일탈을 하고 있었다.

\+ 의미공학연구소 설립

나는 나의 꿈을 향한 질문에 대한 답으로 나만의 콘텐츠와 브랜드를 구축하겠다고 다짐했다. 그리고 나는 나의 다짐을 실행에 옮겼다. 의미와 공학을 융합해서 의미공학연구소를 설립하고, 국내 1호 의미공학자로 나를 브랜딩 했다. 그리고 작은 부분부터 하나씩 채워갔다. 다음은 연구소를 설립하며 내가 설정한 연구소의 가치들이다.

내가 의미공학연구소를 설립한 이유는 다른 사람에게도 도움을 주고 싶다고 느꼈기 때문이다. 부족한 자신을 발전시키기 위해 노력한 덕분에 나는 의미부여를 잘하고 자기계발도 즐겁게 하게 되었다. 잘하게 되었다는 표현의 기준은 물론 나의 기준이고 이것은 평가의 그것이 아니라 만족의 기준이다. 만족을 통해 자신감이 발현되고 이러한 누적 속에서 성과를 만들어 낸다고 나는 믿는다. 물론 아직도 많이 부족하고 배워야 할 것들이 많다. 나름대로 만족스러운 위치에 간 사람을 자세히 보면 자기만의 방법으로 대단히 많은 노력을 했음을 알 수 있다. 그러한 상대를 보고 판단이나 자기방어를 하면 자기발전이 어렵다. 사대를 보고 나를 돌아보는 것이 지혜로운 성장의 한 방법이다.

나는 부족한 면도 많지만 내가 갖고 있는 범위 내에서 함께 방법을 찾고 싶었다. 내가 느끼고 체험한 자기계발 요소와 방법, 그리고 나름의 이론을 체계화시키면서 누구나 쉽게 활용할 수 있도록 하는 것이 목표이다. 이것으로 구조화하고 체계화하기 위해 그래도 내가 해왔던 공학 그리고 엔지니어링을 융합해서 '도구'로 만들

의미공학연구소 소개

명칭 및 심볼

의미공학연구소의 상징인 의미의 초성을 변환한 디자인입니다. 연구소의 상징성을 표현하고 심볼의 절개된 부분은 지식의 연계와 소통, 커뮤니케이션을 상징합니다. 또한 빨간색은 자기발전의 열정을, 회색은 지식의 연구를 의미합니다.

설립 목적

1. 삶의 강력한 원동력인 의미에 대한 공학적 접근을 통해 행복한 자기발전에 기여
2. 동기부여, 강점, 잠재력을 최대한 발휘하게 하는 본질적인 요소의 학문적 발견

의미공학이란? 동기부여의 강력한 원동력인 의미 발견과 의미 적용방법의 공학적 연구 학문

행복한 자기발전 도구의 No.1 Provider 의미공학연구소

비전   "행복한 자기발전 도구의 No.1 Provider "

슬로건   "삶의 강력한 원동력, 의미를 설계하라! "

연구 및 활동 분야

· 삶의 강력한 원동력, 의미 본연에 대한 연구
· 의미를 활용한 동기부여, 자기발전 도구(Tool) 및 방법론 연구
· 의미공학 적용 사례 연구 및 연결
· 출강 및 코칭 - 동기부여, 자기계발, 터닝포인트, 진로 및 취업, 스피치, 리더십
  - 대상 : 학교, 대학, 기업 강의
  * 동기부여, 자기계발, 터닝포인트, 진로 및 취업, 스피치, 리더십 코칭을 필요로 하는 고객/기관
  - 상세 강의 분야 : 첨부 참조

연구소 위치

· Off-Line : 서울시 중랑구 면목로56길 7, 1층 / On-Line : www.meaningeng.com

행복한 자기발전 도구의 No.1 Provider 의미공학연구소

어 내는 것이 그 중에 하나이다.

우리는 왜 자기계발을 하고 성장을 원할까? 더 나은 사람이 되고 더 나은 삶을 살고 싶은 욕구일까. 삶에서 고수가 되면 좋은 점

이 여유를 갖고 여유를 만들 수도 있다는 것이다. 그래서 고수는 상대를 바라보고 존중하면서도 나의 상태도 볼 줄 알며, 유연하게 수용하기도 한다. 즉 상대와 나 그리고 지금-여기를 제대로 알아채는 능력이 있는 것 같다. 그런데 고수는 자신의 능력의 80퍼센트 혹은 절반만 보여주는 여유도 갖는다. 결국 고수는 스스로 자신을 아주 쉽게 조절할 수 있는 사람 같다. 고수의 실력은 사실인데 그 사실을 나열해도 그 주기가 잦으면 대부분의 사람들이 좋아하지 않고, 모든 사람들이 자신을 좋아하지 않을 수도 있다는 것도 고수는 안다. 그래서 고수는 진정성과 겸손으로 많은 부분을 함께 바라보며 조절할 수 있는 능력을 갖고 있다. 물론 고수가 되는 것이 중요한 것이 아니라 더 나은 사람이 되는 것이 더 중요하다고 나는 믿는다. 그리고 이것은 자신 안에 있는 좋은 것을 발견하고 그 좋은 것이 밖으로 나오게 함으로써 가능하다. 이 과정에서 우리는 우리의 목적지이자 늘 여정으로 함께하는 마음의 안정을 즐길 수 있다.

나는 의미공학연구소의 대표이자 소장 그리고 연구원이자 코치이다. 그렇다. 의미공학연구소에는 나 혼자뿐이다. 그러나 여기에는 연구소와 공생하는 생존형 수익모델인 카페에서 일하는 직원들이 있다. 그 친구들은 단기 경험을 하고 가지만 자신의 삶, 진로, 직업의 의미를 찾아갈 수 있도록 내가 돕고 있다. 또한 여기에는 내가 말하는 '나만의 의미'를 찾거나 빅터 프랭클 박사가 말한 '의미를 향한 의지'를 찾아서 새롭게 출발하는 나의 코칭 고객들이 있다. 나는 모두의 행복한 자기발전과 성장을 응원한다.

또 한 가지 나누고 싶은 이야기는 직장생활에 대한 것이다. 내가 퇴사 후 사업을 하고 개인연구소를 설립하고 강사 그리고 코치로 활동하는 모습을 보는 회사원 독자는 이런 생각을 할지도 모른다. "나도 당신처럼 회사를 그만두고 하고 싶은 일을 하고 싶지만 현실이 그렇지 않네요." 나는 그 마음을 깊이 공감한다. 현실은 현실이다. 그리고 나는 지금 회사원으로서 자신의 일에서 자신의 강점과 역량을 발휘하며 성장을 이어가고 있는 당신을 응원한다. 혹은 힘겹게 회사생활을 이어가는 당신도 응원한다. 어느 자리에 있느냐가 중요한 것이 아니다. 어떤 생각과 의식 그리고 자세로 바라보고 선택하는지가 중요하다.

나는 대학원에서 공부를 마치는 대로 조직으로 돌아갈 계획을 세웠다. 다시 직장생활을 할 것이다. 이 다짐은 첫 회사를 퇴사한 시점이나 2년이 지난 지금이나 변함없었다. 그 사이 내가 도전해서 성취한 강사와 코치로서의 역할을 앞으로 계속 해나가며 조직생활을 할 것을 다짐했었다. 그래야 내가 원하는 누군가의 성장을 돕는 일을 더 진정성 있게 할 수 있다. 나는 그렇게 믿는다.

나의 계획을 실천해서 나는 대학원 전공과 관련된 코칭 펌Firm에서 다시 직장생활을 시작했다. 나 자신과의 약속대로 다시 조직으로 돌아간 것이다. 사실 나는 다시 조직으로 돌아가겠다는 말을 주변 사람들에게 자주 했다. 이에 대한 여러 가지 반응들 중에서 기억에 남는 게 있다.

"너 이렇게 자유를 맛보고도 다시 조직으로 돌아갈 수 있을까?"

사실 그렇다. 실제로 자유를 맛보고 있었기 때문에 내가 계속해서 그 말을 내뱉기도 했을 것이다. 나의 의지를 다시 다짐하기 위해서 말이다. 내가 다시 조직으로 돌아가는 이유는 네 가지이다.

첫째, 나는 조직에서 성장하고 싶다. 내가 아는 나는 조직생활을 통해 성장하길 원하고 그게 나에게 필요하다. 서로 다른 조직 구성원들과, 리더와 함께 여러 상황에서 배울 수 있는 일들이 굉장히 많다. 예를 들어, 나의 업무에 대한 전문성, 함께 성과를 창출하는 능력, 갈등 해결을 포함한 커뮤니케이션 능력, 리더십 등 매우 다양하다. 물론 이러한 일들을 혼자 활동하며 해낼 수도 있다. 그러나 조직에서 배우는 그것들과는 다른 특성과 만족도를 가질 것이다. 실제로 나는 지난 2년간 1인 기업가로 활동하며 이를 비교했었다. 외부활동을 통해 파트너로서 프로젝트를 진행하며 각 영역의 일들을 조직 내에서의 특성, 만족도를 평가했다. 물론 나의 기준에서이다. 만약 내가 조직생활을 더 오랫동안 깊게 경험했다면 다른 생각을 했을 것이다. 하지만 나는 아직 경험이 부족하고 아직 젊다. 이것이 바로 두 번째 이유로 이어진다.

즉 두 번째 이유는 나는 아직 젊다는 것이다. 달리 말하면 더 늦기 전에 직장생활을 더 해보겠다는 말이기도 하다. 나이를 더 먹으면 다시 직장생활을 하기 어려워질 수도 있다. 이것은 현실이다. 혼자 하고 싶은 일을 하겠다며 시간을 더 지체하며 삼십 대 후반으로, 사십 대에 가까이 가며 개인 활동을 이어간다고 해보자. 그리고 다시 조직으로 돌아간다고 하면 조직이 나를 받아주지 않을 것이다. 회사 입장에서도 부담스럽기 때문이다. 더 늦기 전에 다시 조직으로 돌아가고 싶었다.

세 번째 이유는 조직에서 리더를 해보고 싶기 때문이다. 사회초년생부터 시작한 6년간의 직장생활에서 나는 실질적인 리더가 되어보지 못했다. 일에 대한 리더, 즉 프로젝트 리더는 여러 번 해봤다. 하지만 조직의 리더는 해보지 못했다. 조직에서 성장해야 리더십 훈련을 지속할 수 있고 리더가 되어 볼 수도 있다. 많은 리더를 간접 경험하며 리더십에 대해 연구하고, 다양한 상황에서 내가 리더라면 어떤 의사결정을 할지 훈련하고 싶다. 그리고 나중에는 리더가 돼서 실제를 경험해보고 싶다. 이는 조직에서만 가능한 일이다. 이렇게 성장해서 코치로서도 많은 직장인과 리더 고객에게 진정성 있는 코칭을 하고 싶다.

마지막으로 이 모든 것을 바탕으로 진로를 고민하는 학생, 취업을 준비하는 학생, 성장을 원하는 직장인들을 돕고 싶다. 개인의 성장과 함께 조직의 성장을 도와 기업들이 잘 되길 바란다. 그래야 우리나라가 더 발전할 수 있다. 또한 그 과정이 일방적인 것이 아닌 쌍방향이길 원한다. 나라가 더 나아지는 방향은 여러 가지가 있겠지만 내가 일하는 분야에서라도 조금이나마 도움이 되면 좋겠다. 그렇다면 나 역시 더 기쁘고 행복한 그리고 의미 있는 인생을 사는 것이다.

다시 조직으로 돌아가는 시점에 나의 다짐을 정리하며 이렇게 출사표를 던졌다. 분명히 어려운 상황이 펼쳐지기도 하고 힘든 일을 마주하기도 할 것이다. 하지만 나는 다시 조직생활과 직장인을 선택했다. 공선표 박사의 책 『강한 자여, 그대는 직장인』에 나온 '성공직장인'의 의미를 다시 되새겨 본다.

> "성공직장인이란 조직에서의 최종 승자만을 지칭하는 용어가 아니다. 최종 승자가 아니어도, 자기 인생을 알차고 보람있게 이끌어나가는 많은 평범한 직장인들 또한 다 '성공직장인'이다."
>
> ―『강한 자여, 그대는 직장인』 공선표 박사 ―

+ 나의 강점을 발견하는 방법

나를 아는 것이 중요하다. 서양철학의 아버지 소크라테스는 '너 자신을 알라.'고 말했다. 이 말은 곧 '네가 무지하다는 것을 깨달으라.'는 의미이다. 내가 알고 있다고 믿으면 내가 알고 있는 그 틀로만 상대나 사물을 바라본다. 소크라테스 본인은 자신에 대해 잔소리꾼Gadfly라고 했다. 그는 자신을 잘 알았다. 나를 잘 알아야 잘 살 수 있다. 그래야 무엇을 배워야 할지 알고, 무엇을 직업으로 삼아야 할지 알 수 있다. 또한 내가 성장하기 위해 무엇을 해야 하는지 알 수 있다. 사실 매일 이어지는 야근으로 퇴근하면 아무것도 하기 싫은 것이 직장인의 마음일 것이다. 나 역시 매일 그렇게 느꼈다. 수많은 업무와 갈등의 고리들을 풀어내고 집에 돌아오면 정말이지 아무것도 하기 싫었다. 이런 상황에서 자신을 제대로 들여다보는 여유를 갖기가 쉽지 않다. 자신의 역량을 정확하게 평가할 시간을 내는 것이 어렵다. 그러나 장기적으로 봤을 때 언젠가는 이로 인해 더 하기 싫다는 생각에 늪에 빠질 수 있다.

우리는 모두 자신을 알아가는 과정에 있다. 나는 살아가며 나를 알아가는 과정에 있어, 다양한 노력을 해왔다. 책을 통해 나를 돌아보고 경험을 통해 나를 확인하며, 사람을 통해 그리고 삶을 통해 깨달음을 얻어왔다. 자기 자신이 어떤 사람인지는 시간이 지날수록 천천히 깨닫게 되어 있다. 이를 자기인식이라고 하는데, 점점 커지는 자기인식은 강점을 개발하는 데 반드시 필요한 요소이다. 나 역시 그 과정을 통해 굉장히 많은 것을 얻고 성장했다. 물론 깨달았다고 해서 바로 인격이 완성되는 것이 아니고, 깨달은 후에도 사람들과의 관계를 통해 인격을 닦아야 한다는 혜민스님의 말씀에 나는 동의한다. 그리고 그러기 위해 늘 노력한다. 이것이 열심히 배워서 잘 쓸 줄 아는 지혜일 것이다. 그래서 혜민스님은 깨달음이 완성이 아니라 시작이라고 강조한다. 그는 저서 『완벽하지 않은 것들에 대한 사랑』에서 스즈키 순류의 말을 인용해 깨달음에 대한 의미를 전한다.

"엄밀하게 말하면 깨달은 자는 없습니다. 오직 깨달은 순간들만 존재합니다."

내가 깨달은 순간들을 정리하며, 나는 경험과 책, 삶을 통해 나를 알아가는데 그 중 강점은 어떻게 개발하는지, 그 방법을 소개하고자 한다.

자신의 강점을 일찍 발견했다면 당신은 운이 좋다. 일찍 강점을 발견하고 그 강점을 발휘할 수 있는 직업까지 선택했다면 당신은 축복을 받은 것이다. 강점을 쉽게 발견하면 좋겠지만 쉽지 않다. 만약 경험을 통해 다른 사람으로부터 피드백을 받은 경우, 이를 인정하기 쉽지 않다. 받아들일 충분한 준비가 되지 않은 경우 피드백을 통해 내가 어떻게 건설적으로 조치를 해야 할지도 모른다. 이는 끊임없는 자기성찰과정을 경험에 체계화시키면 조금이나마 알 수 있게 된다. 그래서 경험의 의미를 어떻게 받아들이느냐가 중요하다고 말하고 싶다. 그래야 나중에 돌아볼 때 진정한 의미를 발견하고 내 것으로 만들 수 있다. 우선 경험을 어떻게 받아들일까에 대한 마음가짐 측면에서 소개할 책은 모로토미 요시히코의 『행운에도 법칙이 있다』이다. 저자는 존 크럼볼츠 교수의 계획된 우연을 활용하여 다음과 같이 우연히 나에게 일어난 사건이나 만남을 소중히 여기고 잘 활용하는 방법을 소개한다.

첫째, 인생의 모든 사건에는 의미가 있다. 쓸데없이 일어난 사건이나 만남이란 없다. 중요한 것은 '열린 마음'을 갖는 것이다. "이런 만남이나 사건이 무슨 의미가 있겠어?"라고 단정 짓지 말고 누구와 만나든지 어떤 사건을 겪든지 잠깐 스쳐가는 인연도 소홀히 하지 말고 "어쩌면 이런 뜻이 있는 것은 아닐까?"라는 열린 자세로 대해야 한다.

둘째, 우연은 당신의 인생을 풍성하게 만든다. 열린 자세가 우연을 의미 있는 사건으로 만든다.

셋째, 어떤 인생관을 가지고 있느냐에 따라 당신을 행복하게 하는 우연을 불러들일 수 있다.

넷째, 행운을 가져다주는 우연을 의도하고 계획할 수 있다. 마음속에서 원하는 것을 간직하면 곧 성취로 이어진다. 중요한 것은 사람과의 '만남', '관계', '인연'을 소중히 여겨야 한다. 상대방이 잘 되기를 순수하게 기도하고 적극적으로 조언해주며 의견을 듣고 아낌없이 성원해줘야 한다. 마음의 안테나를 세우고 직접 행동으로 실행하는 것이 관건이다.

다섯째, 이렇게 불러들인 우연은 이미 '단순한 우연'이 아니다. 간절한 바람을 가지고 행동했을 때 동반되는 다양한 우연은 이미 '단순한 우연'이 아니며, 일종의 '필연성'을 띠기 시작한다. 마음속으로 염원하고 그에 부합하는 의도에 따라 행동한 결과 일어나는 행복한 우연은 이미 단순한 우연이라기보다는 '필연적 우연'이다. 이때의 단순한 우연은 '필연적인 사건이 되었다.'고 말할 수 있다.

나는 책에서 밝혔듯이 행복하고 지속 가능한 자기계발과 성장을 위해서 모든 일에 대한 의미부여는 반대한다. 그래서 자기발전을 위한 긍정적 의미부여를 강조했다. 따라서 모로토미 요시히코가 소개한 방법을 긍정적으로 활용하는 데 적극 찬성한다. 또한 그의 생각과 마찬가지로 내가 어떤 자세로 우연을 받아들이느냐가 나의 행동을 변화시키고 결과를 바꾼다고 생각한다. 긍정적 의미를 발견하는 자세로 우리는 인생을 풍요롭게 만들 수 있다. 그리고 의미 공학 프레임과 같이 의미설계를 통해서 원하는 것을 얻기 위한 원동력을 만들 수 있다. 이 프레임이 이 책에서 말한 필연성으로 연결된다고 볼 수 있다.

　이러한 마음가짐으로 경험을 대하고 성찰하며, 독서를 통해 나름의 체계화를 경험한다면 자신의 강점을 발견할 확률이 높아진다. 그리고 검사 도구를 통해 나를 아는 방법도 추천한다. 어떤 사람들은 성격 검사 도구는 성격을 명확하게 유형으로 구분하는 것을 반대한다. 나의 관점을 성격을 구분하는 것이 중요한 것이 아니고 그 도구를 통해 나를 아는 데 참고하는 데 도움이 된다는 점이 중요하다. 그 도구들은 오랜 시간 동안 수많은 테스트를 통해 검증된 방법이므로 충분히 '참고'할 만하다고 생각한다.

　책 역시 마찬가지이다. 많은 독서를 통해 사고를 확장하고 자신을 제대로 성찰하는 과정에서 얻는 나의 발견은 굉장히 값지다. 그리고 강점 발견을 도와주는 책도 충분히 참고할 만하다. 내가 소개하고 싶은 책은 강점발견으로 유명한 『위대한 나의 발견, 강점 혁명」이다. 이 책은 갤럽The Gallup Organization이 200만 명을 대상으로 그들 각자가 갖고 있는 강점에 관해 인터뷰한 결과를 토대로 구성되었다. 갤럽은 30년 동안 가능한 모든 직종과 업무 분야에 있어 뛰어난 강점에 관한 체계적 연구를 통해 34가지 테마의 강점 유형을 구분했다. 이를 통해 개개인이 지닌 독특한 특성을 모두 설명할 수는 없지만 자기발전을 위해 어떤 강점을 더 개발해야 할지 충분히 참고할 만하다. 책에서 소개하는 Strength Finder를 통해 다섯 가지 자신의 강점 테마를 확인할 수 있다.

또 한 가지 추천하고 싶은 방법은 자기 인터뷰이다. 사실 우리가 잘하는 것을 이미 드러냈는데 크게 관심을 두지 않고 지나쳐 보냈을 수도 있다. 예를 들면 학창시절 입상 경험이나 꾸준히 무언가를 해왔던 것들이다. 자기 인터뷰는 다음과 같은 질문을 자신에게 던져보는 것이다.

- 어린 시절 어떤 상을 받았었나? (수상했던 상장 찾아보기)
- 지금까지 꾸준하게 했던 활동은 무엇이 있나?
- 나는 무엇을 할 때 에너지가 솟고 자신감이 넘치나?
- 내가 생각하는 나의 강점은 무엇인가?
- 다른 사람들은 나의 강점이 무엇이라고 생각하나?

  (주위 사람에게 나에 관한 인터뷰 해보기)

강점 발견에서 강조하고 싶은 마지막 하나는 자신의 강점 혹은 약점을 평가할 때 철저하게 자신의 역량에 초점을 맞추라는 것이다. 이는 하버드대 교수인 로버트 스티븐 캐플런의 조언이다. 그는 그의 책 『나와 마주서는 용기』에서 이 점을 강조했다. 역량에 초점을 맞출 수 있는 발견 상황을 살펴보자. 조직 내의 경험으로부터 강점 혹은 약점을 발견할 수 있는 상사로부터 피드백을 받는 상황을 떠올려 볼 수 있다. 생각보다 많은 사람들이 빙빙 돌려서 이야기하는 쪽을 택한다고 캐플런 교수는 말한다. 또한 대부분의 상사들은 부하 직원의 기분을 상하게 하고 싶지 않거나 혹은 구체적으로 당신의 강점과 약점을 충분히 파악하고 있지 않기 때문에 당신과 정면으로 마주하지 않는다고 한다. 이런 점을 볼 때 나는 조직 내에서 자신의 강점 혹은 약점을 평가하기 위해 역량에 초점을 둔다면, 상사와 어떤 피드백 관계를 구축할 것인지가 중요하다고 생각한다.

인사고과든 상시 평가든 조직 내에서는 평가가 수반된다. 수동적으로 평가를 받아들이고 적당히 더 불편하지 않은 관계로만 만족하지 말았으면 한다. 물론 말이 쉽지 그게 쉽느냐고 반문하겠지만, 한번 '어떻게'를 생각해보자. 그래야 지혜로운 방법이 떠오를 테니 말이다. 위의 상황과 같이 조직에서 상사로부터 피드백에 대해 직접 마주하기가 불편한 것은 사실이다. 그러나 피드백을 그냥 흘려보내기보다는 자신의 역량과 연결시키고 싶다는 자신의 욕구를 상사에게 보여준다면 상사도 당신의 성장을 위해 마음을 더 열 것이다.

연결이 중요하다. 연결을 위해서는 상대의 욕구를 보고 자신의 욕구 역시 분명하게 표현해야 한다. 또한 자신을 먼저 인정하는 것이 우선되어야 한다. 그렇지 않으면 지금과 같이 적당한 관계가 지속될 것이다. 어떤 방법을 선택할 것인가? 이를 위해서 또한 선행되어야 할 작업이 있다. 자신의 역량을 먼저 평가해보고 알아야 한다. 캐플런 교수가 그의 책에서 제안하는 방법을 소개한다. 다음은 그가 제안한 역량 점검 항목들을 내가 프레임 형태로 만든 것이다. 더 다양한 역량 항목들이 있겠지만 우선 캐플런 교수가 제안한 항목을 소개해 본다. 스스로 역량에 대한 척도를 매겨 자기 평가를 할 수 있다.

나는 강점 발견이 중요하고, 그래야 높은 자기 인식 수준을 바탕으로 성장할 수 있다고 말했다. 자기계발과 성장 측면에서도 강점 발견을 우선시하고 그 강점을 발전시키는 데 나는 동의한다. 하지만 약점 혹은 보완점은 우선순위는 강점에 비해 떨어지지만 '관리'는 해야 한다. 절대 무시해서는 안 된다. 관리하지 않으면 다른 강점 역량에 영향을 미칠 수 있고, 언젠가는 자신의 발목을 잡을 수도 있다. 그만큼 치명적일 수 있다는 말이다. 다시 말해 강점 발견을 우선시해야 하지만 약점 혹은 보완점 역시 발견해야 하고 관리해야 한다. 관리라는 말의 의미는 첫 번째로 무엇인지 알아야 한다는 뜻이고, 두 번째로 어떻게 해야 할지 알아야 한다는 뜻이다. 캐플런 교수 역시 자신의 약점을 외면하지 말라고 강조한다. 불편한 과정일 수 있지만 자신이 가진 기존의 사고방식을 버리고 문제 해결에 대한 접근방법을 새롭게 검토할 동기를 부여해준다고 한다.

[역량 정검 항목에대한 자기평가표]

역 량	1점	2점	3점	4점	5점	6점	7점	8점	9점	10점
서면 의사소통										
말하기/ 프레젠테이션 능력										
대인관계 능력										
듣기 실력										
분석력										
우선순위 설정을 포함하는 조직력										
위임 능력										
판매 능력										
관계 개발 능력										
협상 기술										
타인과 건설적으로 직면하는 능력										
코칭 능력										
수학 및 수치처리 능력										
개념적 기술										
신체 능력										
제2외국어 능력										
구체적인 기술지식 및 해당 분야에 대한 전문지식										

이 과정을 소홀히 여기면 미래의 커리어에 치명적일 수 있다는 점을 그는 강조한다. 위의 역량 점검 프레임을 통해 자신의 강점과 약점을 평가해보는 시간을 가져 보자.

+ 성공의 의미

열심히 살아가다가 여러 벽에 부딪히고 마음을 다시 잡는 과정을 반복하며 문득 성공에 대해 한 번 더 생각하게 된다. 매스컴에서나 베스트셀러에 나오는 성공한 사람들이 성공의 대표 아이콘처럼 보인다. 그러나 내가 살고 있는 나의 삶은 그런 모습은 아니다. 당연히 내가 생각하는 성공 역시 그런 모습은 아닐 것이다. 반드시 돈을 많이 벌고 높은 지위를 얻고, 사회적으로 명성을 떨치며 혹은 막강한 권력을 손에 넣는 모습이 성공이 아니다. 성공의 의미는 역시 자신 안에 있을 것이다. 내가 생각하는 성공의 의미가 있고 성공의 모습이 있을 것이다. 행복한 가정을 꾸려 가족과 함께 작은 행복을 만들어 나가는 것도 성공이고, 자신을 행복하게 하는 봉사를 꾸준하게 하는 일 자체가 성공이 될 수 있다.

하버드 대학교 교수인 로버트 스티븐 캐플런은 저서 『나와 마주서는 용기』에서 성공의 의미를 새롭게 정의했다. 그는 30년간 성공의 의미에 대해 끊임없이 씨름하면서 고민했다. 그는 열망을 이루는 비밀의 열쇠가 '성공하는 것'이 아닌 '자신이 지닌 잠재력에 도달하는 것'에 있다고 믿는다. 진정한 자신의 잠재력에 도달하려면 다른 사람이 정의한 성공을 그대로 받아들이기보다는 스스로 성공의 의미를 새롭게 정의하라고 그는 조언한다.

이처럼 성공의 의미 역시 자신이 새롭게 정의해서 나아간다면 또 다른 원동력이 되지 않을까? 실제 캐플런 교수는 골드만삭스 그룹 부회장까지 지냈지만 자신만의 성공의 의미를 실천하기 위해 하버드대로 돌아가 강의를 시작했다. 그는 엘리트 코스를 밟으며 사회가 요구하는 기준에 맞춰 살아오다가 어느 순간 자신이 걸어온 길에 문득 회의감이 들며 삶의 방향성에 대해 진지하게 고민했다고 한다. 이것이 그가 말한 성공의 의미를 음미해볼 이유가 될 수 있다.

유연한 의미공학자로 거듭나라: 의미공학의 활용

모든 자기계발서를 활용할 수 있는 의미공학 프레임

의미공학의 강점은 맞춤형 자기계발 설계이기 때문에 다른 자기계발서의 내용을 활용할 수 있다는 점이다. 의미공학 프레임에 그동안 읽었던 자기계발서 내용 중 나에게 의미 있는 것, 나에게 맞는 것 또는 내가 반드시 실천하고 싶은 내용을 반영하면 된다. 큰 카테고리로서는 다른 자기계발서에서 나온 부분을 '무엇'이라는 의미 항목에 넣을 수 있다. 예를 들면 스튜어트 프리드먼의 『Total Leadership 와튼스쿨 인생특강』이라는 책에서 말하는 일, 가정, 공동체, 개인의 영역에서 성과를 올리면 인생의 만족감을 얻을 수 있다고 한다. 그렇다면 이 네 가지 영역을 의미공학 프레임의 '무엇'에 넣어보는 것이다.

다음 단계로 각 영역을 세분화할 수도 있다. 그리고 '지금 하고 있는 일'이나 '장기 계획으로 할 일'이라는 의미 항목에는 자기계발서에서 말하는 '~하라!'의 성과를 올리는 방법 또는 Action Plan을 적용하면 된다. 이는 다른 자기계발서를 활용함과 동시에 우리가 의미공학 프레임을 설계하고 방향 설정의 어려움을 겪고 있을 때 도움이 된다. 내가 프레임을 직접 채우고 나면 각 영역의 연결고리가 가까워져 통합을 시키거나 새로운 영감을 떠올리기도 한다. 아울러 각 영역을 어떻게 조화롭게 설계할 것인지도 볼 수 있게 된다. 시간이 지날수록 주도적으로 설계하는 능력이 향상되고 만족감이 높아진다. 이는 강력한 나만의 성장 실천법이 된다.

다른 예로 피터 드러커의 자기계발서 『자기경영노트』의 내용을 활용해 본다고 해보자. 만약 내가 우선순위 결정에 대한 두려움으로 이를 개선하고자 한다면, 이 책에 나온 우선순위 결정에 있어 중요한 법칙을 의미공학 프레임에 적용할 수 있다. '무엇' 항목에는 우선순위 결정 능력을 넣고, 이 '일을 위해 지금 하고 있는 일' 항목에는 책에서 말하는 법칙을 넣는다.

〈피터 드러커가 말하는 우선순위 결정에 있어 중요한 법칙〉

1. 과거가 아니라 미래를 판단 기준으로 선택하라
2. 문제가 아니라 기회에 초점을 맞춰라
3. 자신의 독자적인 방향을 선택하라

4. 무난하고 달성하기 쉬운 목표가 아니라, 뚜렷한 차이를 낼 수 있
는 높은 목표를 노려라

　　많은 사람들이 관심을 갖고 있는 스피치 자기계발을 예로 들어
보자. 말하기는 대단히 중요하다. 물론 나는 경청과 공감 능력이
훨씬 더 중요하다고 생각한다. 하지만 말하기 역시 경청과 공감을
위한 공동 영역이며 스킬적인 부분이다. 따라서 발전시킬 수 있으
므로 자기계발이 가능하다고 본다. 우리는 일과 중 많은 부분에서
말하기를 사용한다. 가족과의 대화, 업무 회의, 프레젠테이션, 업
무 보고, 비즈니스 미팅 등 하루 일과만 보아도 우리는 늘 말을 해
야 한다. 말하기의 중요성과 필수성 때문에 스피치와 관련된 자기
계발서도 많이 출간되었다. 서적에서 내가 의미 있게 받아들인 것
들을 프레임에 설계해볼 수도 있다.
　　설계를 하고 실행할 시간이 없다고 말하는 사람도 있을 것이다.
자기계발서에 자투리 시간을 잘 활용하라는 내용을 자주 보았을
것이다. 말하기 연습을 할 수 있는 최적 시간은 바로 퇴근 시간이
다. 나는 퇴근 시간에 집에 가는 길이 그 시간이었다. 홀로 대로변
이나 보도블록 혹은 골목길을 걸으며 그날 있었던 말하기 상황을
다시 가져왔다. 그리고 내가 말했던 방식을 짚어보며 다시 말하기
를 연습했다. 예를 들어 팀장님께 구두 보고한 내용이 있었다면 그
상황을 다시 재연해보는 것이다. 여러 번 해본다. 이렇게 매일 연
습하면 내일이 달라진다. 조금씩 나아지고 있는 모습을 스스로 확

인할 수 있다.

또한 나만의 독립적인 성품과 잘 연결시켜 새로운 매력을 계발할 수도 있다. 나는 말할 때 안 좋은 습관이 있었다. 사실 습관이기도 했고 말하기 능력이 부족해서 나타난 현상이기도 했다. 하고 싶은 말이 머릿속에서 정리가 되지 않은 상황에서 내 시선이 다른 곳을 향한다는 점이었다. 상대의 눈을 바라보는 것이 아니라 다른 곳을 바라보고 있었다. 이런 사실을 발견한 것도 퇴근길 말하기 연습 덕분이었다. 왜냐하면 어느 순간 말하기 실력이 향상되었다고 느꼈을 때 나는 상대의 눈을 바라보고 있었기 때문이다. 과거와 비교하게 되었고 예전에는 그러지 못했었다는 점을 깨달았다. 매일의 자투리 시간을 효율적으로 사용하면 매일 5분 투자로 말하기 능력을 향상시킬 수 있다. 덕분에 나는 논리적이고 신뢰를 주는 말하기를 할 수 있게 되었다.

스피치 자기계발 관련해서 스킬과 관련된 내용을 소개했다. 사실 스킬이 향상되고 난 후 다음 단계의 자기계발 과정에서 내가 관심을 가진 것은 '대화법'이다. 이후 나는 그동안 굉장히 소모적인 대화를 해왔음을 느꼈다. 스킬도 중요하지만 상대의 마음을 보는 진정한 대화가 더 중요하다고 생각한다. 여기에 관련된 책들을 소개한다. 그리고 이 책을 통해 얻은 깨달음의 순간을 글로 정리했는데, 우리 삶에서 굉장히 중요한 의미를 갖는 것이 대화이기 때문에 이 책에서 소개하고자 한다.

『상자 밖에 있는 사람』, 아빈저연구소

『비폭력 대화』, 마셜.B.로젠버그

『결정적 순간의 대화』, 케리 패터슨 외

『함부로 말하는 사람들과 대화하는 법』, 샘 혼

+ 저도 대화를 잘하고 싶어요

소프트해 보이지만 우리의 삶에 어느 곳에서나 힘을 발휘하고 있는 소프트파워를 배우는 것은 매우 재미있다. 우리 삶에 있어 굉장히 많은 부분을 차지하고 있는 것이 의사소통이기 때문에 말하기, 듣기, 공감하기 등의 내용이 많다. 그러나 이 부분들은 하루도 빠짐없이 우리가 직면하는 상황들의 구성요소들이다. 대화하는 과정을 알아보고, 그 안에 있는 상세한 부분들을 하나씩 천천히 공부해나가고 있다. 이를 통해 우리는 조금씩이지만 계속해서 성장하고 있다. 아울러 우리 삶도 풍요로워지고 있다. 우리 삶에서 이렇게 중요한 대화는 그 방식에 따라 달라지는 것들이 많다.

책『결정적 순간의 대화』에 소개된 조사가 흥미롭다. 결혼문제 전문가 클리포드 노테 리어스와 하워드 마크맨이 10년간 연구한 결과다. 그들은 부부들의 고통스러운 논쟁을 세 가지 유형으로 분류하고 이들의 이혼 여부를 예견했다. 세 가지 유형은 욕을 하며 상대를 위협하는 부부, 씩씩대며 억지로 화를 참는 부부, 속마음을 솔직하게 표현하면서도 상대가 상처를 받지 않도록 말하는 부부이다. 결과는 어땠을까. 이들이 이혼할 것이라고 예견한 부부의 90퍼센트가 실제로 이혼했다고 한다. 이혼하지 않은 부부의 대화방식은 세 번째 유형이었다.

"속마음을 솔직하게 표현하면서도 상대가 상처를 받지 않도록 말하는 대화"

"저도 대화를 잘하고 싶어요." 대화를 잘하고 싶다. 이 말의 진짜 의미는 무엇일까? 이것은 달변가나 아나운서와 같이 말 자체를 잘하고 싶은 것이 아니다. 상대방과 진정으로 연결되고 싶다는 의미일 것이다. 대화를 통해 서로를 더 이해하고, 서로가 원하는 것을 얻고, 소모적인 언쟁을 피하고, 나도 좋은 사람임을 인정받고, 상대를 더 아껴주고 싶은 마음 등의 따뜻한 마음이 포함되어 있다. 이는 이혼하지 않고 원활한 결혼생활을 유지한 세 번째 유형의 대화 방식이다. 비단 부부 사이의 대화뿐이겠는가. 부부 사이에서 이상적인 대화를 한다면 집 밖에서도 분명 아름다운 대화를 잘 해낼 것이라고 나는 믿는다.

듣기와 말하기는 대화에서 나와 상대가 하는 기본적인 구성 요소이다. 듣기의 중요성은 입이 하나고 귀가 두 개이므로 이미 신체가 말해주고 있다. '대화'라는 큰 그림을 통해 우리가 어떤 방향으로 나가야 할지 그리고 우리의 매일매일에서는 어떻게 실천해야 할지 천천히 배워보자.

1. 대화에 들어가기 전 마음가짐

내가 먼저 말을 하면 내가 시작하는 대화가 된다. 말을 하기 전에 마음가짐이 있을 것이다. 이는 이미 내가 갖고 있는 인품을 말한다. 그러나 우리는 때때로 감정에 휩싸여 말이 입 밖으로 튀어나온다. 이런 돌발상황이 사실 문제이다. 말싸움으로 번지고 서로의 감정을 상하게 해서 우리 삶을 풍요로부터 멀어지게 한다. 그래서 마음가짐이 중요하다. 이 마음가짐은 내가 대화를 시작하는 경우에는 말을 하기 직전, 상대가 대화를 시작하는 경우 내가 대화에 참여하는 순간을 말한다.

우리는 어떤 마음가짐을 갖고 대화에 들어갈까. 사실 아무 생각이 없다. 그냥 말한다. 그런 것까지 생각하고 대화에 참여하기엔 골치 아프다. 한편 곤란한 상황을 몇 번이고 마주친 경우에는 다르다. 숨을 고르고 마음을 가다듬고, 하고 싶은 말을 되뇌고, 때로는 시나리오를 구상하기도 한다. 우리는 왜 이럴까. 그래서 우리가 진짜 원하는 것이 무엇일까. 이 질문이 중요하다. 이 질문의 내용을 말하는 것이 아니라 이 질문 자체가 중요하다. 우리는 대화에 들어가기 전에 "우리가 이 대화를 통해 진짜 원하는 것이 무엇일까?"라는 질문을 해야 한다. 대화 중에도 해야 한다. 그래야 우리는 우리가 진짜 원하는 곳에 다다를 수 있다.

상대를 있는 그대로 보고 어떤 판단도 하지 않는 것은 중요하다. 이 마음가짐이 중요한데, 혹시 마음의 풍랑을 만나 상대를 판단하려고 할 때는 다음과 같이 해보자. 그 판단을 질문으로 바꿔서 "대체 상대가 왜 저럴까?"를 생각해보는 것이다. 상대를 이해하려고 하는 마음가짐이 우선되어야 한다. 구체적으로 상대의 욕구를 바라봐 주고 표현할 수 있는 연습과 훈련이 필요하다.

"화가 날 때 내뱉는 말은 당신이 두고두고 후회할 최악의 말이 될 것이다."

– 암브로스 비어스 –

2. 대화의 시작

대화에 들어가기 전에 "우리가 진짜 원하는 것이 무엇일까?"를 질문하라고 했다. 그렇다면 대화가 시작되면 우리가 진짜 원하는 것을 말해야 한다. 모든 문제의 원인을 상대방이라는 생각을 버리고 시작해야 한다. 상대를 탓하거나 상대의 잘못으로 보이는 것을 분석하고 있다면 첫 질문을 다시 스스로에게 해야 한다. "우리가 진짜 원하는 것이 무엇일까?" 그리고 상대가 원하는 것, 내가 원하는 것, 우리가 원하는 것을 말하는 것이다. 공동의 목적을 향하는 것을 대화 중에 계속해서 상기시켜야 한다. 그러나 우리는 대화를 시작하고 얼마 안 가서 그 목적을 변경한다. 바로 상대를 이기고자 하는 목적으로 말이다. 때로는 이기고자 하는 승부욕을 넘어 해를 가하거나 침묵을 선택한다.

"많은 사람들이 자기주장이나 생각을 상대에게 일방적으로 강요해서 그의 생각이나 행동을 바꾸려 한다. 이 때문에 겉으로는 상대의 이야기를 듣고 있는 것 같아도 실제 마음속으로는 어떻게 하면 멋있게 반박할 수 있을까 하고 궁리하고 있는 것이다."
- 유동수 저자의 『감수성 훈련』 중에서 -

3. 대화의 진행

그래서 대화를 진행하면서도 지속적으로 생각해야 하는 것이 "진정으로 원하는 것이 무엇인가?"이다. 책 『결정적 대화의 순간』에서 이 부분을 가장 강조한다.

진정 원하는 것이 무엇인지 생각하라

대화 도중 어떠한 상황이 벌어지더라도 그 대화를 시작한 원래의 동기를 잊어서는 안 된다. 대화를 해나가는 중에 그 대화를 시작한 이유가 무엇인지 끊임없이 자문해야 한다. 상사의 의견을 따르거나 배우자에게 쌀쌀맞게 대꾸하기에 앞서 자신의 대화 목표가 달성되었는가에 대해 먼저 생각하도록 하자. 물론 대화 동기와 목표만을 생각하며 대화에 임하기란 말처럼 쉬운 것만은 아니다. 아드레날린이 마구 분비되는 상황에서 평상심을 유지하는 것 또한 어려운 일이다. 대화의 원래 동기와 목표를 추구하려면 대화의 소용돌이에 휘말려서는 안 된다. 제삼자적인 입장에서 대화의 흐름을 볼 수 있어야 한다.

이 질문을 하는 이유는 첫째, 우리가 진정 원하는 것이 무엇인지 앎으로써 우리의 나아갈 방향을 정할 수 있다는 점이라고 한다. 둘째는 자신이 진정 원하는 것이 무엇인지 스스로에게 질문을 던짐으로써 자신의 생리 기능을 억제하는 기능 때문이라고 한다. 질문으로 두뇌로 보내는 혈액의 양을 늘려 이성적인 생각을 유도할 수 있다. 이렇게 옆길로 샐 가능성을 줄여주는 질문을 대화의 진행에서 스스로에게 계속해서 던져보는 방식이 대화를 잘 이어가는 비결이다.

* '결정적 순간의 대화'는 어떤 상황을 말하는가.

책『결정적 순간의 대화』에서는 결정적 순간을 중요한 이해관계, 의견 대립, 격한 감정의 세 가지로 구분했다. 이 외에도 대화의 결과가 인생에 큰 영향을 미칠 때 역시 결정적 대화의 순간으로 부를 수 있다고 한다. 우리는 까다로운 대화를 회피하는 경우가 많다. 일상적인 대화에서는 문제가 없지만 내가 진짜 원하는 것을 말하지 못하는 경우, 책임을 묻거나 잘못을 지적해야 하는 경우 등은 우리가 적절한 방식을 모른 채 적당히 흘려보낸다. 특히 우리나라의 직장, 가정에서 많이 일어난다. 회피를 반복하다가 화병이 나거나 폭력으로 번지기도 한다. 그래서 소통이라는 화두는 언제나 우리 사회에서 인기가 많다. 소통하는 방법에 우리는 목말라한다. 결정적 대화의 순간을 회피하지 않고 효과적으로 처리한다면 우리는 더욱 풍요로운 삶을 살 수 있다.

4. 어려운 대화를 지속하는 요령

그렇다면 구체적으로 우리가 주로 어려움을 겪는 대화의 상황 속으로 들어가 보자. 그리고 그때 우리가 어떻게 해야 할지를 살펴보자. 다음의 내용들은 대화법과 관련된 책의 내용들을 종합해서 내가 실생활에 적용할 수 있도록 정리한 것이다.

[내가 회피하거나 공격하려고 할 때]

내가 왜 이 대화에 참여했는지 늘 염두에 두고 있어야 한다. 이를 통해 감정에 휩싸이지 않도록 노력한다. 또한 어리석은 선택을 하지 않아야 한다. 어떠한 상황이 닥치더라도 대화의 목적은 상대방과 말다툼을 하는 것 이상의 목적이 있음을 늘 상기시킨다. 이는 다시 말하면 대화의 과정에서 항상 자신을 관찰하라는 말이다. 논쟁의 와중에도 자신이 무엇을 하고 있는지, 내가 대화에 어떤 영향을 미치고 있는지 파악하고 있어야 한다. 그래야 대화에 임하며 전략을 수시로 바꾸기도 해야 한다. 물론 여기에서의 전략은 절대 이기기 위함이 아니다. 그리고 또 중요한 점은 절대 나의 말과 행동이 상대에게 두려움을 일으키지 않게 주의를 기울여야 한다는 것이다.

[상대가 회피하거나 상대가 오해하고 있다는 느낌이 들 때]

대화 중 상대가 회피한다는 것은 상대가 대화에 불안감을 느끼고 있다는 것을 보여준다. 사실 불안감이라고 표현했지만 거부감이나 두려움이 될 수도 있겠다. 이러한 감정이 기류로 느껴진다면 어떻게 해야 할까. 이러한 분위기로 전환이 일어난다면 이는 결정적 대화의 순간이라고 할 수 있겠다.

- 사과한다
: 나의 욕심(자존심, 승부 등)을 버리고 상대방을 곤란하게 만들어, 혹은 마음에 상처를 주어 미안하다는 의미를 담아 사과한다.

- 분명한 대조
: 진심으로 사과해도 잘 받아들여지지 않는 경우에는 '의도하지 않은 것'과 '의도한 것'을 대조적으로 말해 준다. 예를 들어 '상대가 생각하는 것처럼 불순한 목적이 없었다는 점을 말하고, 다시 나의 진심은 이런 의도였다.'의 형태가 될 수 있다.

- 공동목적을 만든다
: 공동의 목적을 함께 찾아보자고 혹은 만들어보자고 제안한다. 공동이라는 안도감을 주면서 긴박한 상황으로부터 '우리'를 바라볼 수 있게 하는 여유를 볼 수 있을 것이다.

[상대가 공격할 때]
우리는 보통 상대의 공격을 받으면 상대와 같은 방식으로 공격적인 말을 하기 쉽다. 방어적인 태도로 자기방어를 시작한다. 쉽지 않겠지만 연습과 훈련이 필요하다. 상대를 안심시킨 후 왜 그러

한 말을 하게 되었는지 질문을 해보는 것이다. 여기에서 특히 상대방이 무슨 말을 했느냐가 아니고 상대가 어떤 사실을 보고 들었고, 그것을 토대로 어떤 결론을 왜 내리게 되었는지 질문하는 것이 중요하다. 말은 생각으로부터 나오지만 그 말을 곧바로 평가하고 반격을 해서는 곤란하다. 여유를 갖고 한 차례 질문을 던져보는 자세, 훈련이 필요하다.

사실 위와 같이 어려운 대화에서 가장 중요한 점은 대화를 안전하게 만드는 것이다. 그래서 나는 책에서 정리한 내용을 바탕으로 이렇게 하면 어떨까 생각해 보았다. 『결정적 순간의 대화』에서 대화를 안전하게 만드는 두 가지 방법이 나오는데 하나는 공동의 목적을 인식하고 이에 대해 서로 공감대를 형성해야 한다는 점이다. 다른 하나는 상호존중이다. 각 방법에 대한 구체적인 방법들이 나오는데 물론 그 방법 하나하나를 일상에서 실천하는 노력이 필요하다. 그러나 큰 그림으로 나는 대화를 안전하게 만드는 두 가지를 직접 상대에게 언급해서 우리가 진짜로 원하는 연결을 공감하려는 노력을 제안해본다. 즉 어려운 대화로 가고 있음을 직감했을 때 다음과 같이 말해보는 것이다.

"나는 지금 이 대화가 어려운 방향으로 가고 있는 것처럼 느껴지는데, 혹시 잠시만 여유를 함께 가져 볼까? 내가 원하는 것도 당신이 원하는 것도 말다툼이 아니잖아. 결국 서로 연결되고자 하는 건데, 나도 서툴다 보니 쉽지가 않네. 오늘 대화에서 우리가 함께 얻고자 하는 목적을 다시 찾아보자."

[내 기분 또는 내가 원하는 것을 분명하게 말하고 싶은 때]

위의 방법들만 보면 반감이 생길 수도 있다. 스트레스도 생길 것이다. 지금까지 해오던 방식과는 다른 방식일 수 있기 때문이다. 그러나 글을 읽으며 공감되는 상황이 많았다면 연습해볼 가치가 있다. 마지막으로 한 가지 짚고 넘어가야 할 부분이 있다. 지금까지는 나와 상대를 바라봐주는 훈련이라고 볼 수 있다. 내가 원하는 것을 분명하게 표현할 줄도 알아야 한다. 만약 나와 상대를 바라보는 연습이 충분하지 않다면 내가 원하는 것을 말하는 것도 어렵다. 가슴이 뛸 것이고, 불안하고, 어떻게 시작해야 할지 모를 것이다. 마음만 앞서 상대에게 상처를 주거나 이기려고 보이는 행동을 할 수도 있다. 어떻게 해야 내가 원하는 것을 분명하게 전달할 수 있을까. 『감수성 훈련』에서 추천하는 세 가지 요령을 지키며 실천해보자.

- 상대의 인격을 존중하고 자존심을 건드리지 않는다.
- 잘못된 행동은 꼬집어 주되 사람을 나무라지 않는다.
- 그 행동을 보고 느낀 내 기분(또는 내가 원하는 것)을 상대에게 솔직하게 알려 준다.

그리고 여기에 덧붙여서 『비폭력 대화』에서 말하는 '부탁하기'를 적용하고 싶다. 사실 내가 느낀 기분이나 내가 원하는 바를 상대에게 솔직하게 표현한 뒤 다시 상대를 바라봐 줘야 한다. 다시 상대에게 방금 내가 한 말을 듣고 무엇을 느끼고 어떤 생각을 하는지 물어본다. 이때 가능한 구체적으로 목적을 분명히 하며 물어보는 것이 좋고, 내가 원하는 것을 전달했다면 상대가 나의 제안을 받아들일 의사가 있는지 솔직한 반응을 부탁할 필요가 있다.

"중요한 것을 위해 나서지 않는다면 사소한 것에 시달리게 된다."
– 앤 랜더스 –

참 끝이 없다. 그만큼 어려운 것이 대화이다. 정말 마지막으로 살펴볼 것이 있다. 바로 악질과 대화하는 방법이다. 위에서 살펴본 상황들이 우리가 보편적으로 마주치는 우리의 일상이라고 한다면, 그중에 예외도 꽤 많다. 소위 말이 안 통하는 사람이다. 우리는 보통 이렇게 느끼는 상황에서는 상대를 무시한다. 왜냐하면 그것이 나의 자존감을 지키는 길이기 때문이다. 피하지 않고 어떻게 지혜롭게 대화할 수 있을까? 성인군자가 되어야 할까?

+ 악질과의 대화, 나는 참고 누르고 있는가
대화하는 중에 우리는 언제 감정에 휘말릴까. 대표적인 한 가지 상황을 꼽자면 바로 악질과 대화할 때이다. 물론 내가 바라봤을 때 악질인데, 그 악질이 어느 지위에 있느냐도 나의 행동에 영향을 미친다. 이를테면 회사 내에서 혹은 어떤 조직에서 누가 봐도 악질인 상사와의 트러블이 있을 수 있다. 그 사람의 말은 언제나 공격적이고 나의 감정을 상하게 한다. 함부로 말하는 사람 같이 보인다. 내 감정이 공격받지만 조직 내에서의 관계 때문에 내 감정을 제대로 표현하기 힘들다. 만약 밖에서 마주친 사람과 이러한 상황이 펼쳐지면 한 판 크게 싸우면 지나칠 수도 있지만 조직에서는 더더욱 어렵다. 물론 대판 싸우는 것도 싸움 후에는 감정 소모와 분노가 밀려온다. 악질과는 어떻게 대화하는 것이 현명한 것일까? 현명함까지 가기 어렵다면, 어떻게 대화하는 것이 현명하게 나를 지키는 방법일지 먼저 알고 싶다.

우선 큰 그림을 그려보자. 관점을 높은 곳으로 가져가 보는 것이다. 만남이란 무엇일까. 그리고 우리는 어디로 가고자 할까. 먼저 우리가 가고자 하는 방향은 '편안한 마음'이라고 나는 믿는다. 내가 지휘하는 오케스트라와 같이, 작은 흔들림은 있겠지만 요동치지 않는 강물과 같은 편안함을 우리는 추구한다. 그래서 나를 돌아보고, 상대를 보고, 경험을 축적해가며 우리는 성장하고 성숙하게 된다. 그런데 생각만큼 쉽지는 않다. 왜냐하면 우리는 혼자만 살아가는 것이 아니기 때문이다. 그게 인생이다. 사람에게는 사람이 필요하다. 혼자이면 그리고 너무 쉬우면 인생이 재미없을 것이다. 물론 혼자만의 시간도 필요하지만 절대적으로 혼자 갈 수는 없다. 지금도 그 과정에 있다. 그리고 그 과정에서 아주 많은 큰 영역이 바로 만남이다. 만남에서 우리는 서로 경계하며 벽을 치는 것이 아닌 '용기'를 내야 한다.

> "마음을 풀어놓고, 터놓기 위해서는 상당한 용기가 필요하다. 움츠리고 있던 사람이 적극적으로 나서자니 때로는 두려움과 귀찮음이 따르고, 나를 드러내 보이자니 상처를 입지 않을까 걱정도 되고, 남을 받아들이자니 남의 아픔을 나의 아픔으로 받아들여야 하는 고통도 따르기 때문이다."
> - 『감수성 훈련』 유동수 -

만남에서 우리는 대화라는 것을 한다. 대화에서도 우리가 가고자 하는 편안한 마음을 위해 우리는 다양한 현명함을 추구한다. 하지만 대화의 실전에서 악질을 만나면 우리는 좌절한다. 다시 용기를 내라고 하는데, 우리는 벽을 쌓는다. 그리고 그 벽 밖으로 나갈 용기가 아닌 벽을 지키는 두려움을 생산한다. 나의 경험으로 그게 나를 지키는 방법이라고 자기합리화의 무덤을 판다. 어렵다. 참. 그럼에도 불구하고 인생 선배의 조언과 책에서 얻는 지혜는 같은 방향이다. 그것은 괴로움을 넘어서기 위해서는 어찌 됐든 내면을 직시하고 용기를 내야 한다는 것이다. 이는 결국 스스로 해야 한다는 명확한 진리이다. 다른 말들은 사실 핑계이다. 책 『미움받을 용기』에서 철학자가 말하는 '용기 부여'라는 일, 즉 지금의 나를 받아들이고 결과가 어떻든지 간에 앞으로 나아갈 용기를 갖는 것을 상기해보자. 용기 부여를 했다고 치고 한 걸음 더 나아가 보자. 구체적으로 어떻게 해야 할지에 대해서 말이다.

나는 한 걸음 더 나아가는 것을 좋아한다. 다시 말해 구체적으로 어떻게 할지 방법을 생각해보는 것이 좋다. 그리고 필요하다고 생각한다. 감정적인 뒷받침이 밑거름이 되어야겠지만 실전에서 어떤 전략을 펼쳐야 할지 역시 지금, 여기 내 앞에 있는 일이다. 그래서 『미움받을 용기』에서 말하는 '용기 부여', 그리고 '분리'에서 한 걸음 더 나아가고 싶다. 인간관계에서의 고민과 괴로움을 "여기서부터 저기까지는 내 과제가 아니다."라고 분리하는 것을 1단계로써 동의한다. 그래야 인생의 짐을 덜고 그것이 인생을 단순하게 만드는 첫걸음이라는 것에 나는 공감한다. 그런데 2단계도 필요하다. 악질과의 대화를 계속 분리만 한다고 능사는 아니지 않을까.

책 『미움받을 용기』에서는 이 문제를 다음과 같이 이야기한다. 관계를 회복하기로 결심하는 데 있어 상대가 나를 어떻게 생각하고 있는가 혹은 내가 다가서면 어떤 태도를 취할 것인가는 조금도 관계가 없다고 철학자는 말한다. 상대방이 나와 관계를 회복할 의사가 없어도 상관없고, 문제는 내가 결심하느냐 마느냐이다. 그리고 그 카드는 언제나 내가 쥐고 있다고 한다. 이는 결국 용기 부여와 분리, 그리고 지금—여기를 주체적으로 사는 지혜를 말한다. 나 역시 철학자의 말에 동의한다. 다만 한 걸음 더 나아가 우리의 삶에서 많은 부분을 함께하는 대화에서, 특히 악질과의 대화에서 어떻게 해야 할지를 배워보고 싶다.

이제 구체적으로 방법을 살펴보자. 사실 나의 큰 고민은 악질과의 대화에서 인간애를 바라볼 것인가 아니면 나를 지키는 현실을 바라볼 것인가이다. 그래서 책『비폭력 대화』와『함부로 말하는 사람과 대화하는 법』사이에서 현명함을 갈구했다. 결국 우리는 현명함을 추구하는 인간이기 때문에 더 현명한 대안을 선택하고 삶에서 연습하고 훈련하길 나는 바란다. 책『함부로 말하는 사람과 대화하는 법』에서 저자 샘 혼은 우리가 그동안 악질로부터 받은 상처를 신랄하게 비판하며 우리의 마음을 보듬어준다. 다시 말해 우리가 악질과의 대화에서 인간애와 나를 지키는 길 사이에서 방향을 설정해주는 느낌이 든다.

> "악질적인 사람들은 자기 행동을 돌이켜보지도 않고 잘못을 깨닫지도 않는다는 점을 기억하라. '이 사람을 이렇게 대해서는 안 되는데, 나중에 사과해야겠다.'라고 반성하는 대신, '됐어! 막 대했는데도 항의하지 못하는군. 그럼 계속 이렇게 하면 되는 거지.'라고 생각하는 것이다."
> -『함부로 말하는 사람과 대화하는 법』샘 혼 -

그는 침묵이 허용의 의미가 될 수 있다고 조언한다. 한편 샘 혼 역시 기본적으로는 인간애를 추구한다. 즉 친절함의 가치를 믿고 남들에게 친절하게 대하는 것이 우리 자신까지도 기쁘게 만든다고 그는 생각한다. 그러나 상대가 비열하게 나온다면 전략을 바꾸라고 한다. 악질적인 사람들을 성공적으로 제압한 수백 명의 사람들과 인터뷰를 해본 후, 그는 마침내 '계속 나쁘게 행동하는 상대에게는 강하게 나가는 것이 옳다'라는 생각을 했다고 한다.

"악질적인 사람과 협상하면서 이쪽이 도덕적이면 상대도 도덕적으로 나오겠거니 기대하는 것은 투우 경기장에서 황소와 단둘이 들어가더라도 채식주의자인 당신은 무사하리라 기대하는 것과 같다. 상황에 따라 갈등 해결 방식을 유연하게 적용해야 하는 이유가 바로 여기 있다. 독재형이나 참여형 리더십이 만능이 아닌 것처럼, 1등 지상주의도 윈윈도 만능이 아니다. 함께 일하는 직원들의 특성에 따라 리더십 방식을 맞춰가야 하듯, 대적하는 상대의 특성에 따라 의사소통 스타일을 적절하게 조정할 필요가 있다. 물론 우리 주변 사람들은 대부분 협력적 공존을 원하는 이성적인 존재이므로 윈윈 방식이 대체로 유효하다. 하지만 잘 지내려는 우리의 진심 어린 노력을 아무렇지도 않게 걷어차는 상대를 만났다면 마음을 다잡고 공격해야 한다. 그래야 일방적으로 당하면서 상처를 입고 괴로워하는 상황을 피할 수 있다."
-『함부로 말하는 사람과 대화하는 법』샘 혼 -

왠지 내 마음이 위로받는 기분이 든다. 우리가 사회생활을 하며 만나는 악질과의 전투를 지켜본 듯, 시원한 분석을 내놓는 것만 같다. 마음속으로 나름의 인간애를 추구하며 마음을 다스리고 이성적 존재로서 상대를 바라보며 겪었던 딜레마의 가려움을 긁어주는 느낌이다. 자, 이제 공감과 위로는 감사하게 받았으니 방법을 살펴보자. 책 『함부로 말하는 사람과 대화하는 법』에는 저자가 경험한 다양한 사례를 바탕으로 여러 가지 방법을 제안한다. 우리가 일상에서 겪는 유사한 사례가 많이 나온다. 나는 그중에 아주 쉽고 강력하게 활용할 수 있는 한 가지를 선택했다.

상대가 그 경솔한 말을 반복하게 만드는 것은 모욕을 그냥 넘기지 않겠다는 의사표시가 된다. 이 간단한 질문으로 궁지에 몰리는 존재는 이제 당신이 아닌 상대가 된다. "방금 뭐라고 하셨지요?"라는 질문은 치고 빠지는 언어적 공격을 하는 사람에게 설명을 요구함으로써 당신을 당하기만 하는 역할에서 벗어나게 해 준다.

즉 이런 상황에서는 I message보다는 You message가 효과적이라는 말이다. 다시 말해 '나' 대신 '당신'을 주체로 놓았기 때문에 책임을 정통으로 상대에게 돌리게 한다. 즉 내용이 아닌 의도에 답하게 만드는 현명함을 말한다. 나는 이 말을 비폭력 대화로 조금 더 다듬어 보았다.

"지금 말씀하신 것을 다시 한 번 말씀해 주시겠어요?"

이 말은 단순해보일 수도 있지만 부당함을 표현하기 쉽지 않은 조직에서 아주 쉽게 활용할 수 있다. 잘 못 들었다며 다시 한 번 상대가 직접 자신이 한 말을 하게 하면 감정적으로 내뱉은 말도 다시 생각하며 말을 해야 한다. 특히 앉아 있는 경우라면 일어서서 눈을 바로 보고, 천천히 말할수록 효과가 크다. 또한 여러 사람이 있는 곳에서 교양 있게 받아 친다면 내가 원하는 그림을 그릴 수 있을 것이다. 너무 무리 하지 않고 아주 쉽게 실천해볼 수 있는 요령이다. 감정적인 괴물의 공격에 우리는 괴물이 되지 않으며 우아하게 반격하는 것이다.

사실 책에 유용한 방법들이 많이 나오지만 모두 활용하기에는 내가 추구하는 '인간애Humility'의 방향을 함께 현명하게 고려해봐야겠다는 생각이 많이 든다. 그리고 위의 말 이후에는 내가 원하는 것, 나의 욕구를 분명하게 표현해야 한다. 그러나 우리는 이보다는 상대의 잘못으로 보이는 것을 분석하는 데 더 능숙하기 때문에 연습과 훈련이 필요하다. 우리는 계속 두려움을 갖고 있거나 서툰 방법으로 표현한 경우에는 더 큰 갈등으로 번질 가능성이 크다. 또한 조직에서 혹은 비즈니스 관계에서 현명하게 대처하는 것이 쉽지 않다. 이래도 저래도 내게 불리할 것만 같은 두려움과 소모적인 감정을 스스로 양산해낸다.

악질과의 대화에서 아주 힘든 시기를 버텨내고 있다면 우선 위의 방법을 연습해보자. 다만 천천히 해야 한다. 분명 조금씩 나아질 것이라고 나는 믿는다. 한 번에 잘 해내길 바라는 것은 욕심이다. 『감수성 훈련』의 대가 유동수 씨는 '참고 누르는 일'에 대해 용기를 내야 함을 강조하면서도 천천히 해야 함을 더욱 강조한다.

"자기 자신을 용기 있게 드러내기 시작하면서 우리는 조금씩 자기 자신을 알 수 있게 된다. 여기서 조금씩이라는 말에 주의해야 한다. 우리가 가장 잘 안다고 착각하고 있으면서도 실은 거의 모르는 것이 자신의 마음이기 때문이다."

－『감수성 훈련』 유동수 －

천천히 지혜롭게 가야 한다. 그래야 우리는 때때로 만나게 되는 괴물과 싸우면서도 괴물이 되지 않을 수 있다.

"괴물과 싸우는 사람은 그 싸움 속에서 스스로 괴물이 되지 않도록 조심해야 한다."

－ 프리드리히 니체－

의미공학을 통한 경영컨설팅

의미공학을 경영에 적용할 수 있을까? 나는 지금 그 도전을 하고 있다. 나는 실전 경영을 경험해보기 위해 퇴사 후 경영대학원에서의 배움을 활용하며 커피전문점을 운영 중이다. 물론 내가 하고 싶은 일을 함께할 수 있는 '강연과 코칭 Cafe'의 목적도 있다. 배움과 함께 경험을 하고 있어 이론을 통해 경험을 체계화하는 점이 가장 기쁘긴 하지만 실제 경영을 경험해보니 어려운 점이 많다.

이건희 회장은 경영이란 '보이지 않는 것을 보는 것'이라고 말한 적이 있다. 그만큼 어렵다는 말이다. 그렇다. 경영은 매우 어렵다. 다양한 요소를 고려해야 하며, 변화의 속도가 빠르고 불확실성이 높아지는 상황에서도 의사 결정을 잘 해야 한다. 모든 관리 분야에 있어서 최대의 성과를 이끌어 내서 이윤을 창출해야 한다. 의미공학을 경영에 적용해보기 위해서는 우선 내가 해봐야 한다. 그래서 지금 도전 중이다. 그리고 많은 배움을 이어가고 있다. 내가 제안하는 행복하고 지속 가능한 성장 실천법을 발전시키고 경영에 적용할 수 있도록 구조화하고 체계화해야 한다. 유연한 의미공학자로 거듭나서 의미공학을 활용하기 위해 경영에도 의미공학을 적용해보는 노력을 하고 있다.

의미라는 것을 통해 실제 경영컨설팅을 하는 기업이 있을까? 대표적인 기업이 'ReD Associates'이다. 책 『우리는 무엇을 하는 회사인가?The moment of clarity』의 저자 크리스티안 마두스베르그가 이 기업을 창립했다. 이 기업은 기존의 경영학을 넘어 인류학자, 사회학자 등 다양한 인문학 전공자로 구성되어 있다고 한다. 이는 의미와 해석의 중요성을 직접 전략수립에 도입하기 위해서다. 왜냐하면 그는 변화의 속도가 매우 빠르고 높은 불확실성 아래에서 결정하기 혼란스러울 때가 많은데, 기존의 데이터 분석과 트렌드 예측에는 한계가 있다고 본 것이다. 기존의 방식으로는 고객, 소비자의 생각을 제대로 읽을 수 없다고 보는 것이다.

대표적인 사례로 레고의 부활을 예로 들었다. 레고는 2000년대 비디오 게임에 열광하는 아이들이 늘어나자 변신을 시도했다. 아이들이 새로운 장난감을 원한다고 판단했다. 그래서 액션영화 피규어와 테마파크를 새로운 기회로 삼고 도전했다. 그러나 수익성은 계속 나빠졌다. 레고는 다시 새로운 관찰을 시작했다. 아이들 삶 속으로 들어가 깊이 있게 그들의 일상을 관찰했다. 이를 통해 아이들은 일시적이고 편안한 재미도 좋아하지만 오랜 시간 공을 들여 성취감을 느끼는 즐거움도 좋아한다는 의미를 새롭게 발견했다.

이를 다시 해석하면 아이들은 놀이로 질서를 배우고 사회화한다는 것을 말해준다고 한다. 결국 레고는 주변 사업을 정리하고 '다시 브릭으로Again, to the brick itself'라는 전략으로 다시 전성기를 맞았다. 아이들의 동심과 지능을 키워주는 '블록'의 힘에 집중한 마케팅으로 다시 성공했다. 레고의 부활은 아이들 놀이로 직접 들어가 그 모습을 관찰하고 그 의미를 제대로 읽었기 때문에 가능했다.

의미를 경영에 적용한 사례를 통해 나는 관찰의 중요함을 다시 한 번 느꼈다. 또한 그 안에서 의미를 발견하는 과정이 핵심인데 여기에서 중요한 점은 기존에 가지고 있던 생각들을 버리고 새로운 시각으로 바라보는 것이 중요하다고 크리스티안 마두스베르그는 말한다. 그의 이런 생각에 나는 적극 동의한다. 나는 행복하고 지속 가능한 동기부여와 성장에서 '나만의 의미'를 강조했다. 그러나 경영컨설팅에서 나만의 의미는 과거의 경험이나 나의 선호도에 따라 일종의 편견으로 작용할 수 있기 때문에, 그 주체를 고객 또는 분석 대상으로 설정해야 할 것이다. 레고의 고객인 '아이들에게 장난감의 의미는 무엇인가?'가 중요하다는 말이다. 나는 의미공학자로서 또한 의미공학연구소의 대표로서 내가 연구한 내용과 성과를 정리해서 그를 꼭 만나보고 싶다. 그때까지 의미공학자로서 더 성장해서 그와 건설적인 대화를 나누어보길 기대해 본다(매일경제신문 2015년 3월 13일자, 5월 22일자 기사 참고함).

중요한 일을 위한 준비 프레임

중요한 일을 앞두고 마음이 불안하다. 머릿속으로 준비한 것들을 정리해보지만 오히려 더 복잡해지고 만다. 중요한 일이 코앞으로 다가오고 막상 실제 이벤트에서 역시나 무언가 하나를 빠뜨린다. 그것이 크든 작든 나는 다시 나를 다그친다. 왜 미리 확인하지 않았는지, 미리 점검해보지 않았는지 자신을 궁지로 내몬다. 우리는 이러한 경험을 아주 많이 한다. 그래서 다음에는 사전에 한 번더 확인을 하고 점검을 해보지만, 언젠가는 또 무언가를 빠뜨리는 경우가 또 생긴다. 왜냐하면 그 때마다 감정적으로 혹은 단순한 생각으로 점검하기 때문에 일관성 없는 준비가 되기 때문이다.

나는 이런 문제를 해결하기 위해 의미공학 프레임을 활용했다. 의미공학 프레임에서 의미 있는 항목에 사전에 확인하고 점검해야 할 항목을 넣었다. 그리고 이를 체계화시켰다. 적용 결과는 성공적이었다. 무언가를 빠뜨리는 일은 줄었고, 오히려 무언가를 더 얻게 되었다. 예를 들면, 미리 확인하고 점검하는 과정에서 추가된 한 가지로 인해 상대의 만족을 극대화시켜서 만족스러운 피드백을 얻을 수 있다. 또한 그 일이 정기적인 형태라면 그 일을 체계화시키는데 프레임이 훌륭한 프로세스가 될 수 있다. 가장 중요한 수확은 중요한 일을 앞두고 불안해지는 마음을 안정시킬 수 있다는 점이다.

중요한 일을 위한 준비 프레임					
무엇	이 일이 중요한 이유, 중요한의미	목표	준비사항/준비물	대비 해야 할 사항/실제 현장에서 발생 가능 상황	이 일로부터 얻은 성취감, 영감
분기 업무보고 프레젠테이션	업무 성과를 표현하는기회 전달력역량을 어필할 기회	성과에 대한 긍정적 피드백 전달력에 대한 칭찬 얻기	업무 성과 정리 반복 연습, X-Pointer 인쇄물 자료 백업	1. 시설문제 (사전 점검) 2. 예상 질문에 대한 답변 3. 성과에 대한 근거 자료	성과를 위한 노력 의 보상, 만족 전달력에 대한 자신감 긍정적 피드백을 통한 자신감 향후 새롭게 시도 해야 할 계획

물론 중요한 일을 앞두고 마음이 평화로울 수는 없지만, 프레임을 통해 준비 과정을 체계화시킨다면 불안한 마음을 훌륭하게 다스릴 수 있다. 위의 프레임은 내가 활용하고 있는 준비 프레임이다.

삶의 의사결정 프로세스

우리는 살아가면서 수많은 의사결정을 한다. 물론 습관이라는 훌륭한 뇌의 기능 덕분에 모든 일에 대한 의사결정의 번거로움은 덜었다. 하지만 중대한 결정에 앞서 두렵고, 결정 후에 발생하는 시행착오가 매우 클 경우 힘든 상황을 맞이한다. 인생은 선택의 연속이고 지금 여기 있는 나는 지금까지 내 선택의 합이다. 그만큼 우리의 인생에서 선택이라는 의사결정은 연속적이고 필연적이다. 성숙과 성장을 위해 어느 정도의 시행착오는 필요하지만 너무 큰

[삶의 의사결정 프로세스 표]

순서	핵심 질문	상세 질문
1	'무엇'에 대한 결정인가?	1. '무엇'은 문제인가? 증상인가? • 반복되는 증상일 경우, '무엇'은 문제이다. 2. '무엇'이 '문제'라면, 내 인생에 의미 있는가? • 가치관 기준에 따라 구분
2	왜 이 결정이 필요한가?	1. 이 결정으로 얻고 싶은 것이 무엇인가? • 얻고 싶은 것이 도전인가? 욕심인가? (판단기준: 내가 가진 것이 충분한지 여부) 2. 이 결정으로 달라지는 것은 무엇인가? • 달라지는 것이 예측 가능해야 하고, 대책이 있어야 한다.
3	내가 하고 싶은 결정은 무엇인가?	1. 내가 하고 싶은 결정은 이성적인가? 감성적인가? • 감성적인, 혹은 촉에 의한 결정이라면 더 신중하게 생각해 보아야 한다.
4	내가 하고 싶은 결정으로 예상되는 결과, Risk는 무엇인가?	1. 결과에 따른 긍정적 요인과 향후계획은? • 긍정적 요인과 향후계획을 적어볼 것 2. 결과에 따른 부정적 요인과 대책은? • 부정적 요인과 대책을 적어볼 것
5	다른 사람은 어떻게 생각하는가?	반대하는 사람의 의견을 여러 명에게 들어볼 것
6	이 문제의 관련분야 전문가의 의견은 무엇인가?	가능한 여러 전문가의 의견을 들어볼 것
7	이 결정에 대한 감정이 혼란스러운가?	1. 수립한 정보, 의견, 생각이 잘 정리되었는가? • 잘 정리되었음에도 감정에 휘둘리면 이성적 판단보다는 감정적 개입이 많을 가능성 높음
8	정리한 결정을 실행할 자신이 있는가?	1. 실행방법이 계획되어 있는가? • 실행방법 구체화 필요
9	1. 실행방법을 구체화 했음에도 혼란스럽고 자신이 없는가? 2. 생각지도 않았던 일이 발생했는가?	• 의사결정 프로세스 다시 시작
10	결정	• Feedback : 목표달성 정도에 따라 의사결정의 타당성 검토 (반복 실행 후 의사결정 프로세스 보완)

기회비용과 손실이 발생하는 결과는 소모적이다. 보통 자기계발서에서는 경영자 혹은 리더의 의사결정에 대해 많이 다룬다. 이는 매우 어려운 과정이고 복잡하다는 생각을 갖게 한다. 그런데 내 앞의 의사결정은 내 삶에 관한 것이다. '나는 경영자이다.'라는 마음으로 나의 일과 선택을 마주하지만, 우리 삶에 있어 의사결정과는 다소 거리가 있다고 나는 생각했다. 그래서 나는 의미공학을 프로세스를 활용해서 '삶의 의사결정 프로세스'를 만들었다.

위의 프로세스는 삶의 의사결정 프로세스이다. 물론 나에게 맞춘 프로세스이다. 중요한 점은 이와 같이 의미공학 프로세스를 당신도 활용할 수 있다는 점이다. 예를 들면, 위의 프로세스에서 각 단계의 질문이나 선택을 나에게 맞게 바꿀 수 있다. 나는 큰 시행착오를 할 때마다 프로세스를 보완했다. 그리고 최선의 선택을 하기 위해 삶에서 얻은 지혜를 프로세스에 추가했다. 완벽과 안정에는 끝이 없지만 조금씩 체계화되고 나에게는 맞춤형 의사결정 도구로 발전되어가는 모습이 흐뭇하다. 내 마음의 요동도 점차 없어졌다. 내가 지휘하는 오케스트라의 지휘자처럼 내 인생의 주인이 되어 지금-현재를 느끼고 감사하며 지휘하고 있는 느낌이다.

누구나 의미공학자가 될 수 있고, 누구나 유연한 의미공학자로 거듭날 수 있다. 의미공학을 활용하고자 하는 의지만 있다면 가능하다. 유연성은 어떻게 생길까? 이 책을 읽고 있는 지금의 당신과 같이 책을 많이 읽었으면 하는 바람이다. 독서의 가장 큰 수확은 사고력의 확장이다. 이것이 유연성으로 연결된다고 나는 믿는다.

+ 삶을 개선하는 기술

의미 그리고 의미공학에 대한 여정을 함께하고 있다. 자기계발, 자기발전, 성장에 대해서 이야기하며 다양한 면을 살펴보고 있다. 사실 완벽을 바라보자는 것도 아니고 우리가 추구하는 방향은 '행복한' 자기발전과 성장이다. 그래서 우리에게는 '쉼'도 중요하다. 여유를 갖기 위한 또한 '멈춤'을 할 줄 알고 바라볼 줄 아는 지혜가 필요하다. 의미공학연구소에서 하는 연구 중 하나가 그것에 관한 것이다. 바로 '삶을 개선하는 기술'이다.

자기발전을 행복하게 해나가기 위해서는 삶을 개선하는 '기술'이 필요하다. 자기계발, 자기발전과 성장을 위한 노력과 방법도 중요하지만 이것들 역시 삶을 위한 요소들이다. 결국 삶, 인생이 큰 그림인데 삶이 다른 많은 문제들로 가득하고 불행이 감싸고 있으면 당연히 성장은 어렵다. 삶은 다양한 요소들을 조화롭게 지휘하기 위한 노력 중의 하나로 이 기술이 필요하다. 다시 말해 자기만의 즐거움을 찾는 방법, 삶을 풍요롭게 하는 방법이 기술이다. 그리고 이를 서로 공유한다면 좋은 자극을 나누며 더 행복한 삶으로 이어 질 것이라고 나는 믿는다.

공유하고 싶은 방법이 '한 달에 한 번은 꼭 자연에 가는 날'이다. 하는 일에 집중하다 보면 한 달이 훌쩍 지난다. 특히 복잡한 도시에 사는 직장인의 경우에는 그 시간이 더 빠르게 느껴지고 몸은 더욱 무겁고 피곤하다. 그래서 나는 한 달에 한 번은 반드시 자연에 가는 날로 정하고 자신을 위한 시간, 선물을 주는 기술을 제안한다. 사실 자연이라고 해서 꼭 거창할 필요는 없다. 예를 들어 동네 뒷 산이나 공원도 좋다. 혹은 살고 있는 지역의 고궁이나 유적지면 더 더욱 좋다. 시간이 허락한다면 한두 시간 떨어진 자연을 자신에게 선물하라고 권하고 싶다. 비슷한 방법으로, 꽃을 좋아하는 나의 누나는 한 달에 한 번 자신에게 꽃을 선물한다.

또 한 가지 소개하고 싶은 것은 '5분 추억 여행'이다. 사진을 좋아하는 나는 지나간 사진을 잘 보지 않게 되는 자신을 보며 고민했다. 남는 게 사진이라며 사진을 많이 찍지만 정작 남긴 사진을 잘 보지 않는 게으름을 나는 보았다. 바쁜 현실을 비난하며 괜찮은 방법은 없을지 고민했다. 간단한 방법이 일과를 마치고 5분간만 추억 여행을 떠나 보는 것이다. 시간 혹은 장소를 정하고 자신이 여행했던 사진, 추억으로 가보는 것이다. 대신 이 기술은 사진 정리를 잘 해둬야 한다. 한 번 시간을 내서 정리해두면 아주 쉽게 소중한 추억여행을 아름답게 즐길 수 있다.

의미를 통한 의식의 전환

자기 강화의 욕심과 의식의 전환 구분하기

나는 이 책을 통해서 새로운 성장 실천법이라고 하는 방법론을 말하고 있다. 새로운 방법을 통해서 자신을 다시 바라보고 성장을 지속하길 바란다. 이 과정을 통해 자신만의 방법을 새롭게 발견하고 정비한다면 나 역시 기쁠 것이다. 그러나 나만의 방법을 발견하지 못하거나 방법론만으로는 지속 가능한 자기 성장이 어렵다고 생각하는 독자들도 있을 것이다. 이는 의식과 관련되어 있다. 성장에 대해 내가 어떤 생각을 갖고 있고 누적된 생각의 덩어리로 어떤 의식을 갖고 있는지가 변화와 자기 성장의 지속 여부에도 영향을 미친다.

지속 가능에 대해 거시적인 관점에서 보면 의식 전환이 필요하다. 방법론만으로 지속 가능이 어렵다는 것을 경험한 사람들은 이 구동성으로 동의할 것이다. 다시 말해서 의식의 전환까지 일어나야만 방법론을 내 것으로 만들고 변화하며 진정한 성장으로 지속할 수 있다. 의식 전환을 살펴보기 전에 먼저 살펴보고 가야 하는 부분이 자기 강화의 욕심과 의식의 전환을 구분하는 것이다.

자기계발서가 넘쳐나고 분야별 서적 판매 1위가 늘 자기계발 서적이라는 점은 말해준다. 많은 사람들이 자기 강화에 대한 욕심을 갖고 있다는 것을. 젊은 층일수록 자기 강화에 대한 욕심이 더 클 수 있다. 아직 충분히 젊고 큰 포부를 갖고 있기 때문에 더 크게 성장하길 원한다. 그만큼 기회도 많은 것이 사실이다. 그래서 자기계발 서적을 많이 읽고 실천하려고 노력한다. 나 역시 10대 후반부터 시작한 독서의 영역 대부분이 자기계발이었다. 그런데 부작용이 나타났다. 의식의 전환까지 이어지지 않고 자기 강화의 욕심만 많이 부리게 된 것이다. 자기계발서에 나온 좋은 방법들만 밑줄 치고 적어가며 기록으로 남겼다. 그중에서 정작 내 것으로 만든 것은 몇 개 되지도 않았다. 그저 성공한 사람들의 방법이라고 하면 따라 해 보기 일쑤였다. 그러한 활동들은 모두 자기 강화의 욕심이었다. 자기 강화의 욕심을 넘어서 의식의 전환이 이루어져야 하는데 우선 그 둘을 구분하는 연습이 필요하다.

그 방법은 간단하다. 책에서 읽은 어떤 방법이 좋아 보인다고 해보자. 그 방법이 과연 나에게 잘 맞는 방법인지 생각해보고 필요하면 시도해보는 연습을 해보면 된다. 그러고 나서 그 방법이 단순히 내가 시도한 방법 중에 하나인지 내가 가진 생각을 새롭게 해주는 무엇인지 구분해본다. 만약 의식의 전환까지 이루어진 상태라면 새롭게 접한 방법을 나만의 방법으로 활용할 수 있다.

의식 전환이 함께하는 진정한 성장

이렇듯 의식 전환이 함께 일어나야 진정한 성장을 지속할 수 있다. 여러 가지 방법론을 접하기만 하면 소모적인 반복만 이어진다. 부정적으로 인식하게 되고 거부하게 된다. 의식 전환을 통해 더 큰 그림을 볼 줄 알고, 그 안에서 나를 발견하고 나만의 방법을 찾아낸다면 진정한 성장으로 이어가는 연결을 하는 것이다. 이 책에서 내가 소개한 방법론과 더불어 의미를 발견하는 과정을 실천해본다면 긍정적 의식 전환을 경험할 수 있다. 다만 자신을 제대로 바라보는 많은 연습이 필요하고 이와 함께 주변 역시 살펴보는 과정이 필요하다. 독서를 하며 얻는 가장 큰 수확인 사고력의 확장이 의식의 전환을 말해준다. 새로움을 얻으며 새로운 생각을 하게 되고 새로운 자극을 통해 내 안에 있는 의식이 반응하게 할 수 있다. 그 반응은 의식의 전환을 이끄는 시작점이다. 연습을 통해 의식의 전환까지 이어진다면 진정한 성장을 위한 마중물을 마련한 셈이다.

의식이란 무엇일까. 머릿속에 빙산을 떠올려보자. 물 위로 드러나 있는 빙산의 일각이 '의식'과 '생각'이다. 그리고 물 안에 잠겨있는 거대한 영역이 '잠재의식'이다. 정신분석학에서는 '무의식'이라고 한다. 지그문트 프로이트가 말한 무의식이다. 무의식 영역에 대한 이론적인 여러 학설에 대해 내가 해석하는 것보다는 내가 바라보는 관점을 소개하고 싶다. 나는 의식의 영역을 바라보고 의식의 영역에서 무의식을 바라본다. 이는 『삶으로 다시 떠오르기』의 저자 에크하르트 톨레가 말하는 관점이다. 그는 자기 안에서 무의식을 알아볼 때, 그 알아봄을 가능하게 만드는 것 자체가 바로 의식의 일어남이고 깨어남이라고 말했다. 어둠과 싸울 수 없듯이 내 안의 나인 '에고'와 싸워서는 이길 수 없고 의식을 통해서 어둠 속 빛을 만날 수 있다고 했다. 다시 말해 톨레는 내가 나를 바라보는 '의식적인 알아차림'의 힘을 강조했다. 내가 말한 나를 돌아보고 살펴보며 바라보는 연습이 바로 그것이다. 연습을 통해 의식 전환을 느끼고 경험하면 자신은 한 단계 성장한 것이다.

새로운 생각이 새로운 자극을 통해 내 안에 있는 의식을 반응하게 할 수 있다. 반응하는 의식의 영역이 커지면 의식의 전환이 일어난다. 빙산의 일각에 생각과 함께 있는 의식을 말하고 있다. 생각과 의식이 함께 있는 이 영역을 더 일반적인 관점으로 살펴보자. 『생각의 힘』의 저자 김병완이 정리한 구조를 살펴보면 그 관계를 이해할 수 있다.

생각이 달라진다 → 의식과 믿음 → 소망과 기대 → 자세와 태도 → 우리의 행동 → 우리의 습관 → 실력과 인격 → 성과와 관계 → 우리의 인생이 달라진다

"수많은 자기계발 서적 중에서 생각을 바꾸면 인생이 바뀐다고 피력하고 있다. 하지만 많은 사람이 이 말을 믿지 않는다. 왜냐하면 수많은 사람들이 자기계발 서적을 읽었고, 그로 인해 생각이 1%라도 바뀌긴 바뀌었지만, 인생 자체가 바뀌지는 않았다는 것이 그 이유이다.

읽는 순간에는 감동이 있고, 깨달음이 있고 변화가 있지만 사흘 정도 지나면 그 책을 읽기 전이나 읽은 후나 별반 다를 것이 없다는 것이다. 하지만 우리가 간과해서는 안 되는 것이 하나 있다. 그것은 인생이 변화되기 위해서는 우리 내면의 의식과 사고의 임계점을 돌파해야 한다는 것이다. 의식과 사고의 임계점을 돌파하면 한 단계 도약하게 된다. 그렇게 도약하게 되면 비로소 우리의 생각이 달라졌다고 할 수 있다. 그리고 달라진 우리의 생각에 따라 우리의 마음이 달라지고, 믿음이 달라지면 우리의 기대가 달라진다. 기대가 달라지면 우리의 태도와 자세가 달라진다. 태도와 자세가 달라지면

우리의 행동이 비로소 달라진다. 행동이 달라지면 그러한 행동이 자연스럽게 반복되게 된다. 반복된 행동을 통해 우리의 습관이 또한 달라진다. 습관이 달라지면 비로소 실력과 인격이 달라진다. 실력과 인격이 달라지면 업무의 성과와 인간관계의 질과 내용이 달라진다. 그리고 성과와 인간관계가 달라지면 인생이 달라진다."
– 김병완 저자의 『생각의 힘』 중에서 –

김병완 저자의 관점과 같이 생각으로부터 시작된 의식의 전환이 성장으로 이어진다는 데 나는 동의한다. 여기에 내가 추구하는 의미라는 것을 추가한 것이 내가 말하는 의미를 통한 성장의 실현이다. 나는 이 책에서 생각의 전환에서 나아가 의식의 전환으로 이어지는 역할을 '의미'로 설명하고 있다. 생각이 달라지게 하는 것이 의미이다. 근원적인 동기부여의 원석으로 의미를 말하고 있다. 나만의 의미를 발견하고 설계하면 생각이 달라진다. 이러한 연습을 반복해서 의식의 전환이 함께 일어나야 진정한 성장이다. 그렇지 않으면 이미 여러 번 했던 불평을 반복하며 이 책 역시 같은 내용의 자기계발 서적이라고 여길지도 모른다.

의미를 통해 의식 전환하기

나만의 의미를 발견하고 설계하는 의미공학을 연습함으로써 새로운 생각을 하고 의식을 전환시킬 수 있다. 성공한 사람들의 성공방식이 아닌 나만의 의미를 통해 나만의 방법을 설계해봄으로써 새로운 전환을 맞이할 수 있다. 의미를 찾고 설계하는 방법들을 하나씩 실천해보자. 그리고 그 안에서 일어나는 자신의 생각을 바라보자. 그 안에는 이미 갖고 있는 의미가 있을 것이고 새롭게 발견하는 의미도 있을 것이다. 이러한 의미들은 새로운 생각으로 이끌고 신선한 자극이 연결되면 새로운 의식으로의 전환이 일어난다. 즉 의미를 통해 의식을 전환한다는 것은 의미를 통해 생각의 방향, 질, 내용을 달리한다는 것을 말한다. 김병완 작가가 말한 생각의 힘에서 더 원초적으로 어떻게 하면 생각을 달리할 것인가에 대한 답이다. 그 방법을 나는 말하고 있다.

의미 → 의도 → 생각이 달라진다 → 의식과 믿음 → 소망과 기대 → 자세와 태도 → 우리의 행동 → 우리의 습관 → 실력과 인격 → 성과와 관계 → 우리의 인생이 달라진다

이 과정, 즉 의미를 통해 생각의 방향, 질, 내용이 달라지는 메커니즘은 '몰입Flow'에 대해 연구한 칙센트미하이의 설명으로 가능하다. 인간의 행복을 연구하는 심리학자인 그가 말하는 의식이란 무엇일까. 그는 의식이란 다른 인간의 행동 양식과 마찬가지로 생물학적 과정의 결과라고 말한다. 또한 의식은 신경계라는 매우 복잡한 시스템으로 인해서 존재하며, 우리의 염색체 속에 들어 있는 유전자의 지시에 의해 만들어진다고 한다. 그런데 의식은 스스로가 유전적 지시를 뛰어넘어 독립성을 가지도록 발전되어 왔다고

전한다. 이러한 의식의 역할을 그는 강조한다. 의식은 우리 주위에 있는 정보를 머릿속에 표상表象하게 하는 역할을 하는데, 이 표상을 우리 몸이 해석하고 이를 근거로 행동하는 과정이 일어난다는 것이다. 즉 의식은 우리의 감각, 지각, 감정, 사고와 같은 정보들을 총 집합시킨 후 우선순위를 정하는 정보 본부라는 것이다.

여기에서 가장 중요한 부분이 '우선순위'에 대한 개념이다. '의식이 있다는 것'의 의미는 특정한 의식적 사건들(감정, 느낌, 지각, 감정, 사고 등)이 발생하고 우리가 스스로 이들의 진행 방향을 조절할 수 있다는 것을 말한다. 따라서 의식을 순서화하는 노력으로 의식의 변화를 가능하게 할 수 있다는 말이다.

정리하면 의식이란 의도적으로 순서화된 정보가 될 수 있는데, 의식의 정보들을 순서화하는 힘을 칙센트미하이는 '의도Intention'로 보았다. 의도는 사람들이 어떤 것을 바라거나 성취하기 원할 때 발생하는 것이다. 그는 우리 모두가 우리 내면의 주관적 세계를 통제할 자유를 갖고 있다고 생각한다. 그래서 우리의 의식을 통제함으로써 스스로 인생의 주인이 될 수 있다고 믿는다. 이를 통해 우리의 삶을 한층 더 즐겁고 의미 있으며 풍요롭게 만드는 변화를 할 수 있다고 말한다. 이렇게 의식을 통제하는 것은 단순한 인지적 기술이 아니며 감정과 몰입과 의지를 필요로 한다고 한다.

나는 그가 말한 의식의 통제, 즉 의도의 근원에 의미가 있다고 생각한다. 결국 나만의 의미로부터 시작되는 인간의 의미를 향한 의지를 통해 의도가 발생하고, 의도는 생각의 변화와 의식의 변화에 영향을 미친다는 것이 나의 연구물이다.

　여기에서 주의할 점은 앞서 행복의 의미에서 살펴본 것과 같이 성장의 실현 자체를 목적과 목표로 두지 않아야 한다는 것이다. 성장의 실현도 의미를 발견한 결과로 나타나는 것이다. 그 자체를 목적과 목표로 삼으면 전환은 일어나지 않고 변화가 지속되지 않는다. 빅터 프랭클 박사 역시 자아 실현에 대한 이와 같은 생각을 책을 통해 말했다.

　"자아 실현은 인간의 궁극적인 목표가 아니다. 제일 우선시되는 의지도 아니다. 자아 실현 자체에 목표를 두게 되면 인간 존재의 자기 초월적인 특성과 모순을 이루게 된다. 행복과 마찬가지로 자아 실현도 하나의 결과, 즉 의미를 성취한 결과로서 나타나는 것이다. 이 세상에서 스스로 의미를 성취하기보다는 자신을 실현시키기 위해 일을 착수한다면 자아 실현은 그 정당성을 잃게 된다."

　– 빅터 프랭클의 『삶의 의미를 찾아서』 –

　다시 말해 목적보다는 과정, 그리고 과정에서 내가 의미 있게 생각하는 이유를 찾는 것이 중요하다. 그것이 바로 내가 스스로 발견하는 나만의 의미이다. 빅터 프랭클 박사는 사람들이 자아 실현에 지나치게 관심을 쏟는 원인이 의미를 찾으려는 의지의 좌절에 있다고 말했다. 그래서 중요한 첫걸음이 의지를 갖고 삶의 순간순간 나만의 의지를 찾으려 노력해야 한다. 그러면 목표와 목적지로의 연결이 자연스럽게 이어진다.

성장의 실현이 의미로부터 시작되며 모든 것이 연결되어 있다고 나는 믿는다. 또한 그 연결의 시작과 연습이 의미공학을 통해 가능하다. 성장, 의미로 실현할 수 있다. 시작해보자.

더 나은 사람이 되는 것: 내 안에 있는 의미를 밖으로 나오게 하기

성장을 하는 목적이 더 나은 사람이 되는 것이라고 믿고 여전히 많은 사람들이 노력하고 있다. 이 노력은 의식적인 노력이 되어야 의미 있다. 의식의 전환이 일어나지 않는 한 성장을 위한 노력이 부자연스럽거나 소모적인 반복이 될 수 있다는 말이다. 의식의 전환까지 이어지기 위해서는 나만의 의미를 발견하고 선별하며 설계하는 연습이 필요하다. 자기 강화의 욕심을 넘어선 의식의 전환이 이루어져야 진정한 성장을 지속할 수 있다.

더 나은 사람이 되는 것은 사실 내 안에 있는 의미를 밖으로 나오게 하는 과정이라고 나는 믿는다. 그리고 그 방법을 나는 제안하고 있다. 자기 강화의 형태로 좋은 사람, 더 나은 사람이 되려고 자신에게 맞지 않는 여러 방법을 반복적으로 시도하기에는 시행착오와 기회비용이 너무 크다. 새로운 무언가를 외부에서 찾기보다는 내 안에서, 나만의 의미 발견을 통해서 발견할 수 있다. 나는 에크하르트 톨레가 말한 더 나은 사람이 되는 과정에 동의한다. 우리는 이미 우리 안에 무한한 가능성을 갖고 있다. 그것을 밖으로 나오게 하는 노력만 하면 된다. 의미공학을 통해서 말이다.

"더 좋은 인간, 더 나은 인간이 되려고 노력하는 것은 칭찬받을 만하고 고상한 일처럼 들리지만, 의식의 전환이 일어나지 않는 한 결국 실패할 수밖에 없는 노력이다. 왜냐하면 좋은 사람이 되는 것 역시 똑같은 기능장애의 일부이기 때문이다. 더 미묘하고 순화되긴 했지만 여전히 자기를 강화하는 형태이다. 그런 노력 역시도 자신이 관념 속에서 '나'라고 여기는 이미지를 더 크게, 그리고 더 강하게 만들려는 욕망과 아무 차이가 없다. 좋은 사람이 되려고 노력한다고 해서 좋은 사람이 되는 것은 아니다. 이미 자신 안에 있는 좋은 것을 발견하고, 그 좋은 것이 밖으로 나오게 함으로써만 좋은 인간이 될 수 있다. 그러나 그 좋은 것이 나타나기 위해서는 당신의 의식 상태에 근본적인 변화가 일어나야만 한다."

– 에크하르트 톨레의『삶으로 다시 떠오르기』중에서 –

의미를 찾고 싶은 그대에게

2016년 여름, 나는 빅터 프랭클 박사를 만나기 위해 비행기에 올랐다. 빅터 프랭클 박사가 있었던 강제수용소를 찾았다. 폴란드 크라크푸의 아우슈비츠 수용소와 독일 뮌헨의 다카우 수용소에 갔다. 의미공학자가 의미치료법인 로고테라피의 창시자 빅터 프랭클 박사를 만났다. 그가 어떤 상황에서 어떤 생각을 했고 어떤 태도로 어떤 선택을 했는지 그의 책을 다시 펼쳐 읽으며 그를 만났다. 빅터 프랭클 박사가 말한 의미에 대한 메시지들이 더욱 강렬하게 내 가슴속에 새겨졌다.

빅터 프랭클 박사는 현대사회에서 보편적 가치가 쇠퇴하고 점점 더 많은 사람들이 삶의 목적 없음과 공허함이라는 감정에 사로잡혀 있다고 보았다. 그는 이러한 감정을 '실존적 공허'라고 말했다. 그러나 그는 그럼에도 불구하고 삶은 여전히 의미 있는 것으로 남아 있다고 했다. 개별적인 의미는 전통의 손실에 저촉 받지 않고 그대로 남아 있다는 점을 그 이유로 들었다. 그래서 우리 시대와 같은 시대, 즉 실존적 공허의 시대에 있어서 교육의 가장 중요한 임무를 강조했다.

> "교육의 가장 중요한 임무가 전통과 지식을 단순히 전달하는 데에 만족하지 많고 인간으로 하여금 개별적인 의미를 발견할 수 있는 능력을 키워주는 데에 있다."
> "자신만의 유일한 의미를 찾을 수 있는 인간의 능력을 키워 주어야 한다. 어떤 개별적인 상황에 숨겨진 의미를 찾아내는 인간의 능력이란 곧 인간의 판단력을 의미한다. 따라서 교육은 인간이 이런 의미를 찾아내는 수단을 갖출 수 있도록 해주어야 한다."
> "본능은 유전자를 통해 전달되고 가치는 전통을 통해 전달되지만 의미는 특이하게도 개인적인 발견의 문제이다."
> – 빅터 프랭클 –

나는 국내 1호 의미공학자로서 또한 빅터 프랭클 박사의 경험과 생각 그리고 그의 삶으로부터 의미 있는 영향을 받은 한 사람으로서 이 교육에 동참하고자 한다. 실존적 공허의 시대에서 개별적인 의미를 발견할 수 있는 능력을 키워주는 데 작은 역할을 하고 싶다. 삶의 의미가 있다는 것과 인간에게는 이 의미를 성취하기 위한 여정을 시작할 자유가 있다는 프랭클 박사의 가르침을 새로운 형태로 제공한다.

그가 태어난 오스트리아 빈Wein에는 1992년에 세워진 빅터 프랭클 연구소가 있다. 나보다 먼저 빅터 프랭클이 말한 의미와 로고테라피를 연구하는 사람들이 많다. 그중 책 『의미 있게 산다는 것』을 쓴 알렉스 파타코스는 일의 의미에 대해 초점을 맞춰 프랭클의 가르침을 전한다. 그는 빅터 프랭클 박사가 세상을 떠나기 1년 전인 1996년 8월에 프랭클을 만났다. 그리고 프랭클이 말한 핵심 원칙과 접근 방식을 일과 직장과 비즈니스 세계에 직접 적용하는 책을 쓰고 싶다고 이야기했다. 프랭클은 흔쾌히 책상 너머로 손을 내밀어 알렉스의 팔을 잡고 격려해 주었다고 한다.

"알렉스, 당신이 말하는 그런 책이 필요합니다."

알렉스 파타고스는 이노베이션 그룹의 원장이자 퍼스널 미닝 연구소Personal Meaning Institute의 창립자로서 컨설턴트, 개인 카운슬러로 활동하고 있다. 기업과 기업인, 유명 인사, 일반인들을 대상으로 일과 생활에서 의미와 보람을 찾을 수 있도록 돕고 있다. 그가 집필한 책에서 그가 말한 의미의 힘을 나는 자주 음미한다.

"우리가 삶과 일에서 의미와 함께하면 의미를 추구하고, 의미를 보고, 의미를 함께 나누는 것을 선택할 수 있다. 삶과 일에 대한 태도, 즉 상대방에게 반응하는 방식, 일에 반응하는 방식, 그리고 어려운 환경을 최대한 활용하는 방법을 선택할 수 있다. 우리 자신을 초월하고, 의미에 의해 변화될 수 있다.

우리 안에 있는 삶의 의미에 눈을 뜨면, 의미는 놀라움으로 가득하다는 것을 알게 된다. 생소한 장소에서 생소한 사람들과 일을 해도 우리는 의미와 연결될 수 있다. 이를 통해 우리의 의식이 고취되고, 자신에게 더욱 적극적이고 더 깊이 있는 인간으로 성장한다.

우리는 의미가 스스로 변한다는 것 또한 알게 된다. 한때 우리의 삶에 의미가 있었던 뭔가가 달라지면 무의미해질 수도 있다. 그러나 의미에 뿌리를 내리면 산들바람이 불든 태풍이 불든 우리는 훨씬 더 유연하게 움직일 수 있다."

– 알렉스 파타고스의 『의미 있게 산다는 것』 중에서 –

나는 생전의 빅터 프랭클 박사를 직접 만나지는 못했지만 알렉스 파타고스와 마찬가지로 빅터 프랭클이 말한 의미를 연구하고 발전시키고 싶었다. 나는 빅터 프랭클이 말한 의미를 성장법에 접목시켰다. 유일무이한 의미의 힘을 믿고 많은 사람들이 자신만의 의미를 발견해서 성장할 수 있기를 바라는 마음에서 시작했다. 나는 마음속에 더 깊게 각인시킨 의미의 가능성을 믿고 성장을 원하는 사람들을 도우며 살겠다고 강제수용소에서 다짐했다. 내가 수용소를 찾은 것은 홀로코스트의 참혹함과 유대인에 대해 더 연구하기 위해서가 아니다. 슬픈 역사는 이미 충분히 가슴 아프다. 단지 나는 그러한 상황에도 불구하고 인간이 갖고 있는 자유의지, 즉 어떤 조건에 처해 있든 그것에 대해 자신의 태도를 결정할 수 있는 자유를 빅터 프랭클 박사를 통해 다시 보고 느끼며 배우고 싶었다.

이제 나와 함께 성취를 위한 여정을 행동으로 옮겨보는 선택을 해보자. 결국은 선택이고 태도이다. 그런데 어떠한 선택을 어떻게 할지가 중요하다. 선택의 합이 인생이라고 할 수 있는데, 선택을 잘하기 위해서는 먼저 의미를 발견하는 연습이 필요하다. 그리고 선택을 어떻게 하느냐가 태도인데, 의지를 갖고 삶의 순간순간 나만의 의미를 발견하고, 이 의미를 바탕으로 선택하는 태도를 결정해야 한다. 어떠한 선택을 어떻게 하느냐에 따라 인생이 달라진다.

사람들이 나에게 묻는다. "의미공학자가 생각하는 진정한 의미란 무엇인가요?" 내가 생각하는 진정한 의미란 강력한 의지의 원천이다. 그리고 이를 이루고자 하는 것은 자기 존재에 대한 증명이다. 이것이 또한 각자가 살아가는 분명한 이유이지 않을까 생각한다. 그래야 의미 있는 삶일 것이다.

"의지를 갖고 삶의 순간순간 나만의 의미를 발견하라!"

- 국내 1호 의미공학자 유재천 -

꿈이 현실로 이루어지는 '의미' 있는 성장을 통해
행복한 에너지가 팡팡팡 샘솟으시기를 기원드립니다!

권선복
(도서출판 행복에너지 대표이사, 한국정책학회 운영이사)

누구나 마음에 자신만의 꿈을 안고 살아갑니다. 그 꿈을 이루기
위해 무던히 노력하지만 실제로 꿈을 현실로 이루는 사람은 많지
않습니다. 열정을 가지고 끊임없이 공부하고 자기계발에 투자해야
만 21세기 무한경쟁시대에서 도태되지 않고 살아남을 수 있습니
다. 많은 이들이 성공으로 향하는 길에 방향을 명확히 설정하고자
다양한 책들을 접하게 되고, 특히 자기계발서에 집중하곤 합니다.
문제는 그 자기계발서가 제시하는 내용들이 뻔하고 중복되는 것들
이 대부분이며, 새로운 패러다임을 제시하는 책은 얼마 되지 않는
다는 데 있습니다.

책 『성장, '의미'로 실현하라!』는 기존 자기계발서와는 명확히 구분되는 특징과 장점이 가득합니다. Engineering 기법을 적용한 최초의 자기계발서로서, 국내 1호 의미공학자인 저자의 평생 연구가 고스란히 담겨 있습니다. 이제 갓 서른 중반을 넘긴 저자는 공대를 졸업하고 POSCO에서 6년간 엔지니어로 근무했습니다. 하지만 그 이면에는 20년 이상 자기계발서의 트렌드를 분석해 온 전문가로서의 역량 또한 빛나고 있습니다. 현재는 (주)코칭경영원에서 연구원으로 근무하고 있으며, 의미공학연구소 대표로서 자기계발, 리더십, 성장 및 코칭 분야를 연구하며 개인과 조직의 성장을 돕는 전문 코치이자 강사로 활동 중입니다. 이 책에서 '의미'라는 추상적 개념이 어떻게 우리 삶에 실용적으로 적용되는지를 다양한 사례와 검증을 통해 제시하고 있으며, 앞으로 국내 자기계발서들이 나아가야 할 방향을 명쾌히 설정해줍니다. 오늘도 자신의 꿈을 이루고자 고군분투하는 모든 이들을 위해 자신의 노하우를 한 권에 책에 담아낸 저자에게 큰 응원의 박수를 보냅니다.

하루를 살더라도 '의미'가 있는 삶을 살아야 합니다. 우리가 살아가는 오늘은 절대 돌아오지 않기 때문입니다. 취업의 높은 문턱 앞에서 힘겨운 시간을 보내고 있는 청년들과, 더 높은 곳으로 나아가고자 늘 애쓰는 직장인들이 이 책을 통해 자신의 꿈에 한걸음 더 다가서기를 바랍니다. 또한 이 책을 읽는 모든 독자 분들의 삶에 행복과 긍정의 에너지가 팡팡팡 샘솟으시기를 기원드립니다.

아, 아름다운 알래스카!

김정구 지음 / 값 18,000원

책 『아, 아름다운 알래스카』는 저자가 우리에게 어렵고 먼 곳으로만 느껴지는 미지의 땅 알래스카에서 보낸 50일간의 여정을 소개하며, 알래스카라는 신비로운 영토에 대한 흥미를 불러일으킨다. 사람의 발길이 잘 닿지 않는 곳이나 숨겨진 곳 구석구석을 직접 걷고 느낀 바를 생생하게 전달하며 독자로 하여금 여행의 참 의미를 되새기게 한다.

건강식 감자요리

이권복 지음 / 값 18,000원

책 『건강식 감자요리』는 단순 요리 레시피를 종합해 수록한 시중의 일반적인 요리책들과 달리 감자라는 식재료를 명확하게 이해할 수 있도록 다양한 지식을 제공하고 있다. 한식과 양식을 아우르는 다양한 레시피들이 삶에 풍미를 더해줌은 물론, 100세 시대를 살아가는 현대인들이 더 건강한 삶을 영위하는 데 필요한 자료를 가득 담고 있다.

색향미

정연권 지음 / 값 25,000원

『색향미 : 야생화는 사랑입니다』는 국내에서 흔히 접할 수 있는 170여 종의 야생화를 사계절로 분류하여 자세하게 소개한다. 정형화된 도감의 형식에서 벗어나 꽃의 애칭을 정하고, 이미지가 응축된 글과 함께 꽃의 용도와 이용법, 꽃말풀이 등을 담아내었다. 풀과 나무에서 피는 야생화와 양치류같이 꽃이 없는 야생화도 아우르며 더 폭넓고 풍성하게 책 내용을 꾸리고 있다.

나를 위한 도전,
내 삶의 특별한 1%

김기홍 지음 | 값 15,000원

책 『나를 위한 도전, 내 삶의 특별한 1%』는 꿈을 잃지 않고 늘 도전하는 삶이 왜 중요한지에 대해 이야기한다. 평범한 '땅꼬마' 소년이 어떻게 시련을 이겨내고 경찰 중간간부의 자리에 올라, 다양한 사람들과 소통하고 행복한 세상을 만들어 가는지를 다양한 에피소드로 소개하고 있다.

안전한 일터가 행복한 세상을 만든다
허남석 지음 | 값 15,000원

책 『안전한 일터가 행복한 세상을 만든다』는 '안전리더십(Felt Leadership)'을 통해 일터에서 벌어지는 안전사고를 예방하고, 나아가 '긍정, 감사'를 통해 기업을 지속적으로 성장시키는 방안을 상세히 소개한다. 평생 산업현장 일선에서 발로 뛰어 온 저자는 안전리더십 분야의 최고 전문가로서, 이 책에 자신의 모든 현장경험과 리더십 노하우 그리고 연구 성과를 담아내었다.

되어가는 이들에게
김한수 지음 | 값 15,000원

저자의 숱한 경험과 지식, 역사 속 인물, 현대의 위인과 어록, 영화와 음악과 관련된 에피소드 등을 바탕으로 26가지 주제를 정해 그 속에 되어가는 존재들에게 필요한 본보기를 제시하였다. 이를 통해 각자가 지닌 목표를 어떻게 달성해 나갈 것이며, 삶을 아름답고 풍요롭게 살기 위해 무엇을 중요시해야 하는가에 대한 공감과 해답을 찾기 위한 지침서가 되어주고 있다.

다시 기대하는 이들에게
김한수 지음 | 값 15,000원

『다시 기대하는 이들에게』는 지금, 이 순간 우리에게 가장 필요한 변화를 위해 '기대'의 강력한 힘을 우리들에게 제시한다. 저자는 다양한 경험을 통해 현재 어떠한 상황에 처해 있든지 개인이 이끌어낼 수 있는 최고의 결과는 '기대'에서 나온다고 힘주어 이야기한다.

맛있는 삶의 레시피
이경서 지음 | 값 15,000원

1년 만에 새로이 출간되는 책 『맛있는 삶의 레시피』 - 개정판은, 행복한 삶을 위한 노하우를 에세이 형식의 글에 담아 내놓는다. 어떤 공식에 의거하거나 명쾌하게 떨어지는 답은 아니지만 책을 다 읽은 순간, 암담한 현실을 이겨내게 하는 용기와 행복한 미래를 성취하게 하는 지혜를 독자에게 전한다.

하루 5분 나를 바꾸는 긍정훈련
행복에너지

'긍정훈련' 당신의 삶을
행복으로 인도할
최고의, 최후의 '멘토'

'행복에너지
권선복 대표이사'가 전하는
행복과 긍정의 에너지,
그 삶의 이야기!

인터파크
자기계발 분야 주간
베스트 1위

권선복 지음 | 15,000원

권선복

도서출판 행복에너지 대표
지에스데이타(주) 대표이사
대통령직속 지역발전위원회
문화복지 전문위원
새마을문고 서울시 강서구 회장
전) 팔팔컴퓨터 전산학원장
전) 강서구의회(도시건설위원장)
아주대학교 공공정책대학원 졸업
충남 논산 출생

책 『하루 5분, 나를 바꾸는 긍정훈련 - 행복에너지』는 '긍정훈련' 과정을 통해 삶을 업그레이드하고 행복을 찾아 나설 것을 독자에게 독려한다.

긍정훈련 과정은 [예행연습] [워밍업] [실전] [강화] [숨고르기] [마무리] 등 총 6단계로 나뉘어 각 단계별 사례를 바탕으로 독자 스스로가 느끼고 배운 것을 직접 실천할 수 있게 하는 데 그 목적을 두고 있다.

그동안 우리가 숱하게 '긍정하는 방법'에 대해 배워왔으면서도 정작 삶에 적용시키지 못했던 것은, 머리로만 이해하고 실천으로는 옮기지 않았기 때문이다. 이제 삶을 행복하고 아름답게 가꿀 긍정과의 여정, 그 시작을 책과 함께해 보자.

『하루 5분, 나를 바꾸는 긍정훈련 - 행복에너지』